로펌변호사가 들려주는
세상 속 헌법이야기

법무법인(유) 화우
YOON & YANG

박영사

추천사

최근 헌법재판소의 대통령 탄핵 결정을 계기로 헌법재판에 대한 국민들의 시각과 관심이 대폭 달라졌음을 느낀다. 이런 시점에서 헌법소송 분야에 관하여 실무와 연구를 병행하고 있는 법무법인(유) 화우의 변호사들이 그동안 쌓은 경험과 지혜를 모아 본서를 출간하게 된 것을 매우 뜻 깊게 생각한다.

이 책은 다양한 헌법상 기본원리 내지 기본질서 그리고 기본권과 판단기준에 따른 16개의 헌법 관련 재판사례를 담고 있는데, 모두 법무법인(유) 화우의 변호사들이 다룬 사건들로 구성되어 있는 것이 특징이다.

헌법은 국가의 통치조직과 통치작용의 기본원리를 정하고 국민의 기본권을 보장해주는 근본규범이다. 법률, 명령, 조례, 규칙 등 모든 하위 법령의 내용은 헌법에 위반되어서는 아니 되며, 입법·사법·행정부와 대통령을 포함한 모든 국가기관은 그 권한을 행사할 때 헌법을 준수하여야 한다. 그런데 국가기관 사이에서 또는 국가기관과 국민 사이에서 구체적인 사안을 놓고 헌법 규정과 관련한 의견의 차이에 따라 분쟁이 발생할 수 있다. 이러한 다툼을 해결하여 국가공권력으로 하여금 헌법을 준수하도록 하고 국민의 기본권을 보호하게 하는 재판이 바로 헌법재판이다.

이러한 이유로, 헌법재판소의 결정이야말로 헌법 발전을 이루어가는 경험의 산물이라 할 수 있다. 이 책은 헌법사건을 직접 다룬 변호사들이 사건을 수행하면서 느낀 생각과 감정들을 현장감 있게 전달하고 있다. 실제 헌법재판소 변론과정에서 헌법상의 쟁점을 둘러싸고 오간 주장들, 이에 대한 헌법재판소의 판단 등을 알기 쉽게 풀이하고, 그와 더불어 일반적인 판례평석에서는 볼 수 없는 사건수행 과정에서의 숨겨진 뒷이야기들까지 재미있게 소개하고 있다.

지금까지 헌법분쟁 사례에 대하여 여러 권의 책이 출간되었지만 지나치게 학술적이거나 아니면 반대로 지나치게 평이하여 전문성이 떨어지는 경우가 많았다. 이 책은 그 제목에서도 알 수 있듯이 우리 생활 속의 헌법이야기를 쉽고 재미있게 풀어놓으면서도 다른 한편으로는 헌법의 기본원리들을 체계적으로 조리 있게 정리하여 설명해 줌으로써 양자를 잘 조화시키고 있다.

헌법재판 관련 업무를 수행하는 변호사나 변호사를 꿈꾸는 법학전문대학원생 등 예비법조인은 물론 일반인들에게도 헌법의 기본원리와 헌법작용 등을 손쉽게 이해할 수 있는 좋은 디딤돌이 될 것으로 확신하여 일독을 추천드린다.

바쁜 업무에도 불구하고 좋은 책을 만들어 낸 법무법인(유) 화우 변호사들의 노고에 감사드리며 헌법재판을 발전시키고 헌법생활을 향상시킨다는 보람과 자랑을 안겨 드리고 싶다.

조대현(전 헌법재판관)

머리말

"로펌변호사가 들려주는 세상 속 헌법이야기"는 법무법인(유) 화
우가 재판에 관여한 각종 헌법 관련 사건에 관하여 사건을 직접 담당
한 변호사들이 사건의 내용과 의의, 변론 준비와 재판 진행과정에서
있었던 에피소드 등을 엮어 펴낸 책입니다.

'노무현 대통령 탄핵사건', '수도 이전 헌법소원 사건' 등 중대한
정치적 사건들로부터 「재건축초과이익환수법」과 「종합부동산세법」에
대한 헌법소원 사건 등 사회·경제적으로 논란이 큰 사건들을 거쳐 양
성평등, 혼인과 가족, 교육과 연금 등 우리 생활에 크고 작은 영향을
미치는 일상적 사건들에 이르기까지 이 책에서 다루는 사건들의 스펙
트럼은 매우 다양합니다. 우리 헌법 역사의 한 페이지를 장식한 의미
있는 사건들이 그 사건을 직접 수행한 변호사의 입을 통하여 현장감
있게 전달되고, "뱃속의 아이가 아들인가요?", "학원에서 늦게까지 공
부하면 안 되나요?", "여대 법학전문대학원, 남학생 안 뽑는 것은 위헌
인가?" 등과 같이 우리가 살아가면서 느끼는 일상생활 속의 평범한 질
문들에 대한 헌법적 관점의 답변들이 알기 쉽고 흥미롭게 설명되어 있
습니다.

근대 법치국가에 있어서 법은 모든 방면에서 우리 생활을 규율하
고 있습니다. 공법과 사법 분야의 여러 법들이 우리 생활과 직·간접적
으로 연결되어 있지만 그 중에서도 가장 기초가 되고 중요한 법이 헌

법입니다. 헌법은 모든 법의 기본일 뿐 아니라 헌법정신이 바로 시대정신이기 때문입니다.

우리 국민들의 헌법에 관한 관심이 나날이 높아지고 있는 것은 결코 우연이 아닙니다. 그만큼 헌법이 우리 생활과 밀접하게 관련되어 있다는 방증이며, 또한 우리 국민의 의식 수준이 그만큼 높아졌다는 것을 의미하기도 합니다.

올바른 시대정신을 지니고 있지 않은 국가와 민족은 결코 번영할 수 없습니다. 이 책의 독자들이 여기에 소개된 헌법사례들을 통하여 우리 시대의 시대정신을 읽고 그 밑바탕에 흐르는 헌법의 기본원리에 관한 식견과 생활의 지혜를 얻게 되기를 기대합니다.

아무쪼록 이 책이 우리 사회의 법치주의를 고양시키는 데 도움이 될 수 있기를 바라며, 책의 발간에 힘을 모아주신 모든 분들의 노고에 감사드립니다.

저자 일동

차 례

II. 학교와 집 그리고 안락한 삶에 관한 헌법이야기

III. 법률제도와 정치에 관한 헌법이야기

이야기를 시작하며 – 우리 헌법의 기본체계

대한민국 헌법은 1948년 7월 12일 제정되어 같은 해 7월 17일 공포되었으며 1952년 7월 7일 처음 개정된 이래 1987년 10월 29일까지 7차례 개정을 거쳐 현재에 이르고 있다. 현행 헌법은 전문(前文)과 본문 10장 130조 그리고 부칙 6조로 구성되어 있다.

헌법은 우리 사회가 추구하는 최고의 가치규범으로서 국가사회의 기본원리 내지 기본질서에 관하여 규정하고 있다. 헌법은 국가 법 체계상 가장 상위에 위치하며 헌법에 위반된 법률, 조약, 명령, 조례 등은 모두 무효이다. 헌법의 주요 구성원리로는 국민주권의 원리, 법치국가의 원리, 문화국가의 원리, 죄형법정주의, 적법절차의 원리, 혼인과 가족생활의 보호, 사회적 시장경제질서의 유지 등을 들 수 있다.

우리 헌법은 "모든 국민은 인간으로서의 존엄과 가치를 가지며, 행복을 추구할 권리를 가진다. 국가는 개인이 가지는 불가침의 기본적 인권을 확인하고 이를 보장할 의무를 진다."는 제10조를 시작으로 국민의 국방의 의무를 명시한 제39조까지 국민의 권리와 의무에 관하여 상세히 규정하고 있다.

"헌법이 국민들에게 보장할 수 있는 유일한 것은 행복을 추구할 권리이다. 당신은 스스로 행복을 잡아야 한다."고 한 벤자민 프랭클린의 말처럼 헌법의 존재이유는 국가사회의 구성원인 개인의 행복추구권을 최대한, 그리고 공평하게 보장하는 데 있다. 그러나 헌법상 보장된 기본권이라도 무제한 보장되는 것은 아니며 국가안전보장·질서유지 또는 공공복리를 위하여 필요한 경우 일정한 범위 내에서 제한될 수 있다. 그와 같은 제한은 반드시 법률로써 이루어져야 하며(법률의 유보), 제한하는 경우에도 자유와 권리의 본질적인 내용을 침해할 수 없다(헌법 제37조).

헌법 관련 분쟁의 대부분은 국민의 기본권 침해와 관련하여 발생하며 그 다툼의 핵심은 위와 같은 국민의 기본권 보장의 한계를 어떻게 설정할 것인가에 놓여 있다.

국민의 기본권이 침해되었는지 여부를 판단하는 기준으로는 자의금지의 원칙과 비례의 원칙이 있다. 자의금지의 원칙은 평등권의 침해 여부를, 비례의 원칙은 평등권 이외의 각종 기본권 침해 여부를 판단하는 각각의 기준이 된다.

자의금지의 원칙은 '합리적 근거 없는 차별을 허용하지 않는다'는 것으로서 '같은 것은 같게, 다른 것은 다르게'라는 표현으로 요약된다. 법 앞의 평등이 갖는 구체적 내용은 시대에 따라 다르지만 오늘날은 입법·사법·행정을 비롯한 국민 생활의 모든 분야에서 차별대우를 받지 않다는 뜻으로 통용된다.

비례의 원칙은 '국민의 기본권을 법률로써 제한하려면 그 법률은 (1) 목적의 정당성, (2) 방법의 적절성, (3) 법익의 균형성, (4) 침해의 최소성 등을 갖추어야 한다'는 원칙을 말한다. 즉, 목적이 정당함을 전제로, 그와 같은 목적을 달성하기 위한 수단은 목적 달성에 유효·적절하고 가능한 한 최소한의 침해를 가져오는 것이어야 하며 아울러 그 수단의 도입으로 인한 침해가 입법이 의도한 공익을 능가하여서는 안된다는 것이다. 기본권 제한 방법의 적절성이나 이익의 형량 및 최소한의 침해요건 등을 두루 갖추어야 한다는 취지에서 이를 '과잉금지의 원칙'이라고도 한다.

헌법 관련 분쟁에서 주로 많이 문제되는 기본권은 평등권, 행복추구권, 직업수행의 자유, 재산권, 교육권 등이다. 이 책에 소개된 사건 중 차례번호 2, 3, 4, 7, 9, 10, 11번 사건은 평등권이, 1, 2, 4, 8, 10번 사건은 행복추구권이 주로 문제된 것이다. 이에 따라 평등권이 문제된 앞의 사건들에서는 자의금지의 원칙이, 행복추구권과 관련된 뒤의 사건들에서는 비례의 원칙이 주요한 판단기준으로 적용되었다.

헌법상 기본원리 내지 기본질서 중 헌법 관련 분쟁에서 많이 문제되는 것은 명확성의 원칙, 혼인과 가족생활의 보호 등인데, 이 책 차례번호 6, 8, 9, 13번 사건은 명확성의 원칙을, 2, 3, 10번 사건은 혼인과 가족생활 보호의 문제를 각각 다루고 있다.

이 책에 실린 각 사건을 그와 연관된 헌법상 기본원리 내지 기본질서 그리고 기본권과 판단기준에 따라 분류하여 정리해 보면 다음 페이지 그림과 같다.

기본권	판단원칙							
평등권	자의금지의 원칙	2	3	4	7	9	10	11*
행복추구권/인격권/계약의 자유	비례의 원칙		1	2	4	8	10	
거주이전의 자유	비례의 원칙						10	
직업수행의 자유	비례의 원칙				1	4	7	
재산권	비례의 원칙		6	9	10	11		
교육받을 권리/자녀교육권	비례의 원칙				4	5	7	
사학의 자유	비례의 원칙						6	
대학의 자율권	비례의 원칙						7	
인간다운 생활권	비례의 원칙						10	
공무담임권	비례의 원칙						14	
헌법개정을 위한 국민투표권	비례의 원칙						15	

헌법

헌법의 기본원리/기본질서

＊ 우측의 번호는 이 책에 수록한 사건 중 각 해당 항목과 관련있는 사건의 차례 번호임

I

가족과 가정의 일상사에 관한
헌법이야기

뱃속의 아이가 아들인가요?

(헌법재판소 2008. 7. 31. 선고 2004헌마1010 결정)

박상훈 변호사

곧 아빠가 될 어느 변호사의 간절한 소망

20년 남짓 판사 생활을 하다가 변호사가 되어 법무법인에 들어온 지 1년쯤 지났을 때였다. 헌법재판소에서 공개변론을 한다는 통지서가 법무법인으로 배달되었다. 약 4년 전 필자의 법무법인 소속 J 변호사가 태아 성 감별(胎兒 性 鑑別)과 관련하여 헌법소원심판을 청구하였는데, 헌법재판소가 이 사건에 관하여 공개변론을 열기로 결정했다는 내용이었다. J 변호사는 아내가 임신을 하여 곧 아빠가 될 예정이었는데, 의료인으로 하여금 태아의 성별을 미리 알려주지 못하도록 한 의료법 규정 때문에 태어날 자신의 아기가 아들인지 딸인지 알 길이 없어 몹시 궁금했다. 또한 아기 출생에 대비한 준비도 제대로 할 수 없게 되자 그 규정이 헌법에 반한다고 생각하여 헌법소원심판을 청구해 놓은 상태였다. 그런데 공개변론 통지서를 받을 무렵 J 변호사는 1년 동안 해외유학을 떠나 독일에 머물고 있었다. J 변호사에게 확인해 보니 헌법소원을 제기한 후 상당한 시간이 흘러 그의 아내는 이미 3년 전에 아들을 낳았지만, 이 문제가 자신만의 문제는 아니므로 이번 기회에 헌법재판소의 결정을 받아보고 싶다는 의사를 피력하였다.

무료변호인단의 구성

헌법소원심판을 청구한 J 변호사가 직접 변론에 나서지 못할 상황이었기 때문에 필자의 법무법인에서는 헌법소송팀 소속 변호사를 중심으로 이 사건을 수행할 무료변호인단을 구성하여 공개변론에 임하기로 하였다. 이에 S 변호사와 필자가 공동 단장을 맡기로 하고 C, L₁, H, P, L₂ 변호사와 함께 공개변론 준비 작업에 착수하였다.

그때나 지금이나 헌법재판소에서 이루어지는 공개변론은 1년에 10건 안팎에 불과할 정도로 적은 편이다. 이처럼 헌법재판소 공개변론의 전례가 많지 않아 관련자료도 흔하지 않은 형편이라 변호인들은 열 차례 이상 회의를 열고 열띤 토론을 해가며 아이디어를 모았다. 이러한 과정을 거치면서 변론요지서와 모두(冒頭, 첫머리)진술 요지, 최종변론서 등의 자료를 분담하여 만들었다. 또한 참고인을 섭외하고 참고인 신문사항도 준비하였다. 당시 청구인 측 주장에 부합하는 위헌의견서를 작성해 줄 수 있는 법률학자를 찾아 동분서주한 끝에 당시 서울대학교 법과대학의 Y 교수에게 청하여 승낙을 얻을 수 있었다. Y 교수는 의견서를 작성해 주었을 뿐 아니라 공개변론에 기꺼이 출석하여 참고인 진술까지도 해주었는데, Y 교수의 의견서와 진술은 헌법재판소로부터 이 사건에 대한 위헌 결정을 받아내는 데 큰 도움이 되었다.

모두진술은 필자의 몫이었다. 뒤에서 다시 이야기하겠지만 당시에 '주몽'이라는 텔레비전 드라마가 한창 인기를 얻고 있었다. 고심 끝에 필자는 이 드라마에 착안하여 삼국사기 고구려편의 한 자락을 인용하는 말로 모두진술의 서두를 장식하기로 하였다. C, H, P, L₁, L₂ 변호사는 헌법재판소장과 헌법재판관들의 예상되는 질문에 대한 답변을 준비하는 것으로 역할을 분담하였다.

변호사와 의사의 합동작전

J 변호사의 헌법소원심판 청구는 의료법의 태아 성 감별 고지 금지조항이 헌법에서 보장한 기본권을 침해한다는 이유로 헌법재판소법 제68조 제1항에 따라 제기한 것이었다.

그런데 이와 같은 취지의 헌법소원심판을 청구한 사람은 J 변호사뿐만이 아니었다. 임신한 여성에 대한 초음파 진단으로 알게 된 태아의 성별을 그 임신 여성 부부에게 알려주었다는 이유로 의사면허 자격정지 처분을 받은 의사 A도 처분 근거인 의료법의 태아 성 감별 고지 금지조항이 위헌이라고 주장하며 헌법소원을 제기하였던 것이다. 당시의 의료법은 태아의 성별을 알려 준 의사에 대하여 의사면허 취소나 자격정지 처분을 할 수 있고, 3년 이하의 징역이나 1,000만 원 이하의 벌금에 처할 수 있도록 규정하고 있었다.

A 의사는 초음파 검사 후 예비부모에게 태아의 성별을 알려주

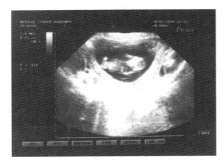

었다는 이유로 이 의료법 규정에 의하여 의사면허 자격정지 6개월의 처분을 받자, 서울행정법원에 의사면허 자격정지 처분의 취소를 구하는 행정소송을 제기한 후 관련 의료법 조항에 대한 위헌 여부 심판의 제청을 신청하였다. 그런데 서울행정법원이 신청을 기각함에 따라 A 의사는 헌법재판소법 제68조 제2항을 근거로, 헌법재판소에 관련 의료법 조항에 대한 헌법소원심판을 청구하였다. 서울행정법원이 A 의사 측의 위헌 여부 심판제청 신청을 기각한 이유는 다음과 같다.

태아의 성별을 산모 등에게 알리는 행위는 그 자체가 의료행위에 해당된다고 볼 수 없고, 다만 예외적으로 태아의 성별에 따라 유전적 질환이 발생할지 여부가 문제되어 성별 고지를 통하여 산모 등으로부터 가족의 유전병력을 듣고 이를 치료에 활용할 수 있는 등의 특수한 경우에 한하여 의료행위와 밀접한 관련이 있다. 그런데 이와 같이 진료목적상 성별 고지가 불가피한 경우까지 이 사건 규정이 성별 고지를 금지하는 것은 아니라고 해석되고, 결국 의료행위상 필요하지 않은 태아 성별 고지를 금지하는 것으로 합헌적 해석이 가능하므로, 이 사건 규정이 의료인의 직업의 자유 및 행복추구권을 침해한다고 볼 수 없다.

이 사건 규정의 입법취지는 태아의 성별에 따른 선별적 낙태로 인한 남녀 성비(男女 性比)의 불균형으로 발생되는 여러 가지 사회적 위험을 방지하고 생명경시 현상을 예방하여 궁극적으로 인간의 존엄성을 보장하는 데 있는 것으로, 그 입법목적의 정당성과 수단의 적절성이

I. 가족과 가정의 일상사에 관한 헌법이야기

인정된다. 한편, 태아의 성별 확인을 금지함으로써 산모 등이 입는 피해는 단순히 호기심을 충족시키지 못하거나 출산준비를 함에 있어 다소의 불편을 입게 된다는 것이고, 그 외에 특별히 인격의 실현을 본질적으로 침해한다고는 볼 수 없으므로 그 피해의 최소성 및 법익의 균형성 또한 인정된다. 따라서 이 사건 규정이 산모의 알권리나 행복추구권을 침해하여 위헌이라고 할 수 없다.

태아 성별 고지 금지는 단순한 태아의 보호 외에 적정한 남녀 성비를 유도하는 공익적인 측면도 있기 때문에 낙태죄와 태아 성별 고지 금지의 보호법익이 동일하다고 할 수 없고, 그로 인한 위법성 또한 단순 비교하기는 어렵다. 일반적으로 태아의 성별 확인을 통한 낙태의 경우에 있어 동일 의료인에 의하여 태아의 성별 확인 및 낙태가 순차적으로 이루어지는 경우에는 행정처분을 함에 있어 차별의 문제가 발생하지 아니하고, 그 낙태의 동기를 알지 못하는 의료인에 의하여 낙태가 이루어진 경우에는 오히려 태아의 성별 확인을 하여 줌으로써 낙태를 야기한 의료인에게 그 위법성이 더 크다고 할 수 있는 여지가 있다. 한편, 행정법규 위반자에 대한 제재수단을 구체적으로 어떻게 정할 것인가는 입법자가 각 행정법규의 입법취지, 공익성, 기타 여러 가지 사회적, 경제적 이해관계를 고려하여 결정할 입법정책적인 재량사항임을 고려하면, 낙태죄로 인하여 선고유예 판결을 받은 경우와 이 사건 법률조항을 위반하여 선고유예 판결을 받은 경우의 의미는 본질적으로 동일하다고 할 수 없다. 따라서 이 사건 규정은 평등의 원칙에 위반된다고 볼 수 없다.

J 변호사와 A 의사가 청구한 이 헌법소원 사건에서는 청구인들의 상대방 측인 피청구인이 따로 존재하지 않았다. 헌법재판소는 헌법소원심판의 대상이 된 의료법의 소관부처인 보건복지부에 의견조

회를 하였고, 보건복지부 장관은 아래와 같은 내용으로 합헌 의견을 내놓았다.

태아 성별 고지 금지는 의료인의 직업수행 자유를 일정 부분 제한하는 것이고, 그로 인해 청구인이 침해받는 알권리는 일종의 반사적 불이익에 불과하므로, 이 사건 규정에 대한 심판청구는 직접성 요건을 갖추지 못하여 부적합하다.

한편, 이 사건 규정은 사회적으로 바람직하지 않은 낙태를 원칙적으로 금지함으로써 태아의 생명권 및 임산부의 건강권 보호를 목적으로 하고 있으며, 남아선호사상이나 남녀 성비의 심각한 불균형 등 국가적인 문제를 해결하기 위해 임신기간에 관계없이 태아의 성별 고지를 금지하는 것이므로, 과잉금지 원칙을 위반하여 청구인의 알권리 및 행복추구권을 침해한다고 할 수 없다.

이와 반대로 대한의사협회는 청구인 측 주장을 지지하는 위헌 의견을 개진하였는데, 그 의견의 요지는 다음과 같다.

의료인이 태아의 성별을 감별할 수 있는 시기는 임신 후 8주 내지 9주부터이고, 16주부터는 초음파 검사를 통해 자연스럽게 이를 인지할 수 있다.

그런데 임신기간을 40주로 볼 때, 임신 초기 또는 중기까지의 낙태는 임부(姙婦)의 건강을 해칠 위험성이 그렇게 높지 않기 때문에 상대적으로 낙태의 가능성이 높지만, 임신 말기의 낙태는 산모의 건강을 해칠 위험성이 높기 때문에 낙태의 위험성도 현저히 줄어들게 되므로 태어날 유아의 용품 준비 등을 위한 사전 정보제공 차원에서 임신 28

주 이후부터는 진료 과정상 인지하게 된 태아의 성별을 고지할 수 있도록 하는 것이 바람직하다.

공개변론 당일 어느 헌법재판관은 청구인들의 주장 내용에 태아 성 감별을 금지한 의료법 조항이 행복추구권이나 일반적 인격권뿐만 아니라 의사의 '직업수행의 자유권'도 침해한다는 취지가 포함되어 있는 것인지를 변호인단에게 질문하였다. 필자는 이 질문이 위헌 심증에 기초한 질문이라고 순간적으로 생각하고 '그런 취지도 포함되어 있다'고 적극적으로 답변하였다. 태아의 성별을 알고자 하는 것은 '단순한 호기심'에 불과하고 헌법상의 기본권을 침해한 것이라고 보기는 어렵지 않느냐고 질문하는 헌법재판관도 있었다. 이것은 앞의 질문과는 반대로 합헌 견해를 토대로 한 질문이므로 방어가 필요하다는 생각이 들었다. 이에 변호인단은 '태아의 성별을 알고자 하는 것은 헌법상의 권리이고, 인류가 학문을 발전시켜 온 원동력은 호기심에 있으므로 호기심을 폄하해서도 안 된다'고 답변하였다.

적법성 판단의 문턱을 넘다

행정소송을 거치며 헌법소원심판을 청구한 A 의사와는 달리 J 변호사는 재판을 거치지 않은 채, 문제된 의료법 조항의 위헌 여부에 관한 심판을 헌법재판소에 직접 청구하였다. 이러한 경우에는 직접성, 자기관련성, 권리보호이익 등이 모두 인정되어야만 헌법재판소의 본안 판단을 받아볼 수 있다. 이에 관하여 헌법재판소는 다음과 같은 이유로 J 변호사의 헌법소원심판 청구가 적법성 요건을 갖추었다고 보았다.

(1) 직접성 인정 여부

법령에 의한 기본권침해의 직접성이란 집행행위에 의하지 않고 법령 그 자체에 의하여 자유의 제한, 의무의 부과, 권리 또는 법적 지위의 박탈이 생긴 경우를 뜻하므로 구체적 집행행위를 통하여 비로소 당해 법령에 의한 기본권침해의 법률효과가 발생하는 경우에는 직접성의 요건이 결여된다.

그런데 이 사건 규정은 성별 고지 금지 의무의 주체를 의료인으로 정하고 있으므로 태아의 부모는 이 사건 규정에 의해 직접적으로 기본권 제한을 당하지 않는다고 볼 여지가 있다. 그러나 이러한 의료인에 대한 태아의 성별 고지 금지로 인하여 출산 전에 태아의 성별을 알 수 없게 되는 것은 임부와 그 가족들이다. 즉, 이 사건 규정이 없다면 의료인은 임부나 그 가족이 태아의 성별에 대해 알고자 하는 경우 진료를 통해 알게 된 태아의 성별을 알려주는 것이 일반적인데, 이 사건 규정이 의료인으로 하여금 태아의 성별을 알려줄 수 없도록 강제하고 있어 임부나 그 가족은 태아의 성별을 알 수 없게 되는 것이다. 따라서 이 사건 규정은 출산 전에 임부나 그 가족이 태아의 성별을 알 수 있는 길을 직접적으로 제한하고 있다.

(2) 자기관련성 인정 여부

청구인이 산모 본인은 아니나 앞으로 태어날 태아의 부(父)로서 가족 구성원의 한 사람이고, 산모와 똑같이 태아를 양육할 친권자가 될 자이므로 태아의 성별에 대해 직접 이해관계가 있는 자이다. 그런데 이 사건 규정은 산모뿐만 아니라 그 가족에 대해서도 태아 성별의 고지를 금지하여 태아의 부가 태아의 성별 정보에 접근하는 것을 방해하고 있는바, 이는 태아의 부의 기본권을 직접 침해하고 있으므로 청구인은 이 사건 규정에 대하여 자기관련성이 인정된다.

(3) 권리보호이익 및 헌법적 해명의 필요성 여부

헌법소원은 국민의 기본권침해를 구제하는 제도이므로 헌법소원심판청구가 적법하려면 심판청구 당시는 물론 결정 당시에도 권리보호이익이 있어야 함이 원칙이다. 그런데 청구인은 청구인의 처가 출산을 한 달 정도 앞둔 2004. 12. 28.에 이 사건 헌법소원심판을 청구하였고, 청구인의 처는 2005. 2. 4. 이미 아들을 출산하여 그 성별을 알게 되었으므로 이 사건 규정에 대하여 위헌결정을 선고하더라도 청구인의 주관적 권리구제는 불가능하게 되었으며, 따라서 권리보호의 이익이 없다고 볼 수 있다.

그러나 헌법재판은 객관적 헌법질서의 보장 기능도 겸하고 있으므로 심판 계속 중 발생한 사정변경으로 인하여 주관적인 권리보호이익이 소멸된 경우라도 그러한 기본권침해행위가 장차 반복될 위험이 있거나 당해 분쟁의 해결이 헌법질서의 유지·수호를 위하여 긴요한 사항이어서 헌법적으로 그 해명이 중대한 의미를 지니고 있는 때에는 예외적으로 심판청구의 이익을 인정할 수 있다. 그런데 이 사건 규정의 위헌 여부에 관하여는 아직 그 해명이 이루어진 바가 없으므로 앞으로 출산을 하게 될 임부와 그 가족의 입장에서는 이 사건 규정에 대하여 이 사건 청구인과 동일한 헌법적 의문을 제기할 가능성이 크다. 따라서 이 사건 규정의 위헌 여부에 대한 판단은 위헌적인 법률조항에 의한 기본권침해의 위험을 사전에 제거하는 등 헌법질서의 수호·유지를 위하여 긴요한 사항으로서 헌법적으로 그 해명이 중대한 의미를 지닌다. 따라서 이 사건 규정에 대해서는 심판청구의 이익을 인정함이 상당하다.

재미있는 것은 J 변호사의 아내가 이미 아들을 출산하였기 때문에 J 변호사로서는 태아의 성별을 알기 위하여 더 이상 관련 의료법 조항의 위헌 결정을 얻어내야 할 필요가 없어졌음에도 불구하고, 헌법재판소는 J 변호사 이외에도 앞으로 많은 예비부모가 헌법적 의문을 제기할 가능성이 높고 '헌법적 해명의 필요성'이 중대하다고 판단하여 본안 판단으로 나아갔다는 점이다.

한편, 헌법재판소는 A 의사의 청구에 대하여도 다음과 같은 이유로 '재판의 전제성'이 인정되어 적법요건을 갖춘 것으로 판단하였다.

헌법재판소법 제68조 제2항에 의한 헌법소원에서는 재판의 전제성이 있을 것이 요구되는데, 이 경우 재판의 전제성이 있다고 함은 문제된 법률이 당해 소송사건에 적용될 법률로서 그 위헌 여부에 따라 재판의 주문이 달라지거나 재판의 내용과 효력에 관한 법률적 의미가 달라지는 경우를 말한다.

청구인은 이 사건 규정에도 불구하고 태아의 성별을 산모에게 고지하여 의사면허자격정지 처분을 받았는데, 이 사건 규정이 위헌으로 선언된다면 의사면허자격정지 처분에 대한 취소를 구하는 당해 사건에서 재판의 결과가 달라질 것이므로 재판의 전제성이 인정된다.

I. 가족과 가정의 일상사에 관한 헌법이야기

위헌 결정

오랜 심리기간을 거친 후 헌법재판소는 2008년 7월 31일 마침내 의료법의 태아 성 감별 고지 금지조항이 헌법에 합치되지 않는다는 취지의 헌법불합치 결정을 선고하였다. 헌법불합치 결정은 합헌 결정과 위헌 결정 가운데 위헌 결정에 속한다. 헌법재판소가 어떤 법률조항에 대하여 위헌이라고 판단하면 통상 단순위헌 결정을 선고한다. 그런데 단순위헌 결정을 선고하면 선고 즉시 해당 법률조항의 효력이 상실되므로, 경우에 따라 법률 공백으로 인한 사회적 혼란이 생길 수 있다. 바로 이러한 때에 단순위헌 결정이 아니라 헌법불합치 결정을 선고하는 것이다. 즉, 헌법불합치 결정은 위헌으로 인정된 법률조항이 국회에 의하여 개정될 때까지 일정한 기간을 부여하여 그 기간까지는 해당 법률조항의 효력이 유지될 수 있도록 해주는 결정이다.

위헌 결정 이유

이 사건에 대한 헌법재판소의 위헌 결정 이유 요지는 다음과 같다.

이 사건 규정의 태아 성별 고지 금지는 낙태, 특히 성별을 이유로 한 낙태를 방지함으로써 성비의 불균형을 해소하고 태아의 생명권을 보호하기 위해 입법된 것이다. 그런데 임신기간이 통상 40주라고 할 때, 낙태가 비교적 자유롭게 행해질 수 있는 시기가 있는 반면, 낙태를 할 경우 태아는 물론, 산모의 생명이나 건강에 중대한 위험을 초래하여 낙태가 거의 불가능하게 되는 시기도 있다.

성별을 이유로 하는 낙태가 임신기간의 전 기간에 걸쳐 이루어질 것이라는 전제하에, 낙태가 사실상 불가능하게 되는 임신 후반기에 이르러서도 태아에 대한 성별 정보를 태아의 부모에게 알려 주지 못하게 하는 것은 최소침해성 원칙에 위반된다. 임신 후반기 공익에 대한 보호의 필요성이 거의 제기되지 않는 낙태 불가 시기 이후에도 의사가 자유롭게 직업수행을 하는 자유를 제한하고, 임부나 그 가족의 태아 성별 정보에 대한 접근을 방해하는 것은 기본권 제한의 법익 균형성 요건도 갖추지 못한 것이다. 따라서 이 사건 규정은 헌법에 위반된다.

의사가 태아 성 감별 결과를 예비부모 등에게 고지하지 못하도록 규정한 이유는 '남아선호(男兒選好) 사상'에 따른 무분별한 낙태를 방지하기 위한 것이다. 그런데 40주에 달하는 임신기간 가운데 낙태가 가능한 '임신 전반기'에는 태아 성 감별 결과 고지를 금지할 필요가 있다고 하더라도, 적어도 사실상 낙태가 불가능한 '임신 후반기'에는 이를 고지할 수 있도록 해야 한다고 헌법재판소가 판단한 것이다. 이것을 법적으로는 '최소침해성 원칙' 위반이라고 한다. '최소침해성 원칙'이란 예컨대 100%를 금지할 필요 없이 40%만 금지해도 입법목적을 달성할 수 있다면, 법률은 40%만 금지하는 방법을 사용해야지 굳이 100% 전부를 금지하는 과도한 방법을 사용해서는 안

된다는 것이다.

헌법재판소는 태아 성 감별 고지를 금지하는 의료법 조항에 의하여 침해되는 기본권이 무엇인지에 관하여, 의료인의 '직업수행자유권'과 '임부나 그 가족', 즉, 예비부모 등의 행복추구권의 일종인 '태아 성별 정보에 접근할 권리'라고 보았다.

우리 헌법은 제15조에서 "모든 국민은 직업선택의 자유를 가진다."라고 규정하고 있는데, 직업선택의 자유에는 직업수행의 자유도 포함된다. 의사가 직업을 수행하면서 초음파 검사결과를 통해 알게 된 태아의 성별을 예비부모 등에게 알려주는 행위는 이러한 직업수행의 자유권을 행사하는 것인데, 의료법의 태아 성 감별 고지 금지 조항이 바로 이 자유권을 침해한다는 것이다.

한편, 헌법 제10조는 '인간의 존엄성과 기본인권보장'이라는 제목 아래 "모든 국민은 인간으로서의 존엄과 가치를 가지며, 행복을 추구할 권리를 가진다. 국가는 개인이 가지는 불가침의 기본적 인권을 확인하고 이를 보장할 의무를 진다."라고 규정한다. 이를 행복추구권이라고 부르는데, 이 행복추구권에서 일반적 인격권에 해당하는 '임부나 그 가족의 태아 성별 정보에 접근할 권리'가 도출된다. 헌법재판소는 태아 성 감별 고지 금지조항이 바로 이와 같은 기본권도 침해하는 것으로 보았다.

헌법불합치 결정 이유

　헌법재판소는 단순위헌 결정이 아니라 헌법불합치 결정을 하는 이유를 다음과 같이 밝혔다.

　이 사건 심판대상 규정들에 대해 단순위헌 결정을 할 경우 태아의 성별 고지 금지에 대한 근거 규정이 사라져 법적 공백상태가 발생하게 될 것이므로 헌법불합치 결정을 한다. 그리고 의료법 제20조 제2항은 입법자가 2009. 12. 31.을 기한으로 새 입법을 마련할 때까지 잠정 적용하며, 구 의료법 제19조의2 제2항은 이미 개정되어 효력을 상실하고 있지만, 2005헌바90 당해 사건과 관련하여서는 여전히 그 효력을 유지하고 있으므로, 당해 사건과 관련하여 그 적용을 중지하고, 국회가 의료법 규정을 개정하면 그 개정법률을 적용하여야 한다.

　앞에서 잠시 이야기한 대로 헌법불합치 결정은 위헌 결정의 일종이다. 헌법재판소가 어떤 법률조항에 대하여 심사한 결과 위헌이라는 판단을 하면서도 당장 해당 조항의 효력이 상실됨으로써 일시적 법률 공백 등에 따른 혼란이 초래될 염려가 있다고 판단하는 때에는 헌법불합치 결정을 하게 된다. 이 사건에서 헌법재판소는 위헌으로 판단한 의료법의 해당 조항에 대하여 2009년 12월 31일까지 잠정적으로 효력을 유지하도록 하되, 그 이후에는 무효가 되도록 선언하였다. 따라서 국회는 헌법재판소가 부여한 유예기간 내에 해당 조항을 개정할 책임을 부담하게 되었다.

　이처럼 헌법재판소가 법률 조항에 대하여 헌법불합치 결정을 선고하였음에도 국회가 유예기간까지 관련 조항을 개정하지 않아 법률 공백을 초래하는 때가 가끔 존재한다. 국민투표법이 바로 그러한 사례이다. 헌법재판소는 2014년 7월 국민투표법 제14조 제1항(투표인 명부의 작성)에 대하여 헌법불합치 결정을 선고하였다. 헌법은 제24조에서 "모든 국민은 법률이 정하는 바에 의하여 선거권을 가진다."고 규정하였고, 국민투표법은 제7조에서 "19세 이상의 국민은 투표권이 있다."고 규정하였는데, 국민투표법 제14조 제1항은 국내에 주민등록이 있는 국민만을 대상으로 투표인명부를 작성하도록 함으로써 재외국민의 투표권을 사실상 박탈하였다는 것이 헌법불합치 결정 이유이다.

당시 헌법재판소는 헌법불합치 결정을 하면서 2015년 12월 31일까지 국민투표법 제14조 제1항의 효력이 잠정적으로 지속될 수 있도록 하였다. 그러나 국회가 2018년 현재까지도 해당 조항을 개정하지 않은 탓에 헌법재판소가 부여한 유예기간의 다음 날인 2016년 1월 1일부터 법률 공백이 발생한 상태이다. 따라서 지금으로서는 국민투표를 실시할 필요가 생기더라도 헌법불합치 결정이 선고된 국민투표법의 해당 조항이 먼저 개정되지 않는 이상 국민투표를 실시할 수 없는 상황이다. 예컨대 헌법개정을 하기 위해서는 대통령이 발의하든 국회가 발의하든 결국 국민투표를 통해 확정되는 절차를 거쳐야 하므로 헌법개정을 하기 위해서는 먼저 국민투표법을 고쳐야만 한다.

이번 태아 성 감별 사건과 관련해서는 국회가 유예기간의 마지막 날인 2009년 12월 31일 의료법의 태아 성 감별 고지 금지조항을 다음과 같이 개정하였다. 그나마 유예기간의 마지막 날에라도 개정된 것은 매우 다행스러운 일이다.

> 의료인은 임신 32주 이전에 태아나 임부를 진찰하거나 검사하면서 알게 된 태아의 성(性)을 임부, 임부의 가족, 그 밖의 다른 사람이 알게 하여서는 아니 된다. (의료법 제20조 제2항)

개정된 현행 의료법에 의하더라도 의사가 임신 32주 이전에 태아의 성 감별 결과를 예비부모 등에게 알려주는 것은 금지된다. 그러나 남아선호사상이 거의 사라져버린 지금도 태아의 성별을 알고 싶은 예비부모의 소망은 여전하다. 이 때문에 의사들은 태아의 성별을 문의하는 예비부모들에게 임신 32주가 되기 전까지는 태아의 초음파 영상을 보여주기만 할 뿐 태아의 성별에 대하여는 직접 말로 알려주지 못한 채 성별을 암시하는 선문답(禪問答)으로 대답을 대신하기도 한다. 문자 그대로 '말 못할 고민'을 하는 것이다.

재판관 3인의 단순위헌 의견

이 사건에서 3명의 헌법재판관은 다음과 같은 이유로 단순위헌 결정을 하여야 한다는 견해를 밝혔다.

I. 가족과 가정의 일상사에 관한 헌법이야기

이 사건 규정은 의료인의 직업수행의 자유와 일반적 인격권으로부터 나오는 부모의 태아의 성별 정보에 대한 접근을 방해 받지 않을 권리 이외에도 부모의 태아에 대한 보호양육권을 제한한다.

한편, 이 사건 규정의 입법목적은 성별을 이유로 한 낙태를 방지하여 성비의 불균형을 해소하고 태아의 생명을 보호하기 위한 것이다. 그런데 우리 형법은 제269조와 제270조에서 낙태행위를 범죄로 규정하고 이를 처벌하도록 하고 있으므로 낙태를 금지하여 태아의 생명을 보호하고자 하는 입법목적은 위 형법 규정들에 의하여 충분히 달성된다. 그럼에도 불구하고 이 사건 규정이 태아 성별 고지 행위를 태아의 생명을 박탈하는 행위로 간주하고 태아의 성별 고지 행위 금지에 태아의 생명 보호라는 입법목적을 설정한 것은 그 자체로서 정당화될 수 없다.

따라서 이 사건 규정은 입법목적의 정당성이 인정되지 않으므로 헌법에 위반된다고 할 것인바, 이 사건 태아 성별 고지 금지제도는 그 제도 자체가 정당성을 가질 수 없는 위헌인 제도이므로 단순위헌을 선고하여 제도의 효력을 즉시 상실시켜야 한다.

3명의 헌법재판관은 의료법의 태아 성 감별 고지 금지조항이 위헌이라는 점에 대해서는 다수의견과 견해를 같이 하면서도 헌법불합치 결정을 선고해야 한다는 다수의견과 달리 단순위헌 결정을 선고해야 한다고 보았다. 성별을 이유로 한 낙태를 방지하여 성비 불균형을 해소하고 태아의 생명을 보호하기 위한 목적은 의료법 조항이 아니라 형법의 낙태죄 조항에 의해 충분히 달성될 수 있기 때문이라는 것이다. 즉, 형법의 낙태죄 조항이 있기 때문에 의료법의 태아 성 감별 고지 금지조항에 대하여 단순위헌 결정을 선고함으로써 해당 조항을 당장 무효화시키더라도 법률 공백에 따른 낙태 만연의 문제는 발생할 우려가 없다는 견해이다.

재판관 1인의 합헌의견

그 반면 1명의 헌법재판관은 다음과 같은 이유로 합헌의견을 개진하였다.

(J 변호사의 경우) 태아의 성별은 태아의 부모의 의사나 의지와는 무관하게 자연적으로 결정되어지는 것이므로, 태아의 부모가 태아의 성별 정보를 출산 이전에 미리 확인할 자유가 있어 얻을 수 있는 이익이란, 장래 가족의 일원이 될 태아의 성별에 대하여 미리 알고 싶은 인간의 본능에 가까운 호기심의 충족과 태아의 성별에 따른 출산 이후의 양육 준비를 미리 할 수 있다는 사실상 이익에 불과하다. 따라서 이 사건 심판대상 규정으로 인하여 태아의 아버지인 청구인의 헌법상 보장된 기본권이 침해될 여지는 없으므로, 이 심판청구는 부적법하다.

(A 의사의 경우) 한편, 임신 후반기에도 태아의 성별을 이유로 한 낙태의 가능성은 여전히 존재하는 것이고, 임신 후반기의 낙태는 임부의 생명까지도 위태롭게 하는 결과를 초래할 수 있는 것이므로, 태아의 생명보호와 성비의 불균형 해소라는 입법목적의 달성을 위해서는 임신 기간 전 기간 동안 태아의 성별 고지를 금지하는 것이 불가피하고, 이 사건 심판대상 규정을 통하여 달성하려는 태아의 생명보호 등과 같은 공익의 중대성에 비하여 이 사건 심판대상 규정으로 인한 의료인의 직업수행의 자유의 제한 정도는 극히 미미한 것이므로, 이 사

건 심판대상 규정은 기본권제한에 있어서 과잉금지원칙에 위반되지 않는다.

결국 이 사건은 표결 결과 8 : 1이 되어 헌법재판관 8인의 다수 의견에 따라 헌법불합치 결정이 선고되었다. 유일한 합헌의견은 태아의 성별을 알고자 하는 예비부모의 이익은 단순한 호기심에 불과할 뿐 헌법상 보호되는 기본권이라고 볼 수 없고, 태아의 생명을 보호하기 위한 목적으로 의료인의 직업수행의 자유를 제한하더라도 과도한 것이 아니라는 의견이었다.

위헌의견을 지지한 나머지 8인의 헌법재판관 중 5인은 헌법불합치, 3인은 단순위헌 의견을 개진하였다. 특정 법률조항에 대하여 위헌결정을 선고하기 위해서는 재판관 6인 이상의 찬성이 있어야 한다는 우리 헌법 제113조 제1항을 이 사건에서는 어떤 방법으로 적용하였을까? 헌법에 위반된다는 재판관의 의견을 모아 청구인 측에 유리한 순서대로 따져보면, 단순위헌 의견 3인이 첫 번째이고 그 다음이 헌법불합치 의견 5인이다. 그런데 위헌법률심판의 정족수인 재판관 6인 이상이 되려면 단순위헌 의견 3인만으로는 부족하고, 헌법불합치 의견 5인까지 합해야 비로소 정족수에 도달하게 된다. 이러한 방법으로 정족수를 따진 끝에 이 사건은 정족수에 이를 수 있도록 뒤에 합해진 5인의 헌법불합치 의견에 따라 최종적으로 헌법불합치 결정이 선고된 것이다.

위헌 결정의 배경

헌법재판소는 결정문에서 위헌 결정을 하게 된 배경에 관하여 다음과 같이 설명하고 있다. 먼저 태아 성 감별 고지 금지규정의 입법배경을 분석하면서 현재의 상황과는 다른 입법배경이 있었음을 강조하였다.

태아의 성에 대한 감별은 본래 의료기술의 발달에 힘입어 임신 중 태아에 대한 유전성 질병이나 기형 등 건강상태의 이상 유무를 확인하기 위한 목적으로 개발된 태아 진단방법이다. 그런데 1980년대 들어 고도의 경제성장과 더불어 출산자녀수가 줄어들게 된 데다가 의료기술의 발달로 태아의 성에 대한 감별이 가능하게 되자, 이것이 우리 사회에 존재하던 남아선호사상과 결부되어 태아의 성을 선별하여 출산하는 경향을 부추기게 되었고, 그 결과 남녀간의 성비에 심한 불균형이 초래되었다. 태아의 성에 대한 감별이 당초의 목적과는 달리 여아에 대한 낙태를 조장하는 결과를 초래함으로써 인간생명의 존엄성을 위협하고 인구의 성비에 심각한 불균형을 불러오게 된 것이다. 이에 태아의 성 감별 및 고지 자체에 낙태의 개연성이 내포되어 있는 것으로 간주하고, 성별에 따른 낙태의 예방 및 그 근절을 위하여 '태아 또는 임부에 대한 진찰, 검사 과정에서 알게 된 태아의 성별을 고지하는 행위'를 금지하기에 이르렀다. 즉, 남아선호사상이 만연했던 우리 사회현실에서 낙태가 명백한 범죄행위임에도 불구하고 태아의 성 감별을 통한 여아 낙태가 공공연하게 이루어지자, 태아의 생명과 임부의 건강을 보호하고 성비의 불균형을 막기 위하여 1987. 11. 28. 법률 제3948호로 의료법 개정 시에 의료인의 태아 성별 고지 행위를 금지하게 된 것이다.

I. 가족과 가정의 일상사에 관한 헌법이야기

한편, 이 사건 규정을 신설할 무렵에는 의료인의 위반행위에 대한 형사처벌 규정을 별도로 두지 않았으나, 성별 고지 금지 위반에 대해 의료면허를 정지하거나 취소하는 것만으로는 그 실효성을 담보하기 어렵다고 보고, 1994. 1. 7. 법률 4732호 의료법 개정 시 제67조에서 성별 고지 금지에 대한 위반행위 시 이를 형사처벌하도록 하는 규정을 두게 되었는바, 이를 위반하는 의료인의 경우 3년 이하의 징역 또는 1천만 원 이하의 벌금에 처하도록 하였다.

나아가 헌법재판소는 입법 당시에 비해 현재 남아선호사상이 현저하게 변천된 사정을 상세하게 설명하고 있다.

한국보건사회연구원에서는 배우자 있는 여성(20~44세)을 상대로 '현존 자녀수 및 성 구조(性 構造)별 추가출산계획'에 대한 설문조사를 실시하여 2005년 12월 그 결과를 발표한 바 있다. 이 조사 결과에 의하면, 자녀가 전혀 없는 경우, 출산계획이 없다고 응답한 비율은 10.1%, 아들, 딸 구별 없이 1명을 원하는 응답 66.7%, 아들 1명을 원하는 응답 1.3%, 딸 1명을 원하는 응답 3.0%, 아들 1명, 딸 1명을 원하는 응답 14.3%, 아들만 2명 원하는 응답 0.4%, 딸만 2명 원하는 응답 0.8%, 그리고 3명 이상을 원하는 응답은 3.4%였다.

그리고 아들만 1명 있는 경우에는, 추가계획 없다는 응답 60.3%, 성별 구별 없이 추가하겠다는 응답 28.5%, 아들 1명 추가 0.5%, 딸 1명 추가 8.3%, 아들 1명, 딸 1명 추가 1.1%, 아들만 2명 추가 0.3%, 딸 2명 추가 1.1%로 나타났으며, 딸만 1명이 있는 경우에는, 추가계획 없다는 응답 50%, 구별 없이 추가 32.2%, 아들 1명 추가 13.7%, 딸 1명 추가 0.3%, 아들 1명, 딸 1명 추가 2.1%, 아들 2명 추가 0.7%, 딸 2명 추가는 없었고, 3명 이상 추가 응답이 1.0%였다.

아들만 둘 있는 경우에는, 추가계획 없다는 응답 97.1%, 구별 없이 추가 1.0%, 아들 1명 추가는 없었고, 딸 1명 추가는 1.9%, 아들 1명, 딸 1명이나 아들 2명, 딸 2명 추가 응답은 없었다. 딸만 2명 있는 경우에는, 추가계획 없다는 응답 89.8%, 구별 없이 추가 1.3%, 아들 1명 추가 8.6%, 딸 1명 추가는 없었고, 아들 2명 추가는 0.3%, 딸 2명이나 3명 이상 추가 응답은 없었다.

한편, 아들 1명, 딸 1명이 있는 경우에는, 추가계획 없다는 응답 97.0%, 구별 없이 추가 2.1%, 아들 1명 추가 0.7%, 딸 1명 추가 0.2%, 자녀가 3명 이상인 경우에는 추가계획 없다는 응답 98.5%, 구별 없이 추가 0.3%, 아들 1명 추가가 1.3%로 응답되었다.

이상의 설문 조사 결과에 의하면, 최근 들어 딸에 비해 아들을 특별히 선호하는 경향이 있다고는 보기 어렵고, 남아선호사상 내지 경향이 거의 소멸되었음을 짐작하게 하며, 다만 위 설문 조사에서 딸만 1명이 있는 경우 및 아들이 1명 있는 경우의 응답 비율을 비교하여 보면 아직은 남아선호사상이 다소 잔존하고 있다고 볼 여지도 있고, 이는 아래에서 보는 성비(性比) 변천에 관한 통계에서도 같다.

또한 헌법재판소는 성비의 변천에 관해서도 주목하였다.

2007. 8. 통계청이 발표한 '2006년 출생통계 결과'에 따르면, 이 사건 규정 신설 무렵인 1986년의 출생성비(전체 평균 출생여아 100명당 남아의 수)는 111.7임에 비해, 2006년의 출생성비는 107.4로 낮아져 자연성비(자연상태에서의 출생 여아 100명당 남아의 수)인 106에 육박하고 있다. 그러나 셋째 아이의 경우 1986년에는 138.5, 1993년에는 202.1, 그리고 1994년에는 202.2로 정점을 이루었고, 점차 감소하여 2006년 기준으로 121.8을 기록하고 있으나 여전히 남아 비율이 높

은 편이며, 이와 같은 수치는 선별 출산이 행해지고 있다고 볼 여지를
나타내고 있다.

한편, 이 사건 규정이 신설된 1987년(전체 출생성비 108.8) 이후 상
당기간 동안(1996년까지 10년간)은 오히려 전체 출생성비가 높게 나
타나고 있고, 특히 셋째 아이의 경우 출생성비는 1987년의 134.7에서
형사처벌규정을 둔 1994년 202.2로 급격히 높아져 이 사건 규정의 태
아 성별 고지 금지제도가 과연 실효성을 가진 제도인지 의문을 가지
게 한다. 그리고 형사처벌규정을 둔 1994년(전체 출생성비 115.2, 셋
째 아이 출생성비 202.2) 이후 3~4년간(1995~1997년)은 출생성비가
감소하는 추세를 보이고(전체 출생성비 113.2→108.2, 셋째 아이 출생
성비 177.2→133.5), 그 이후 큰 변동이 없다가(1998~2002년; 전체
출생성비 110.1→110.0, 셋째 아이 출생성비 144.7→140.0), 최근
(2004~2006년)에 와서 다시 감소하는 추세에 있다(전체 출생성비
108.2→107.7→107.4, 셋째 아이 132.0→127.7→121.8).

위와 같은 통계자료를 살펴보면, 결국 태아의 성별 고지를 금지하는
것과 여태아의 낙태를 방지하여 성비의 불균형을 해소한다는 것과의
사이에 상관성이 있다고 보기 어렵고, 최근 몇 년 사이에 출생성비가
자연성비에 가까워지고 있는 현상은 성별 고지 금지보다는 남아선호
에 대한 의식의 변화에 기인한 측면이 강한 것으로 볼 수 있다.

낙태의 추이

참고로 헌법재판소의 결정을 전후하여 201개 의료기관을 대상
으로 한 인공임신중절(낙태) 추정건수를 보면 합법·불법을 모두 합하
여 2005년에 342,433건이었다가, 2008년에 241,411건, 2009년에

187,958건, 2010년에 168,738건으로 계속 줄어들었다고 한다.[1] 한편, 보건복지부가 조사한 15~44세 여성 1,000명당 각국의 인공임신중절 건수는 2000년대 초반의 경우 한국 29.8%(2005년), 미국 21.1%(2001년), 호주 19.7%(2003년), 영국 17.8%(2004년), 캐나다 14.9%(2002년)였다가, 2000년대 후반의 경우 한국 15.8%(2010년), 미국 18.9%(2008년), 영국 16.8%(2009년), 프랑스 17.6%(2007년), 독일 7.2%(2009년), 이탈리아 10.2%(2009년), 일본 10.3%(2008년)로 변화되었다.[2] 우리나라의 경우 5년 사이에 거의 절반 수준으로 줄어들어 2010년에 이르러서는 미국, 프랑스, 영국보다 낮고 독일, 이탈리아, 일본보다 높은 것으로 나타났다. 태아 성 감별 고지 금지조항의 유지를 주장하는 사람들은 대부분 낙태의 위험성을 주된 이유로 삼았는데, 오히려 헌법재판소의 결정 이후에 낙태 건수가 꾸준히 감소하는 추세를 보이고 있으므로 유지 주장 논거의 오류가 증명되었다고 볼 수 있다.

21세기 공개변론에 등장한 고구려 주몽

헌법재판소의 공개변론에서는 대개 청구인 측에 10분가량 모두 진술 기회가 주어진다. 그런데 이 사건에서는 청구인이 J 변호사와

---

1 헌법재판소, "현장에서 보는 또 다른 시선", 헌법재판소 결정과 대한민국의 변화, ㈜ 웰브라이트(2017), 354쪽, 356쪽. 위 자료는 보건복지부와 고려대의 조사결과를 토대로 한 것인데, 연세대의 조사결과인 '2005년 298,000명, 2008년 210,000명, 2009년 172,000명, 2010년 158,000명'과는 다소 다르나 그 차이는 크지 않다.
2 헌법재판소, 앞의 책, 357쪽, 358쪽.

I. 가족과 가정의 일상사에 관한 헌법이야기

A 의사 등 2명이었기 때문에 J 변호사를 대리한 필자 등의 변호인단에는 5분 정도의 시간만 주어졌다. 변호인단은 5분이라는 짧은 시간 동안 재판관들에게 강한 인상을 줄 수 있는 효과적인 변론 방안을 찾기 위해 지혜를 모은 끝에 당시 널리 인기를 얻고 있던 '주몽'이라는 텔레비전 드라마의 한 장면을 활용해 보기로 하였다. 이에 따라 필자가 주몽 설화를 바탕으로 아래와 같은 5분 분량의 모두진술을 준비하여 공개변론을 하였다. 헌법재판소에서는 모두진술을 포함한 공개변론의 전 과정을 녹화하여 이를 홈페이지에 공개한다. 이 사건의 공개변론도 한동안 헌법재판소 홈페이지 첫 화면을 장식하였고, 5분짜리 모두진술은 한때 서울대학교 법학전문대학원에서 '변론 모범사례'의 하나로 소개되고 강의자료로도 사용되었다. 헌법재판소 홈페이지 첫 화면은 그 후에도 다른 공개변론 사건으로 계속 새롭게 교체되고 있어 현재 필자의 모두진술 영상은 자료파일(archive) 폴더로 넘어가 있다.

삼국사기 고구려 본기를 보면, 고구려를 세운 주몽이 부여 땅을 떠나면서 임신한 아내 예씨의 뱃속에 있는 태아의 성별에 관하여 궁금해 하는 장면이 나옵니다. 태아의 성별을 알 길이 없던 주몽은 '일곱 모 난 돌 위에 서 있는 소나무 밑'을 찾아보라는 수수께끼를 남기고 남쪽으로 내려가서 고구려를 건국했습니다. 아내 예씨는 나중에 아들을 낳았고, 그 아들은 수수께끼를 풀고 소나무 기둥 밑 주춧돌 틈에서 끊어진 칼 한 토막을 발견한 다음 주몽을 찾아가 그 뒤를 이어 고구려 2대 유리왕이 되었습니다.

동서고금을 막론하고 예비부모들은 뱃속에 있는 태아의 성별을 알고 싶어 했습니다. 이 사건 청구인 J 변호사도 마찬가지였습니다. 청구인은 2004. 12.경 임신 8개월의 아내와 함께 산부인과 병원을 방문하였고 아내의 초음파검사를 담당한 의사에게 태아의 성별을 가르쳐 줄 것을 부탁하였습니다. 그러나 담당의사는 이 사건 의료법 조항 때문에 태아의 성별을 가르쳐 줄 수 없다며 거절하였습니다. 이에 청구인은 의사로 하여금 예비부모에 대해서조차 태아의 성별을 알려주지 못하도록 한 이 사건 법률조항이 예비부모의 행복추구권과 알권리를 침해하고 있다고 주장하면서 헌법소원을 제기하였습니다.

　　현재 청구인은 독일에서 유학 중이기 때문에 이 자리에 나오지 못했고, 동료 변호사들이 무료변론을 하고 있습니다. 청구인의 아내는 2005. 2. 4. 이미 아들을 출산했습니다. 법적으로 평가하면, 청구인은 기본권 침해의 현재성 요건을 갖추지 못하여 주관적 권리보호 이익이 소멸됨으로써 권리구제의 실효성이 없다고 볼 수 있습니다. 하지만 이 사건 법률조항의 경우 동종행위의 반복위험성이 존재하여 헌법질서 수호유지를 위한 헌법적 해명이 필요합니다. 그리고 이 사건 법률조항은 직접적으로는 의사로 하여금 태아의 성 감별 결과를 예비부모 등에게 알려주지 못하도록 규정하고 있지만, 초음파 진단기술이 없는 일반적인 예비부모들로서는 의사의 도움 없이 태아의 성별을 알 수 없고, 이 사건 법률조항 때문에 의사에게 태아의 성별을 알려달라고 할 수 없으므로, 이 사건 법률조항은 의사들뿐 아니라 청구인과 같은 예비부모들에게도 자기관련성을 인정할 수 있습니다. 따라서 청구인에 대하여 적법성 요건을 인정하고 본안 판단을 해 주시기 바랍니다.

　　나아가 이 사건 법률조항의 위헌성에 관하여 말씀드리겠습니다. 이 사건 법률조항은 1987. 11. 28. 법률 제3948호로 의료법이 일부 개정되면서 신설되었습니다. 그 입법목적은 남아선호사상에 따른 낙태를 방지함으로써 태아의 생명권을 보호하고 성비 불균형으로 말미암은 사회적 부작용을 방지하기 위한 것으로 그 정당성을 인정할 수 있습니다.

하지만 낙태를 방지하기 위해서는 낙태죄 조항을 엄격하게 적용함으로써 그 목적을 분명히 달성할 수 있습니다. 그런데 이 사건 법률조항은 혹시 낙태를 감행할지 모른다는 이유만으로 모든 예비부모 등에 대하여 낙태할 의사가 있는지 여부를 묻지 않고 사전적, 예방적으로 태아의 성별을 알게 됨으로써 누리게 될 행복추구권과 알권리를 완전히 박탈해 버렸습니다. 이는 기본권 제한을 위해 필요한 수단의 적정성을 갖추지 못한 것입니다.

다음으로 이 사건 법률조항이 제정된 1980년대 이후 현재까지 남아선호사상에 관하여 엄청난 의식변화가 있었습니다. 한국보건사회연구원이 15~44세의 여성 5,386명을 면접 조사한 "2006년 전국 출산력 및 가족 보건복지실태조사" 보고서에 따르면, "아들이 꼭 있어야 한다."는 응답자는 전체의 10.2%에 불과하여 1991년 조사 때의 40.5%에 비해 무려 4분의 1로 줄었고, 반면 "아들이 없어도 무관하다."는 응답자는 1991년의 28%에서 49.8%로 크게 늘어났습니다. 또한 국정홍보처가 2006. 11.경 전국 성인 남녀 2,580명을 조사한 결과, 여성들이 딸을 좋아하는 경우는 19.8%로 아들을 좋아하는 경우인 12.3%를 앞질렀습니다. 그리고 남아선호사상이 강한 사람이라도 임신 초기에는 성 감별을 통해 불법낙태를 할 수 있지만, 이미 8~9개월 이상 성장하여 출산을 1~2개월 앞둔 경우에는 산모의 위험을 무릅쓰면서까지 낙태를 감행하기는 어렵습니다. 이와 같이 남아선호사상에 관하여 엄청난 의식변화가 있음에도 낙태가 사실상 불가능한 임신 8~9개월 이후까지 전면적으로 태아 성 감별을 금지하는 것은 침해의 최소성에 위반됩니다.

외국의 경우를 살펴보면, 인도의 경우에 거의 유일하게 반(反)태아 성 감별법을 규정하고 있으나, 미국이나 유럽 대부분의 국가에서는 태아 성 감별을 처벌하는 규정을 두고 있지 않으며, 오히려 영국 정부의 경우 태아의 성 감별을 통한 선택 출산과 맞춤아기 시술 등을 허용할 수도 있다는 입장을 밝혔고, 성비 불균형이 심각한 중국의 경우에도 태아 성 감별을 형사범죄로 규정하고 있지는 않습니다. 다만, 캐나다의 경우에는 24주 이전의 태아 성 감별만을 금지하고 있을 뿐입니다.

현재 산부인과에서는 '분홍색 옷을 준비하라' 또는 '파란색 옷을 준비하라'는 등 간접적인 방법으로 사실상 성별 고지가 이루어지고 있습니다. 이는 이 사건 법률조항이 국민의 정서와 동떨어져 있는 현실을 잘 반영하고 있습니다.

동서고금을 통해 대부분의 예비부모는 그저 태어날 아기의 성별을 알고 싶어 했습니다. 이제 의학의 눈부신 발전으로 그것이 가능해졌음에도 이 사건 법률조항은 태아의 성 감별을 전면적으로 금지하고 있습니다. 예비부모들은 태아의 성별에 따라 출산을 미리 준비하고 태중에 있는 아이의 이름을 미리 지어서 부르면서 태교를 하고자 합니다. 이를 통해 태아는 정서적 안정감을 갖고 예비부모는 태어날 아이에게 보다 많은 애정을 갖게 될 것입니다. 태아의 성별을 알고 싶어 하는 예비부모의 권리는 헌법상 보장되는 행복추구권과 알권리에 속합니다.

이 사건 법률조항은 비록 그 입법목적의 정당성을 인정할 수 있다고 하더라도, 수단의 적정성과 침해의 최소성 요건을 갖추지 못하고 있습니다. 이 사건 법률조항에 대하여 단순위헌 또는 헌법불합치 결정을 해 주시기 바랍니다. 그에 따라 국회에서는 예컨대, 임신 후 28주부터는 성별 고지를 허용하는 등 낙태방지와 예비부모의 기본권을 조화롭게 보장할 수 있는 범위 내에서 슬기로운 법률을 만들 수 있을 것입니다.

에필로그

　이 사건의 공개변론은 2008년 4월 10일에 열렸다. 공개변론을 마치고 헌법재판소의 결정을 기다리던 중, 2008년 6월 19일 대법원에서 불법파견과 관련한 고용의제(雇用擬制)가 쟁점인 사건의 공개변론이 열렸다. 필자는 다른 법무법인의 변호사들과 함께 그 사건의 공동대리인단에도 합류하여 공개변론에 참여하였다. 태아 성 감별과 관련한 헌법소원 사건에 대하여는 2008년 7월 31일 헌법불합치의 승소 결정을 선고받았고, 불법파견과 관련한 고용의제 사건에 대하여는 2008년 9월 18일 원심파기의 승소 판결을 선고받았다.

　대법원에서도 헌법재판소와 마찬가지로 공개변론은 한 해에 10건 내외만 실시하고 있다. 그렇기 때문에 대부분의 변호사들은 평생 한 번이라도 헌법재판소나 대법원에서 공개변론을 할 수 있는 기회를 얻기 어렵다. 그렇지만 필자는 2008년 한 해에 헌법재판소와 대법원에서 열린 공개변론에 모두 참여하는 대단히 소중한 기회를 얻었을 뿐 아니라 공개변론에 참여한 그 사건들에서 모두 승소하는 과분한 행운까지도 누렸다. 이 때문에 그해 말 어느 신문에서는 법조계의 지난 1년을 회고하는 내용의 기사를 게재하며, 한 해에 헌법재판소와 대법원 공개변론에서 모두 승소한 변호사로 필자를 소개하기도 했다. 아직까지도 2008년은 필자에게 잊지 못할 추억을 선사한 소중한 한 해로 기억되고 있다.

이성부자(異姓父子)
엄마, 나는 왜 새 아빠와 성이 달라요?
[헌법재판소 2005. 12. 22. 선고 2003헌가5, 6(병합) 결정]

신계열 변호사

가족관계와 양성평등에 관한 헌법 규정

우리 헌법은 제11조 제1항에서 "모든 국민은 법 앞에 평등하다. 누구든지 성별·종교 또는 사회적 신분에 의하여 정치적·경제적·사회적·문화적 생활의 모든 영역에 있어서 차별을 받지 아니한다."고 규정하여 평등권을 국민의 기본권으로 보장하고 있음을 천명하고 있다. 또한 가족관계에서의 양성 평등에 관하여 아래와 같이 별도의 규정도 두고 있다.

헌법 제36조【혼인과 가족생활, 모성보호, 국민보건】

① 혼인과 가족생활은 개인의 존엄과 양성의 평등을 기초로 성립되고 유지되어야 하며, 국가는 이를 보장한다.

② 국가는 모성의 보호를 위하여 노력하여야 한다.

③ 모든 국민은 보건에 관하여 국가의 보호를 받는다.

가족은 사회 공동체를 이루는 최소 단위로서 가족관계는 개인 간의 혼인으로부터 시작된다. 혼인이라는 행위를 통해 남녀가 함께 새로운 공동체를 만들고, 그와 동시에 부모와의 사이에서 형성되었던 종전의 가족관계로부터 떨어져 나와 독립하게 된다. 그리고 부부가 함께 자녀를 출산하면 세 사람 이상의 가족공동체가 형성된다. 이처럼 혼인제도와 가족제도는 서로 밀접하게 관련되어 있기 때문에 우리 헌법은 혼인제도와 가족제도를 함께 보호하면서 혼인과 가족생활에 있어서 양성평등이 구현될 수 있도록 국가가 제도적으로 뒷받침해야 함을 명문으로 정하고 있는 것이다.

이혼율 증가와 재혼가정

남녀가 만나 서로 호감을 느끼고 혼인에까지 이르는 것은 매우 자연스러운 현상이고 거의 모든 나라에서 이러한 혼인제도를 보장한다. 이처럼 혼인관계는 개인간의 자발적인 의사 합치를 전제로 형성되므로, 결혼생활 중 성격 차이나 경제적 곤란 등 여러 가지 사유로 불화가 발생한 때 부부가 합의하여 혼인관계를 종료하는 것 역시 당연히 허용된다.

과거 우리 사회에서는 오랜 유교적 전통으로 인하여 이혼을 금기시해 왔기 때문에 이혼을 한 사람은 마치 범죄라도 저지른 것처럼 이혼 사실을 숨기는 경우가 많았고, 심지어 부모형제들로부터 외면당하거나 무시당하는 일도 흔하게 일어났다. 이러한 사실은 1950년대 우리나라 이혼율(인구 1,000명당 이혼 건수)이 0.20건에 불과했다는 점만 보아도 잘 알 수 있다. 그런데 세월이 흐르며 그 수치는 [표 1]에서 보는 바와 같이 1982년에 0.7건, 2003년에 3.4건으로 해가 갈수록 증가하여 1950년대보다 무려 10배 이상 급증했다. 2003년을 정점으로 그 이후에 다소 감소하는 추세로 돌아섰으나 그래도 꾸준히 2건을 초과하고 있다. 이러한 우리나라의 이혼율은 1996년부터 일본을 앞질렀고 현재 아시아 최고로 알려져 있다.

표 1 연도별 전체 이혼건수 및 인구 1,000명당 이혼 건수(통계청)　　　　(단위: 천 건/건)

연도	1982	1983	1984	1985	1986	1987	1988	1989	1990	1991	1992	1993	1994	1995	1996	1997
	1998	1999	2000	2001	2002	2003	2004	2005	2006	2007	2008	2009	2010	2011	2012	-
전체 건수	26.1	28.5	35.8	38.2	39.1	42.3	42.8	44.0	45.7	49.2	53.5	59.3	65.0	68.3	79.9	91.2
	116.3	117.4	119.5	134.6	144.9	166.6	138.9	128.0	124.5	124.1	116.5	124.0	116.9	114.3	114.3	-
이혼율	0.7	0.7	0.9	0.9	0.9	1.0	1.0	1.0	1.1	1.1	1.2	1.3	1.4	1.5	1.7	2.0
	2.5	2.5	2.5	2.8	3.0	3.4	2.9	2.6	2.5	2.5	2.4	2.5	2.3	2.3	2.3	-

우리나라 이혼율 증가는 우리 사회가 경제적·문화적으로 발전하고 개인의 권리의식이 강화됨에 따라 과거처럼 심리적·경제적 고통을 참아가며 혼인관계를 유지하기보다는 고통스러운 혼인관계에서 벗어나 새로운 삶을 시작하는 것이 개인의 행복을 위해 더 바람직하다는 인식이 확산되고 있다는 사실을 잘 보여주고 있다.

이혼율 증가는 필연적으로 재혼의 증가로 이어진다. [표 2]와 그래프에서 보는 바와 같이 우리나라의 재혼건수는 남녀를 합하여 1982년에는 43,600건에서 2012년에는 107,600건으로 크게 증가하였다.

이성부자(異姓父子) 엄마, 나는 왜 새 아빠와 성이 달라요?

표 2 연도별 재혼건수(통계청)   (단위: 천 건)

구분		1982	1985	1988	1991	1994	1997	2000	2003	2006	2009	2012	30년 전 대비(%)
재혼 건수	남자	26.4	30.4	35.8	33.7	36.3	41.4	43.4	50.0	55.6	53.8	51.1	93.5
	여자	17.2	21.6	28.0	29.6	35.6	43.8	48.1	55.6	59.7	58.8	56.5	227.6

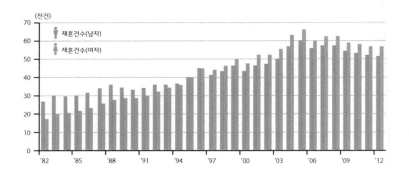

한편, 재혼을 하게 되면 재혼한 당사자들과 기존 배우자 사이에 태어난 자녀를 모두 포함한 새로운 가족관계가 형성된다. 이때 자녀들이 성년에 이르러 어느 정도 부모로부터 독립해 있다면 새로운 가족관계를 둘러싸고 큰 문제가 발생할 우려는 비교적 작다. 그러나 자녀들이 미성년자인 경우에는 아동기나 사춘기, 청소년기의 특성상 새로운 부모와 정서적·심리적으로 교감하는 데 어려움을 겪을 가능성은 클 수밖에 없다. 그러므로 재혼가정의 비율이 높아질수록 재혼가정으로 하여금 이러한 어려움을 극복하고 원만히 가정을 유지할 수 있도록 국가가 나서서 제도적으로 뒷받침해 주어야 할 필요가 있다.

재혼가정에서 발생할 수 있는 문제들 중 현실적으로 가장 크게 다가오는 문제는 재혼가정이라는 사실이 외부에 알려짐에 따라 재혼

부부와 자녀들이 부딪히게 되는 사회적 편견을 어떻게 해소해야 하는가라는 문제이다. 그런데 재혼가정이라는 사실이 외부에 드러나게 되는 가장 큰 원인은 재혼한 부모와 자녀들이 서로 다른 성씨(姓氏)를 가진다는 데 있다.

민법상 성 불변(姓 不變)의 원칙

성씨란 일정한 인물을 시조로 하여 대대로 이어 내려오는 단계 혈연집단(單系血緣集團)의 한 명칭이다. 이는 결국 족(族)의 문제와 직접 연결된 것으로 고대로 거슬러 올라 갈수록 더욱 밀착되어 있다. 중국의 성씨제도를 수용한 우리나라에서는 고려 초기부터 지배층에게 성(姓)이 보급되면서 성은 부계(父系)혈통을 표시하고 명(名)은 개인의 이름을 가리키는 것이 되었다. 이처럼 성과 명의 역할이 나누어짐으로써 성은 사람의 혈연관계를 분류하는 기준이 되고 이름은 그 성과 결합하여 사회구성원으로서의 개인을 타인과 구별하는 역할을 하게 되었다. 즉 이름은 그 자체만으로는 독립된 인격 행위를 할 수 없고 어디까지나 성을 보조하는 기능을 하는 것으로 인식되어 왔다. 이에 따라 성은 그 사람이 태어난 부계혈통을 나타내는 표지(標識)로서, 그 사람의 신분이나 호적에 변동이 생긴다 하여도 혈통이 변하는 것이 아니므로 일생 동안 바꾸지 못한다는 원칙이 우리나라에서 관습법으로 오래전부터 자리를 잡게 되었다.

우리 민법 제781조(2005. 3. 31. 법률 제7427호로 개정되기 전의 것)

이성부자(異姓父子) 엄마, 나는 왜 새 아빠와 성이 달라요?

는 "자(子)는 부(父)의 성과 본을 따르고 부가(父家)에 입적하며, 부를 알 수 없는 자는 모의 성과 본을 따르고 모가(母家)에 입적한다. 부모를 알 수 없는 자는 법원의 허가를 얻어 성과 본을 창설하고 일가를 창립한다. 그러나 성과 본을 창설한 뒤 부 또는 모를 알게 된 때에는 부 또는 모의 성과 본을 따른다."라고 규정하여 소위 '성 불변의 원칙'을 천명했다. 이러한 성 불변의 원칙은 우리 민법의 가장 두드러진 특색 중 하나로 세계에서도 그 유례를 찾아보기 어려웠다.

어느 재혼가정에서 발생한 사건

여성인 A는 B와 결혼하여 슬하에 1989년생 아들과 1990년생 딸을 두었으나 불행히도 남편인 B는 1999년 사망하였다. 이후 A는 혼자서 아이들을 키우다가 2001년 C를 만나 재혼하게 되었다. A는 재혼 후 C와 상의한 끝에 B와의 사이에서 낳은 자녀들을 양자의 형식으로 C의 호적에 입적시켰다. A의 자녀들은 B가 사망한 후 본가와의 관계는 완전히 단절한 채 A와 생활해 왔으며, A와 C의 재혼 이후에는 새 아버지인 C를 잘 따랐고 C 역시 그 자녀들을 친자식처럼 잘 돌봐주었다. 그러나 당시 초등학교 5학년과 6학년이었던 자녀들은 C와 성이 다르다는 이유로 친구들에게 놀림을 당하거나 관심의 대상이 되어 학교생활에 어려움을 겪을 수밖에 없었다. 이에 자녀들은 새 아버지인 C의 성으로 자신들의 성을 바꿔달라고 A와 C에게 요구하였고, A와 C 역시 새롭게 꾸린 가정을 잘 지켜나가기

위해서는 자녀들의 성을 C의 성으로 바꿀 필요가 있다고 생각하게
되었다.

구제절차의 진행

필자가 일하는 법무법인은 2001년 가을 무렵 C로부터 상담 요
청을 받고 위와 같은 사실관계를 확인하게 되었는데, 당시 시행 중
이던 민법이 성 불변의 원칙을 규정하고 있는 이상, 이 사건을 해결
하기 위해서는 그 민법 규정에 대한 위헌 결정을 받아내는 길밖에
없었다. 이에 필자를 비롯한 담당변호사들은 사전절차로 2001년 12
월 관할 구청장에게 신청인들(A와 B 사이에 태어난 자녀들)의 성과 본을
C의 성과 본으로 변경해 줄 것을 신청하였는데, 예상대로 관련 법제
도상 불가능하다는 회신을 받았다. 그래서 2002년 1월 동일한 취지
로 서울북부지방법원에 호적정정신청서를 제출하면서 이와 동시에
민법 제781조가 헌법에 위배되므로 헌법재판소에 위헌법률심판제청
을 해 달라는 내용의 신청서를 제출하였다. 당시 신청서에 기재한
위헌법률심판제청 신청 이유의 골자는 아래와 같다.

① 헌법 제10조는 "모든 국민은 인간으로서의 존엄과 가치를 가지
며 행복을 추구할 권리를 가진다. 국가는 개인이 가지는 불가침의 기
본적 인권을 확인하고 이를 보장할 의무를 진다."고 규정함으로써 모
든 기본권의 종국적 목적이라 할 수 있고 인간의 본질이며 고유한 가

이성부자(異姓父子) 엄마, 나는 왜 새 아빠와 성이 달라요?

치인 개인의 인격권과 행복추구권을 보장하고 있고, 제11조 제1항에서는 "모든 국민은 법 앞에 평등하다. 누구든지 성별·종교 또는 사회적 신분에 의하여 정치적·경제적·사회적·문화적 생활의 모든 영역에 있어서 차별을 받지 아니한다."고 규정하고 있으며, 제36조 제1항은 "혼인과 가족생활은 개인의 존엄과 양성의 평등을 기초로 성립되고 유지되어야 하며, 국가는 이를 보장한다."고 규정하고 있는바, 이는 혼인제도와 가족제도에 관한 헌법원리를 규정한 것으로서 혼인제도와 가족제도는 인간의 존엄성 존중과 민주주의의 원리에 따라 규정되어야 함을 천명한 것이다.

② 이러한 혼인·가족정책을 헌법에 규정한 역사적 의의는 전통적 가부장제 가족제도를 기반으로 하는 호주제도와 부계혈통 중심의 혼인·가족생활로부터 개인의 존엄과 양성 평등을 기초로 한 현대사회에 적합한 혼인·가족생활로 전환하기 위한 기본원리를 헌법에 규정함으로써 가부장제도의 개혁을 의도한 것이다.

③ 그런데 혼인생활의 경험이 있는 자들이 재혼하여 새로운 가정을 이루는 경우 남편이 데리고 온 자녀들은 그대로 남편(아버지)의 성과 본을 따르게 되어 별 문제가 없으나, 부인이 데리고 온 자녀들은 새로운 아버지의 성과 본을 따를 수 없고 친부의 성과 본을 그대로 따를 수밖에 없는데, 양자 사이에는 새로운 가정생활을 함에 있어 특별한 차이가 있는 것도 아니고, 양쪽 모두 새로운 아버지 또는 새로운 어머니와 행복한 가정생활을 할 권리가 있으며, 모든 자녀는 새로운 가정에서 문제없이 생활해 나갈 수 있는 동등한 능력과 자질을 갖추었는데도 불구하고 부인이 데리고 온 자녀들은 새로운 아버지의 성과 본을 따를 수 없는 불이익을 받게 된다.

④ 성 불변의 원칙은 과거 농경중심의 가부장적·신분적 계급사회에서 사회질서를 유지하기 위한 수단의 하나로서의 기능을 하였다.

그러나 이러한 성 불변 원칙이 생성하여 정착할 수 있었던 시대에 비하여 현대사회는 '자유와 평등'을 근본이념으로 하여 신분적 계급제도와 남존여비사상을 배척한 자유민주주의사회로 탈바꿈되었으며, 국민 대다수의 혼인관이 주로 '집안과 집안간의 결합'이라는 관념에서 혼인당사자의 자유의사를 존중한 '인격 대 인격의 결합'이라는 관념으로 바뀌었고, 가족의 관념이나 형태도 대체로 가부장적 대가족에서 분화된 핵가족으로 바뀌게 되었다. 따라서 성 불변의 원칙을 규정한 민법 제781조는 이제 사회적 타당성 내지 합리성을 상실하였고, 나아가 '인간으로서의 존엄과 가치 및 행복추구권'을 규정한 헌법이념 및 '개인의 존엄과 양성의 평등'에 기초한 혼인과 가족생활의 성립·유지라는 헌법규정에 정면으로 배치될 뿐 아니라 부계혈족의 유지에만 치중하여 성별에 의한 차별을 함으로써 헌법상의 평등의 원칙에도 위반된다.

위헌법률심판제청신청서를 제출하고 나서 약 1년이 지난 2003. 2. 13. 서울북부지방법원은 위헌법률심판제청 신청이유를 받아들여 헌법재판소에 위헌심판제청을 하였다. 그 제청이유의 골자는, 민법 제781조 제1항이 인간으로서의 존엄과 가치 및 행복추구권을 규정한 헌법 제10조 및 개인의 존엄과 양성의 평등에 기초한 혼인과 가족생활의 성립과 유지를 규정한 헌법 제36조 제1항에 반하며, 부계혈족의 유지만을 강조하여 성별에 의한 차별을 함으로써 헌법 제11조 제1항의 평등원칙에도 위반된다는 것으로서, 필자의 법무법인이 위헌법률심판제청신청을 하면서 주장한 신청이유와 그 취지가 동일하였다.

이성부자(異姓父子) 엄마, 나는 왜 새 아빠와 성이 달라요?

민법의 개정

　　이처럼 서울북부지방법원이 위헌법률심판제청 신청을 받아들여 헌법재판소에 심판을 제청한 지 2년쯤 지난 2005. 3. 31. 법률 제7427호로 민법이 개정되었다. 그 개정 법률에는 A와 C의 경우처럼 자녀들의 복리를 위하여 일정한 경우에는 법원의 허가를 받아 자의 성과 본을 변경할 수 있도록 하는 규정이 포함되었다.

제781조【자의 성과 본】

① 자는 부의 성과 본을 따른다. 다만, 부모가 혼인신고 시 모의 성과 본을 따르기로 협의한 경우에는 모의 성과 본을 따른다.

② 부가 외국인인 경우에는 자는 모의 성과 본을 따를 수 있다.

③ 부를 알 수 없는 자는 모의 성과 본을 따른다.

④ 부모를 알 수 없는 자는 법원의 허가를 받아 성과 본을 창설한다. 다만, 성과 본을 창설한 후 부 또는 모를 알게 된 때에는 부 또는 모의 성과 본을 따를 수 있다.

⑤ 혼인 외의 출생자가 인지된 경우 자는 부모의 협의에 따라 종전의 성과 본을 계속 사용할 수 있다. 다만, 부모가 협의할 수 없거나 협의가 이루어지지 아니한 경우에는 자는 법원의 허가를 받아 종전의 성과 본을 계속 사용할 수 있다.

⑥ 자의 복리를 위하여 자의 성과 본을 변경할 필요가 있을 때에는 부, 모 또는 자의 청구에 의하여 법원의 허가를 받아 이를 변경할 수 있다. 다만, 자가 미성년자이고 법정대리인이 청구할 수 없

는 경우에는 제777조의 규정에 따른 친족 또는 검사가 청구할 수 있다.

그러나 개정된 민법규정은 2008. 1. 1.부터 시행되도록 정해졌기 때문에 A와 C는 개정민법의 혜택을 받을 수 없었기에 헌법재판소로부터 위헌 결정을 받아야 할 필요성은 여전히 남았다.

헌법재판소의 결정

필자의 법무법인이 C로부터 사건 의뢰를 받은 지 4년 가량 지난 2005. 12. 22. 마침내 헌법재판소는 위헌심판제청 사건에 대하여 결정을 선고하였다. 민법 제781조 제1항 본문(2005. 3. 31. 법률 제7427호로 개정되기 전의 것) 중 '자는 부의 성과 본을 따르고'라는 규정 부분이 헌법에 위반된다는 결정이었다. 당시 재판관 중 7명이 문제의 민법 규정을 위헌이라고 보았다. 재판관들이 밝힌 위헌의견을 종합하여 요약하면 아래와 같다.

① 입양이나 재혼 등과 같이 가족관계의 변동과 새로운 가족관계의 형성에 있어서 구체적인 사정들에 따라서는 양부 또는 계부 성으로의 변경이 개인의 인격적 이익과 매우 밀접한 관계를 가짐에도 부성(父姓)의 사용만을 강요하여 성의 변경을 허용하지 않는 것은 개인의 인격권을 침해한다.

이성부자(異姓父子) 엄마, 나는 왜 새 아빠와 성이 달라요?

② 이 사건 법률조항은 모든 개인으로 하여금 부의 성을 따르도록 하고 모의 성을 사용할 수 없도록 하여 남성과 여성을 차별취급하고 있으면서도 그와 같은 차별취급에 대한 정당한 입법목적을 찾을 수 없어 혼인과 가족생활에 있어서의 양성의 평등을 명하고 있는 헌법 제36조 제1항에 위반된다.

③ 이 사건 법률조항은 혼인과 가족생활에 있어 개인의 성을 어떻게 결정하고 사용할 것인지에 대해 개인과 가족의 구체적인 상황이나 의사를 전혀 고려하지 않고 국가가 일방적으로 부성의 사용을 강제하고 있음에도 그와 같은 부성 사용의 강제에 대한 구체적인 이익을 찾을 수 없어 혼인과 가족생활에 있어서의 개인의 존엄을 보장한 헌법 제36조 제1항에 위반된다.

다만 위헌 의견을 제시한 재판관 7명 중 5명의 재판관과 나머지 2명의 재판관은 위헌 판단의 논거를 다소 달리하였다. 즉 재판관 5명은 문제의 민법 규정이 위헌이라는 점에 대하여는 결론을 같이하면서도 '이 사건 법률조항의 위헌성은 부성주의(父姓主義)의 원칙을 규정한 것 자체에 있는 것이 아니라 부성의 사용을 강제하는 것이 부당한 것으로 판단되는 경우에 대해서까지 부성주의의 예외를 규정하지 않고 있는 것에 있다'고 보면서 '이 사건 법률조항에 대해 헌법불합치 결정을 선고하되 이 사건 법률조항에 대한 개정 법률이 공포되어 2008. 1. 1. 그 시행이 예정되어 있으므로 2007. 12. 31.까지 이 사건 법률조항의 잠정적인 적용을 명하여야 한다'는 의견을 제시하였다.

이에 반하여 재판관 2명은 '이 사건 법률조항은 부성주의 원칙을 규정하고 있는 것 자체가 헌법에 위반된다'고 하면서 '위헌을 선고해야 하지만 법적 공백과 혼란을 방지하기 위해 헌법불합치를 선고하고 잠정적용을 명하여야 한다'는 의견을 제시하였다. 이러한 재판관 7명의 의견을 종합하여 헌법재판소는 '이 사건 법률조항이 헌법에 반하지만 2007. 12. 31.까지 잠정적으로 적용한다'는 헌법불합치 결정을 내렸다.

이러한 재판관 다수의견에 대하여 나머지 재판관 1명은 이 사건 법률조항이 헌법에 위반되지 않는다고 판단하였다. 그 반대의견 요지를 소개하면 아래와 같다.

① 문화가 항상 헌법에 선행하는 것은 아니나 선행하는 경우도 있으며, 가족제도 중에서도 부성주의는 분명히 헌법에 선행하는 문화이다. 기존의 문화 내지 제도가 후행의 헌법적 가치에 어긋난다는 의심을 받는 경우에는 제1단계로 기존의 문화가 가지는 합리성을 확인하고 그 합리성과 헌법적 가치 사이의 간극의 크기를 측정한 후, 제2단계로 그 간극의 크기가 더 이상 용납하기 어려운 경우에는 그 간극을 해소하는 기술의 합리성을 확인하며, 제3단계로는 시기의 적합성을 판단하여야 한다.

② 부성주의는 출산과 수유(授乳)라는 사실로 인해 외관상 확인가능한 모와의 혈통관계에 비해 본질적으로 불확실한 부와의 혈통관계를 대외적으로 공시하는 역할을 하는데, 혈통관계의 공시의 필요성에 부합하는 측면에서는 자가 부의 성을 사용하는 것이 모의 성을 사용하는 것 또는 그 어떤 다른 것보다도 훨씬 더 효과적이고 실용적이다. 또한 부성주의는 모자관계에 비해 상대적으로 소원하거나 결

이성부자(異姓父子) 엄마, 나는 왜 새 아빠와 성이 달라요?

속력이 약할 수 있는 부자관계에 있어서 부와 자녀간의 일체감과 유대감을 강화하여 가족의 존속과 통합을 보장한다.

③ 사람을 식별하는 기호체계에 불과한 성이 여성의 실체적인 법적 지위나 법률관계에 영향을 미친다고는 볼 수 없으며, 부성의 사용으로 인해 재혼이나 입양 등의 경우에 있어서 개인이 받는 불이익은 재혼이나 입양에 대한 사회적 편견 내지 사시(斜視)가 그 원인이지 부성주의가 그 원인은 아니다.

④ 추상적인 자유와 평등의 잣대만으로 우리 사회에서 여전히 유효하게 존속하면서 그 가치를 인정받고 있는 생활양식이자 문화 현상인 부성주의의 합헌성을 부정하는 것은 시기상조의 부적절한 일이다.

그 후의 이야기

2005년 당시 헌법재판소는 이 사건 성 불변 원칙에 관한 헌법불합치 결정을 내리기에 앞서 오랫동안 우리 사회의 신분체계로 지속되어 온 호주제에 대한 헌법불합치 결정(헌법재판소 2005. 2. 3. 선고 2001헌가9 결정 등)을 내리기도 하였다. 이 결정은 헌법재판소가 남녀간의 차별을 당연시해 온 전통적인 사고방식이 더 이상 유지될 수 없음을 선언하고 양성평등이라는 헌법정신을 구현하여 내린 역사적인 결정으로 평가할 수 있다.

이 사건 법률조항이 시대에 뒤떨어진 위헌적 규정임이 명백함에도 불구하고 헌법재판소가 단순위헌이 아닌 헌법불합치 결정을 한 이유는 단순위헌으로 선고할 경우 뒤따를 수 있는 법적 공백에 따른 혼란을 피하고자 하였기 때문이라고 이해된다. 헌법재판소가 이 사건 결정을 선고한 때는 A와 C의 자녀들이 이미 청소년기 후반에 접어든 16세와 17세가 된 시점이었다. 물론 늦게라도 헌법재판소가 헌법불합치 결정을 선고하고 개정민법이 시행에 들어감에 따라 결국 그들은 원하는 대로 성과 본을 변경할 수 있는 권리를 얻게 되었지만, 그들을 대리하였던 필자의 입장에서는 법원과 헌법재판소가 조금이라도 더 신속하게 이 사건에 대하여 결론을 내려주고 국회도 개정민법의 시행 시기를 앞당겨주었다면 이성(異姓) 아빠를 두었다는 이유만으로 A의 자녀들이 겪어야만 했던 고통의 기간이 조금이나마 단축되지 않았을 까라는 아쉬움이 남는다.

이성부자(異姓父子) 엄마, 나는 왜 새 아빠와 성이 달라요?

딸들의 반란

(대법원 2005. 7. 21. 선고 2002다1178 전원합의체 판결)

이정우 변호사

들어가며

이 사건은 당시 '딸들의 반란'이라는 명칭까지 얻으며 법조계뿐 아니라 전체 국민의 인식과 생활에 커다란 반향을 불러 일으킨 사건이다.

역사적으로 볼 때 여성의 권리는 주로 미국을 중심으로 발전하여 왔다. 2017년 10월 소셜미디어(Social Media)를 통하여 미국의 저명한 영화 제작자인 하비 와인스타인(Harvey Weinstein)의 여성을 상대로 한 성폭력, 성희롱 행위를 폭로하며 여성의 권리 보호를 위하여 적극적 행동을 촉구한 해시태그(#MeTOO) 캠페인도 미국을 출발지로 하여 전 세계적으로 확산되면서 우리나라에까지 영향을 미친 여성 권리보호운동의 실례이다.

미국은 식민지 시대부터 사회 관습상 미혼 여성이 일찍 결혼할 수밖에 없었지만 그 법적인 지위는 남성과 동등하였다. 하지만 법률적인 시각으로 볼 때 여성은 결혼을 하는 순간 자신의 독립적인 정체성을 잃을 수밖에 없었다. 여성에게는 선거권이 주어지지 않았고,

17세기와 18세기에 여성이 받을 수 있는 교육은 읽기와 쓰기, 음악 그리고 무용에만 한정되었다.

그러다가 1840년대에 여성의 권리보호운동을 전개한 최초의 여성 활동가가 미국에 등장하였다. 여성 운동가인 엘리자베스 케이디 스탠턴(Elizabeth Cady Stanton)과 루크레티아 모트(Lucretia Mott)가 여성의 권리를 주장하는 세계 최초의 집회를 뉴욕에서 열었던 것이다. 이들은 여성으로 하여금 법 앞에서 남성과 평등한 대우를 받을 수 있도록 할 것과 교육과 고용에서 동등한 기회를 얻을 수 있도록 할 것 그리고 투표를 할 수 있는 권리를 여성에게도 줄 것을 요구하였다. 그 즈음에는 결혼한 여성도 자기 이름으로 재산을 소유할 수 있도록 하는 법안이 뉴욕 의회를 통과하였고, 1869년에는 국제여성선거권협회가 탄생하여 헌법을 개정해 여성의 투표권을 명기하라고 요구하였다. 이러한 노력을 통하여 1920년에 이르러 마침내 여성의 투표권이 인정될 수 있었다. 이처럼 여성이 지금은 당연하다고 생각되는 기본적 인권과 권리를 확보할 수 있게 되기까지는 오랜 기간에 걸친 치열한 투쟁이 필요하였다.

우리나라에서는 정부 수립 후 형식적으로는 여성의 권리가 헌법에 보장되어 있었지만 가부장적인 유교 문화로 인하여 실질적으로는 여성의 기본권 등 각종 권리 보장에 크게 미흡하였다는 것이 일반적 평가이다. 여성의 인권과 권리의 문제는 비단 다른 사람의 문제가 아니라 내 어머니, 내 아내, 내 딸, 내 누이의 문제로서, 나와 함께 생활하는 이 세상 인구의 절반을 차지하는 사람에 대한 문제라는 점을 심각하게 인식하여야 한다.

이러한 문제의식을 바탕으로 '딸들의 반란' 사건인 대법원 2005. 7. 21. 선고 2002다1178 전원합의체 판결에 대하여 이야기해 보고자 한다. 우리 딸들이 일으킨 반란사건이 얼마나 기본적이고 상식적인 것을 주장하기 위한 것이었는지 그리고 딸들의 그러한 시도와 노력이 우리 후대에게는 얼마나 큰 버팀목이 될 것인지를 잠시나마 생각해볼 기회를 갖게 되기를 희망한다.

이 사건은 필자가 소속된 법무법인의 변호사들이 대법원 공개변론에 참여하는 등 주요 역할을 수행하였으나, 필자 본인은 사건에 직접 관여하지 아니하였다. 그렇지만 필자는 이 사건과 색다른 인연을 맺고 있다. 이에 대하여는 이 글 말미에서 다시 이야기하기로 한다.

사건 발생에서부터 판결까지

사건 배경과 의미

1990년대 후반부터 부동산 개발 열풍이 일면서 경기도 용인시 일대에는 아파트와 대형건물이 속속 들어섰다. 당시 용인 이씨 사맹공파 중중은 용인시 수지읍 일대 임야 3만 평을 보유하고 있었는데 개발 열풍에 힘입어 그 임야를 어떤 건설업체에게 350억 원 상당에 매각하였다. 종중은 임야 매각 후 매각 대금을 180여 명의 남자 종중원들에게 나눠주었는데, 10세 이하에게는 1,650만 원, 20세 이하에게는 5,500만 원, 성인에게는 1억 5,000만 원씩 각각 분배하였다. 그러나 여성들에게는 달리 분배하였다. 10세 이하의 여성에게는 1,650만 원으로 동일 연령대의 남자 종중원들에게 준 금액과 같았지만, 20세 이하의 여성에게는 2,200만 원, 성인에게는 3,300만 원씩 지급하였다. 그러나 이마저도 결혼한 여성에게는 단 한 푼도 지급하지 않았고 지급한 형식 또한 '재산분배'가 아닌 '증여' 형식을 취하였다.

이처럼 여성을 불평등하게 취급한 종중의 처사를 놓고, 결혼한 세칭 '출가여성'들은 종중 회장에게 항의하였으나 종중에서는 아무런 조치를 취하지 않았다. 이에 출가여성들은 종중을 상대로 이 사건 소송을 제기하게 되었다.

제1심 및 제2심 법원은 '관습상의 종중은 공동선조의 후손 중 성년의 남자를 종중원으로 해 구성되는 자연적 집단이므로 성년 여성은 구성원이 될 수 없다'는 종전 대법원 판례에 따라 원고들에게 패소 판결을 선고하였다. 이에 대하여 원고들이 상고하여 사건은 최종심인 대법원으로 올라갔다.

대법원은 이 사건을 대법원장과 대법관 12인에 의한 전원합의체에 회부하여 2년 남짓 장기간에 걸쳐 심도 있게 논의하였고, 각계 전문가들의 의견을 청취하기 위하여 사법사상 최초로 공개변론을 실시하기도 하였다. 당시 가족법학계를 중심으로 활발한 찬반 논의가 벌어졌고 공개변론에 즈음하여 일부 언론에서는 여론조사를 실시하는 등 사회적 관심이 고조되었다. 서울지역 법원에 근무하는 부장판사 한 사람은 이 문제를 연구하면서 일반 국민과 전문가 집단을 상대로 의식조사를 실시하기도 하였다. 조사 결과, 종래 관습대로 성년 남자만을 종중원으로 하자는 주장을 놓고 일반인 집단의 69.7%, 전문가 집단(대한변호사협회 소속 변호사와 한국법학교수협의회 소속 교수들)의 64%가 반대한 것으로 드러났다.

그동안 가족법 분야에서 양성평등을 실현하기 위한 노력은 법률개정을 통하여 이루어져 왔다. 그런데 이 판결은 실정법이 아니라 '관습법'의 영역에 있는 종중의 구성원 자격에 대한 종래 관습법의 효력을 우리 법질서 전체에서 지향하고 있는 양성평등의 이념을 근거로 하여 부정하였다는 데 큰 의의를 찾을 수 있다.

___ 판결 결과

이 사건은 재판관 다수의견으로 파기환송되었다. 당시 다수의견에 대하여 결론은 같이 하지만 그 결론에 이르게 된 이유를 달리하는 재판관 6명의 별개의견과 재판관 1명의 보충의견이 있었다. 이를 차례대로 살펴본다.

① 종중에 대한 종래의 대법원 판례

종래 대법원은 관습상의 단체인 종중을 공동선조의 분묘수호(墳墓守護)와 제사 및 종중원 상호간의 친목을 목적으로 하여 공동선조의 후손 중 성년 남자를 종중원으로 하여 구성되는 종족의 자연적 집단이라고 정의하였다. 그리고 종중은 공동선조의 사망과 동시에 그 자손에 의하여 성립되는 것으로서 종중의 성립을 위하여 특별한 조직행위를 필요로 하는 것이 아니므로, 반드시 특별하게 사용하는 명칭이나 서면화된 종중규약이 있어야 하거나 종중의 대표자가 선임되어 있는 등 조직을 갖추어야 하는 것은 아니라고 하였다. 이처럼 종중원은 자신의 의사와 관계없이 당연히 종중의 구성원이 되는 것이어서 종중원 중 일부를 종중원으로 취급하지 않거나 일부 종중원에 대하여 자격을 영원히 박탈하는 내용으로 규약을 개정하는 것은 종중의 본질에 반하는 것으로 보았으며, 혈족이 아닌 자나 여성은 종중의 구성원이 될 수 없다고 하였다.

② 관습법의 요건

대법원은 관습법의 개념을 다음과 같이 풀이하였다. 즉 관습법이란 사회의 거듭된 관행으로 생성한 사회생활규범이 사회의 법적 확신과 인식에 의하여 법적 규범으로 승인·강행되기에 이른 것을 말하고, 그러한 관습법은 법원(法源)으로서 법령에 저촉되지 아니하는 한 법칙으로서의 효력이 있다고 보았다. 그러면서 사회의 거듭된

I. 가족과 가정의 일상사에 관한 헌법이야기

관행으로 생성한 어떤 사회생활규범이 법적규범으로 승인되기에 이르렀다고 하기 위하여는 헌법을 최상위 규범으로 하는 전체 법질서에 반하지 아니하는 것으로서 정당성과 합리성이 있다고 인정될 수 있는 것이어야 하고, 그렇지 아니한 사회생활규범은 비록 그것이 사회의 거듭된 관행으로 생성된 것이라고 할지라도 이를 법적규범으로 삼아 관습법으로서의 효력을 인정할 수 없다고 판시하였다.

따라서 사회의 거듭된 관행으로 생성된 사회생활규범이 관습법으로 승인되었다고 하더라도 사회 구성원들이 그러한 관행의 법적 구속력에 대하여 확신을 갖지 않게 되었다거나 사회를 지배하는 기본적 이념이나 사회질서의 변화로 인하여 그러한 관습법을 적용하여야 할 시점에 있어서의 전체 법질서에 부합하지 않게 되었다면 그러한 관습법은 법적규범으로서의 효력이 부정될 수밖에 없다고 결론지었다.

③ 종중 구성원의 자격을 성년 남자로 제한하는 종래 관습법의 효력

이 점에 대한 다수의견과 별개의견은 다음과 같다.

• 다수의견

종원의 자격을 성년 남자로만 제한하고 여성에게는 종원의 자격을 부여하지 않는 종래 관습에 대하여 우리 사회 구성원들이 가지고 있던 법적 확신은 상당 부분 흔들리거나 약화되어 있고, 무엇보다도 헌법을 최상위 규범으로 하는 우리의 전체 법질서는 개인의 존엄과 양

성의 평등을 기초로 한 가족생활을 보장하고, 가족 내의 실질적인 권리와 의무에 있어서 남녀의 차별을 두지 아니하며, 정치·경제·사회·문화 등 모든 영역에서 여성에 대한 차별을 철폐하고 남녀평등을 실현하는 방향으로 변화되어 왔으며, 앞으로도 이러한 남녀평등의 원칙은 더욱 강화될 것인바,

종중은 공동선조의 분묘수호와 봉제사(奉祭祀) 및 종원 상호간의 친목을 목적으로 형성되는 종족단체로서 공동선조의 사망과 동시에 그 후손에 의하여 자연발생적으로 성립하는 것임에도, 공동선조의 후손 중 성년 남자만을 종중의 구성원으로 하고 여성은 종중의 구성원이 될 수 없다는 종래의 관습은, 공동선조의 분묘수호와 봉제사 등 종중의 활동에 참여할 기회를 출생에서 비롯되는 성별만에 의하여 생래적으로 부여하거나 원천적으로 박탈하는 것으로서,

위와 같이 변화된 우리의 전체 법질서에 부합하지 아니하여 정당성과 합리성이 있다고 할 수 없으므로, 종중 구성원의 자격을 성년 남자만으로 제한하는 종래의 관습법은 이제 더 이상 법적 효력을 가질 수 없게 되었다.

• **별개의견**

남계(男系)혈족 중심의 사고가 재음미·재평가되어야 한다는 점에 대하여는 수긍한다 하더라도 종중의 시조 또는 중시조가 남자임을 고려할 때, 종중에 있어서의 남녀평등의 관철의 범위와 한계에 대하여는 보다 신중한 검토가 필요하고, 특히 종중은 다른 나라에서 유래를 찾아보기 어려운 우리나라에 독특한 전통의 산물이므로, 헌법 제9조에 비추어 우리의 전통문화가 현대의 법질서와 조화되면서 계승·발전되도록 노력하여야 할 것인바,

I. 가족과 가정의 일상사에 관한 헌법이야기

고유한 의미의 종중에 있어서 종원의 가장 주요한 임무는 공동선조에 대한 제사를 계속 실천하는 일이고, 따라서 종원은 기제(忌祭)·묘제(墓祭)의 제수(祭需), 제기(祭器) 구입, 묘산·선영(先塋) 수호, 제각(祭閣) 수리 등을 비롯한 제사에 소요되는 물자를 조달·부담하는 것이 주된 임무였으며, 종원의 이러한 부담행위는 법률적으로 강제되는 것이 아니고 도덕적·윤리적 의무에 불과하여, 그들의 권리가 실질적으로 침해되는 바가 없었으므로 법률이 간섭하지 않더라도 무방하다고 보기 때문에 종래의 관습법상 성년 남자는 그 의사와 관계없이 종중 구성원이 된다고 하는 부분은 현재로서는 문제될 것이 없고,

　결국 관습법과 전통의 힘에 의하여 종래의 종중관습법 중 아직까지는 용인되는 부분이 있을 수 있다는 것을 이유로, 그러한 바탕 없이 새롭게 창설되는 법률관계에 대하여서까지 다수의견이 남녀평등의 원칙을 문자 그대로 관철하려는 것은 너무 기계적이어서 찬성할 수 없다.

　　④ 종중 구성원의 자격

　이 점에 대한 다수의견과 별개의견, 보충의견은 다음과 같다.

• 다수의견

　종중이란 공동선조의 분묘수호와 제사 및 종원 상호간의 친목 등을 목적으로 하여 구성되는 자연발생적인 종족집단이므로, 종중의 이러한 목적과 본질에 비추어 볼 때 공동선조와 성과 본을 같이 하는 후손은 성별의 구별 없이 성년이 되면 당연히 그 구성원이 된다고 보는 것이 조리에 합당하다.

• 별개의견

　　일반적으로 어떤 사적 자치단체의 구성원의 자격을 인정함에 있어서 구성원으로 포괄되는 자의 신념이나 의사에 관계없이 인위적·강제적으로 누구든지 구성원으로 편입되어야 한다는 조리는 존재할 수 없으며 존재하여서도 안 되는데,

　　주지하는 바와 같이 결사의 자유는 자연인과 법인 등에 대한 개인적 자유권이며, 동시에 결사의 성립과 존속에 대한 결사제도의 보장을 뜻하는 것이고, 그 구체적 내용으로서는 조직강제나 강제적·자동적 가입의 금지, 즉 가입과 탈퇴의 자유가 보장되는 것을 말하며, 특히 종중에서와 같이 개인의 양심의 자유·종교의 자유가 보장되어야 할 사법적(私法的) 결사에 있어서는 더욱 그러하다는 점 등에서 공동선조와 성과 본을 같이 하는 후손은 성별의 구별 없이 성년이 되면 조리에 따라 당연히 그 구성원이 된다고 보는 다수의견의 견해에는 반대하고,

　　성년 여자가 종중에의 가입의사를 표명한 경우 그 성년 여자가 당해 종중 시조의 후손이 아니라는 등 그 가입을 거부할 정당하고 합리적인 이유가 없는 이상 가입의사를 표명함으로써 종중 구성원이 된다고 보아야 한다.

• 다수의견에 대한 보충의견

　　별개의견이 본인의 의사와 관계없이 종중 구성원이 되는 점에 대하여 결사의 자유와 양심의 자유 등을 들어서 부당하다고 비판하는 것은 종중의 본질과 종중이 통상적인 사단법인 또는 비법인사단과 구별되는 특성을 고려하지 않은 것일 뿐만 아니라, 본인의 의사와 관계없이 종중 구성원이 되는 점이 왜 성년 남자에게는 문제될 것이 없고 성

년 여성에게만 문제가 되는지 납득하기 어렵고, 성별에 의하여 종원
자격을 달리 취급하는 것은 정당성과 합리성이 없다.

⑤ 새로운 판례의 적용 시점 및 이 사건에의 소급적용

이 점에 대한 대법원의 판단은 다음과 같다.

종중 구성원의 자격에 관한 대법원의 견해의 변경은 관습상의 제도
로서 대법원판례에 의하여 법률관계가 규율되어 왔던 종중제도의 근
간을 바꾸는 것인바, 대법원이 이 판결에서 종중 구성원의 자격에 관
하여 '공동선조와 성과 본을 같이 하는 후손은 성별의 구별 없이 성년
이 되면 당연히 그 구성원이 된다'고 견해를 변경하는 것은 그 동안
종중 구성원에 대한 우리 사회일반의 인식 변화와 아울러 전체 법질서
의 변화로 인하여 성년 남자만을 종중의 구성원으로 하는 종래의 관습
법이 더 이상 우리 법질서가 지향하는 남녀평등의 이념에 부합하지 않
게 됨으로써 그 법적 효력을 부정하게 된 데에 따른 것일 뿐만 아니라,
위와 같이 변경된 견해를 소급하여 적용한다면, 최근에 이르기까지 수
십 년 동안 유지되어 왔던 종래 대법원판례를 신뢰하여 형성된 수많은
법률관계의 효력을 일시에 좌우하게 되고, 이는 법적 안정성과 신의성
실의 원칙에 기초한 당사자의 신뢰보호를 내용으로 하는 법치주의의
원리에도 반하게 되는 것이므로, 위와 같이 변경된 대법원의 견해는
이 판결 선고 이후의 종중 구성원의 자격과 이와 관련하여 새로이 성
립되는 법률관계에 대하여만 적용된다고 함이 상당하다.

대법원이 '공동선조와 성과 본을 같이 하는 후손은 성별의 구별 없
이 성년이 되면 당연히 그 구성원이 된다'고 종중 구성원의 자격에 관
한 종래의 견해를 변경하는 것은 결국 종래 관습법의 효력을 배제하

여 당해 사건을 재판하도록 하려는 데에 그 취지가 있고, 원고들이 자신들의 권리를 구제받기 위하여 종래 관습법의 효력을 다투면서 자신들이 피고 종회의 회원 자격이 있음을 주장하고 있는 이 사건에 대하여도 위와 같이 변경된 견해가 적용되지 않는다면, 이는 구체적인 사건에 있어서 당사자의 권리구제를 목적으로 하는 사법작용의 본질에 어긋날 뿐만 아니라 현저히 정의에 반하게 되므로, 원고들이 피고 종회의 회원 지위의 확인을 구하는 이 사건 청구에 한하여는 위와 같이 변경된 견해가 소급하여 적용되어야 할 것이다.

다수의견에서 인정된 사회 인식 및 법질서의 변화

이 사건을 계기로 우리 사회가 고민해 보아야 할 문제는 단순한 성별 평등권만의 문제가 아니다. 우리나라가 일제시대와 6·25 전쟁을 거친 개발도상국이라는 명분하에 묵인하고 있었던 사회적 폐습들은 더 이상 이 시대에 맞지 않는 헌 옷에 불과하다는 점을 직시하고 하루 빨리 새 옷으로 갈아 입어야 하는 시점이 온 것이다. 이러한 요청은 이 사건 대법원 판결에서도 확인할 수 있는데, 아래에서는 대법원이 다수의견으로 인정한 우리 사회에 대한 인식과 법질서의 변화 모습을 다시 한 번 살펴보기로 한다.

종중에 대한 사회일반의 인식 변화

종중은 조상숭배의 관념을 바탕으로 제사를 일족일가(一族一家)의 최중요사(最重要事)로 하는 종법사상(宗法思想)에 기초한 제도로서,

I. 가족과 가정의 일상사에 관한 헌법이야기

조상에 대한 제사를 계속 실천하면서 남계혈족 중심의 가(家)의 유지와 계승을 위하여 종원들 상호간에 긴밀한 생활공동체를 달성하는 것을 주된 목적으로 성립되었으며, 성년 남자만을 종중의 구성원으로 하는 종래의 관행은 이러한 종법사상에 기초한 가부장적, 대가족 중심의 가족제도와 자급자족을 원칙으로 한 농경중심의 사회를 그 토대로 하고 있었다.

그런데 우리 사회는 1970년대 이래의 급속한 경제성장에 따른 산업화·도시화의 과정에서 교통과 통신이 비약적으로 발달하고 인구가 전국적으로 이동하면서 도시에 집중되며 개인주의가 발달하는 한편 대중교육과 여성의 사회활동 참여가 대폭 증대되고 남녀평등의식이 더욱 넓게 확산되는 등 사회 환경이 전반적으로 변화하였고, 이에 따라 가족생활과 제사문화 등에 있어서도 커다란 변화가 있게 되었다.

가족생활에서는 부모와 미혼의 자녀를 구성원으로 하는 핵가족의 생활공동체를 바탕으로 출산율의 감소와 남아선호 내지 가계계승(家系繼承) 관념의 쇠퇴에 따라 딸만을 자녀로 둔 가족의 비율이 증가하게 되었고, 부모에 대한 부양에 있어서도 아들과 딸의 역할에 차이가 없게 되었으며, 핵가족의 확산 등에 따라 과거의 엄격한 제사방식에도 변화가 생겨 여성이 제사에 참여하는 것이 더 이상 특이한 일로 인식되지 않게 되었다.

그리고 국토의 효율적인 이용을 위한 국토이용계획의 수립과 묘지제도의 변화로 화장(火葬)이 확산됨에 따라 조상의 분묘수호를 주된 목적의 하나로 하는 종중의 존립기반이 동요될 수 있는 요인이 생겼고, 개인주의의 발달과 함께 조상숭배관념이 약화됨으로써 종중에 대하여 무관심한 현상이 일부 나타나고 있기도 하며, 다른 한편으로는 교통·통신의 발달, 경제적 생활여건의 개선과 더불어 자아실현 및 자

기존재확인 욕구의 증대 등으로 종중에 대한 관심이 고조되는 현상도 일부 나타나고 있다.

이러한 변화된 사회현실은 종중의 구성원에 대한 국민의 인식에도 적지 않은 변화를 가져오게 되었는바, 종중이 종원의 범위를 명백히 하기 위하여 일족의 시조를 정점으로 그 자손 전체의 혈통, 배우자, 관력(官歷) 등을 기재하여 반포하는 족보의 편찬에 있어서 과거에는 아들만을 기재하는 경우가 보통이었으나 오늘날에는 딸을 아들과 함께 기재하는 것이 일반화되어 가고 있고, 전통적인 유교사상에 입각한 가부장적 남계혈족 중심의 종중 운영과는 달리 성년 여성에게도 종원의 지위를 부여하는 종중이 상당수 등장하게 되었으며, 나아가 종원인 여성이 종중의 임원으로 활동하고 있는 종중들도 출현하게 되었다.

결국, 위와 같은 사회 환경과 인식의 변화로 인하여 종원의 자격을 성년 남자로만 제한하고 여성에게는 종원의 자격을 부여하지 않는 종래의 관습에 대하여 우리 사회 구성원들이 가지고 있던 법적 확신은 그것이 현재 소멸되었다고 단정할 수는 없으나 상당 부분 흔들리거나 약화되어 있고, 이러한 현상은 시일의 경과에 따라 더욱 심화될 것으로 보인다.

우리 사회 법질서의 변화

우리 헌법은 1948. 7. 17. 제정 시에 모든 국민은 법률 앞에 평등하며 성별에 의하여 정치적, 경제적, 사회적 생활의 모든 영역에 있어서 차별을 받지 아니한다고 선언하였으나, 가족생활관계를 규율하는 가족법 분야에서는 헌법에서 선언한 남녀평등의 원칙이 바로 반영되지는 못하였다. 그 후 1980. 10. 27. 전문 개정된 헌법에서는 혼인과 가

I. 가족과 가정의 일상사에 관한 헌법이야기

족생활은 개인의 존엄과 양성의 평등을 기초로 성립되고 유지되어야 한다는 규정이 신설되었는바, 이는 유교사상에 의하여 지배되던 우리의 전통적 가족제도가 인간의 존엄과 남녀평등에 기초한 것이라고 보기 어렵기 때문에 헌법이 추구하는 이념에 맞는 가족관계로 성립되고 유지되어야 한다는 헌법적 의지의 표현이라고 할 것이다.

한편, 1985. 1. 26.부터 국내법과 같은 효력을 가지게 된 유엔의 여성차별철폐협약(convention on the elimination of all forms of discrimination against women)은 '여성에 대한 차별'이라 함은 정치적, 경제적, 사회적, 문화적, 시민적 또는 기타 분야에 있어서 결혼여부와 관계없이 여성이 남녀동등의 기초 위에서 인권과 기본적 자유를 인식, 향유 또는 행사하는 것을 저해하거나 무효화하는 것을 목적으로 하는 성별에 근거한 모든 구별, 제외 또는 제한을 의미한다고 규정하면서, 위 협약의 체약국에 대하여 여성에 대한 차별을 초래하는 법률, 규칙, 관습 및 관행을 수정 또는 폐지하도록 입법을 포함한 모든 적절한 조치를 취할 것과 남성과 여성의 역할에 관한 고정관념에 근거한 편견과 관습 기타 모든 관행의 철폐를 실현하기 위하여 적절한 조치를 취할 의무를 부과하였다.

그리고 1990. 1. 13. 법률 제4199호로 개정되어 1991. 1. 1.부터 시행된 민법은 가족생활에서의 남녀평등의 원칙을 특히 강조하고 있는 헌법정신을 반영하여 친족의 범위에 있어서 부계혈족과 모계혈족 및 부족인척(夫族姻戚)과 처족인척(妻族姻戚) 사이의 차별을 두지 아니하고, 호주상속제를 폐지하는 대신 호주승계제도를 신설하면서 실질적으로 가족인 직계비속 여자가 호주승계인이 되어 조상에 대한 제사를 주재(主宰)할 수 있도록 하였으며, 재산상속분에 있어서도 남녀의 차별을 철폐하였다. 또한, 1995. 12. 30. 법률 제5136호로 제정되어 1996. 7. 1.부터 시행된 여성발전기본법은 정치·경제·사회·문화의 모든 영역에 있어서 남녀평등을 촉진하고 여성의 발전을 도모함을 목적으로 하여, 모든 국민은 남녀평등의 촉진과 여성의 발전의 중요성을 인식하고 그 실현을 위하여 노력하여야 하고, 국가 및 지방자치단체는 남녀평등의 촉진, 여성의 사회참여확대 및 복지증진을 위하여 필요한 법적·제도적 장치를 마련하고 이에 필요한 재원을 조달할 책무를 지며, 여성의 참여가 현저히 부진한 분야에 대하여 합리적인 범위 안에서 여성의 참여를 촉진함으로써 실질적인 남녀평등의 실현을 위한 적극적인 조치를 취할 수 있도록 규정하였다.

나아가 2005. 3. 31. 법률 제7428호로 개정된 민법은, 호주를 중심으로 가(家)를 구성하고 직계비속의 남자를 통하여 이를 승계시키는 호주제도가 남녀평등의 헌법이념과 시대적 변화에 따른 다양한 가족형태에 부합하지 않는다는 이유에서 호주에 관한 규정과 호주제도를 전제로 한 입적·복적·일가 창립·분가 등에 관한 규정을 삭제하고, 자녀의 성(姓)과 본(本)은 부(父)의 성과 본을 따르는 것을 원칙으로 하되 혼인신고 시 부모의 협의에 의하여 모(母)의 성과 본을 따를 수도 있도록 규정하기에 이르렀다.

이 판결이 다른 판결에 미친 영향

이 판결은 그 이후의 다른 사건 판결에도 여러 가지 측면에서 큰 영향을 미쳤다. 그 중 일부 판결을 소개한다.

남자 종종원들에게만 소집통지를 한 중종총회 결의는 무효

공동선조의 자손들로 구성된 어떤 종중이 위 전원합의체 판결 선고 이후인 2005. 7. 30. 임시총회를 개최하여 종중 대표자인 회장을 선출하였는데, 당시 그 종중에서는 임시총회를 개최함에 있어 여자 종중원들을 포함하여 종중원 범위를 확정한 후 소집통지가 가능한 모든 종중원들에게 소집통지를 해야 함에도 불구하고 남자 종중원들에게만 통지하고 여자 종중원들에게는 통지하지 않았다. 그 후 이러한 과정을 거쳐 개최된 임시총회에서 선출된 회장이 종중 명의로 민사소송을 제기하였는데 그 소송이 대법원 2009. 9. 26. 선고 2008다8898 사건이다. 이 사건에서 종중 회장의 소송 제기가 적법한지 여부에 대하여 판단이 이루어졌다.

법원은 앞에서 소개한 전원합의체 판결을 인용하면서, 종중총회를 개최함에 있어서는 특별한 사정이 없는 한 족보 등에 의하여 소집통지 대상이 되는 종중원의 범위를 확정한 후 국내에 거주하고 소재가 분명하여 통지가 가능한 모든 종중원에게 개별적으로 소집통지를 함으로써 각자가 회의와 토의 및 의결에 참가할 수 있는 기회를 주어야 하므로, 일부 종중원에 대한 소집통지 없이 개최된 종중총회에서의 결의는 그 효력이 없고, 따라서 위 전원합의체 판결이 선고된 2005. 7. 21. 이후에는 공동 선조의 자손인 성년 여자도 종중원이라고 할 것이므로, 위 판결 선고 이후에 개최된 종중총회 당시 남자 종중원들에게만 소집통지를 하고 여자 종중원들에게 소집통지를 하지 않은 경우 그 종중총회에서의 결의는 무효이며, 나아가 위와 같은 종중총회에서 대표자로 선출된 자에 의하여 제기된 소는 대표권 없는 자에 의하여 제기된 것으로서, 나중에 적법하게 소집된 종중총회에서 이를 추인하였다는 등의 특별한 사정이 없는 한 부적법하다고 판단하였다.

___ 서울 YMCA의 여성회원에 대한 총회원 자격 불인정은 위법

대법원 2011. 1. 27. 선고 2009다19864 사건(원심 서울고등법원 2009. 2. 18. 선고 2007나72665 사건)은, 한국기독교청년회 전국지회 중 서울회가 유일하게 여성회원의 총회 참여를 전면적으로 봉쇄하고 있자, 여성회원들이 서울기독교청년회를 상대로 '총회 구성원(총회원) 자격을 인정하지 않는 것은 위법하므로 각 1,000만 원씩 배상하라'고 손해배상소송을 제기한 사건이다.

서울기독교청년회는 창립 때부터 여성 회원들에게 총회원이 될 자격을 부여하지 않았는데, 총회원은 이사, 감사 등 임원을 선출하고, 총회에 참석하여 의결권을 행사할 수 있으며 임원이 되는 피선거권도 갖는 반면, 일반회원은 단순 시설이용자나 프로그램 참여자에 불과하다.

이 판결은 앞에서 살펴본 전원합의체 판결의 연장선상에서, 우리나라의 대표적 시민단체인 YMCA의 총회 구성 방식에 성 차별적 요소가 있다고 인정한 판결로서, 우리 사회의 모든 영역에서 더 이상 관행이라는 이름으로 성 차별적 처우를 정당화할 수 없다는 점을 명확히 밝힌 선도적인 판결이다.

법원은 '서울회의 여성들에 대한 총회원 자격제한은 헌법 제11조 평등권 및 UN의 여성차별철폐협약 제1조에서 금지한 성 차별적 처우에 해당한다'며 '특정 성별로 단체 구성원을 제한하는 경우와 성별의 구분 없이 구성원으로 받아들이고 단체 내에서 성별에 따른 차

I. 가족과 가정의 일상사에 관한 헌법이야기

별을 하는 것은 구분되어야 한다'고 밝혔다. 그리고 '총회원 자격제한은 대의제적 의사결정구조를 채택한 것에 불과해 사원의 지위인정에 직접 영향을 주지 않는다'고 하면서도 '사법상 법률관계라고 해전면적으로 헌법의 규율영역에서 배제되는 것은 아니다'라고 판단하였다. 결론적으로 법원은 일부 회원에 대하여 오로지 성별만을 이유로 의사결정이나 기관 선출에 참여할 수 있는 지위에서 범주적으로 배제하는 것은 헌법이 정한 평등권의 원리에 위배된다고 결론 내리고 차별대상이 된 여성 회원들의 인격권 침해를 인정하여 위자료를 지급하라고 판시하였다.

___ 어머니 성(姓)을 따른 자녀에 대하여도
어머니 소속 종중의 종중원 자격 인정

서울고등법원 2017. 8. 25. 선고 2017나2015421 사건은 어머니 성으로 변경한 원고에 대하여 어머니가 소속된 피고 종중의 종중원임을 확인해 준 판결이다.

원고는 2014년경 서울가정법원의 허가를 받아 자신의 성을 아버지의 성인 김씨에서 어머니 성인 이씨로 변경하고, 2015년에 어머니가 소속된 피고 종중에 종중원 자격을 부여해달라고 요청했다. 이에 대하여 피고 종중의 정관에는 '종중은 종중 시조의 후손으로서 친생 관계가 있고 혈족인 성년 남·녀로 구성되며, 혈족이라도 다른 성으로 바꾸면 후손으로 인정하지 않는다'고 규정되어 있으나, 피고 종중은 '종중은 본질적으로 부계혈족을 전제로 하는 종족단체'라며

'공동선조와 성과 본을 같이 하는 후손이더라도 모계혈족인 원고는 종중원 자격이 없다'고 원고의 요청을 거부하였다. 이에 원고는 피고 종중을 상대로 종원지위확인의 소를 제기하였다.

법원은 '원고가 종중의 공동선조와 성과 본을 같이 하는 성년 혈족이고, 종중에 관한 대법원 판례와 성·본 변경 제도의 취지를 볼 때 원고가 여성 종중원의 후손이더라도 공동선조의 분묘수호와 제사 및 종중원 상호간의 친목 등을 목적으로 구성되는 종중의 구성원이 될 수 있다고 보는 것이 조리(條理)에 합당하며, 설사 여성 종원의 후손은 여성 종원이 속한 종중의 구성원이 될 수 없다는 종래의 관습이나 관습법이 있었더라도 이는 변화된 우리 전체 법질서에 부합하지 않아 정당성과 합리성을 상실하였다'고 판단하면서 원고의 종중원 자격을 인정하였다.

이 사건 역시 앞에서 살펴본 전원합의체 판결, 성·본 변경에 관한 민법의 규정 내용과 개정취지 등을 적극적으로 고려한 것으로서, 우리 헌법상의 개인의 존엄과 양성평등의 원칙을 다시 한번 확인하였다는 점에서 큰 의의가 있다.

___ 타가에 출가하였어도 생부의 종중 구성원에 포함

서울고등법원 2009. 10. 1. 선고 2009나4000 사건은 어떤 종중이 '출계자의 후손은 종중원이 될 수 없다'며 종중원 4명을 상대로 낸 종중회원확인 사건이다. 그 종중은 C를 중시조로 하는 종중이고, 소송을 당한 피고들은 C의 7세 종손인 D의 자손들인데, 종중에서는

I. 가족과 가정의 일상사에 관한 헌법이야기

그 종중 소유의 시흥시 소재 토지 가운데 일부 지분을 D의 자손들에게 명의신탁을 하였다. 그런데 D의 자손들 중 한 명이 2002년 종중회장에서 물러난 후 분쟁이 발생하였다. 종중에서는 일부 족보에 D가 15촌되는 E의 양자로 출계했다고 기재되어 있는 것을 근거로 D의 자손들은 종중원이 아니라고 주장하였고, D의 후손인 피고들은 출계한 사실이 없다며 다퉜다. 그러자 종중이 이에 관하여 소송을 제기한 것이다.

이 사건에서 재판부는 '현행 가족법상 입양으로 인하여 양자와 양친 사이의 친족관계가 발생해도 친생부모와 여전히 친자관계가 소멸하지 않을 뿐더러 상속인의 지위를 상실하지 않는다. 구 관습에 의하더라도 양자는 양자연조(養子緣組)의 날로부터 양친의 적자인 신분을 취득하지만 실가(實家)의 부모 기타의 혈족과 사이에서 친족관계를 상실하지 않는다. 타가에 출계한 자 및 그 후손들도 엄연히 생가의 공동선조와 성과 본을 같이하는 후손인 이상 성년이 되면 당연히 그 공동선조의 분묘수호와 제사 및 종원 상호간의 친목 등을 목적으로 하여 구성되는 자연발생적인 종족집단의 구성원이 된다고 보아야 하고, 이와 달리 타가에 출계한 자와 그 자손은 친가의 생부를 공동선조로 하는 종중에는 속하지 않는다는 종래의 관습 내지 관습법은 변화된 우리의 전체 법질서에 부합하지 아니하여 정당성과 합리성이 있다고 할 수 없으므로 더 이상 효력을 가질 수 없다고 보아야 한다'고 판단하였다. 즉 타가에 출계하였어도 친가의 생부를 공동선조로 하는 종중의 구성원이 될 수 있다고 본 것이다.

전원합의체 판결과 필자의 인연

　　종중 구성원의 자격은 과거 일제시대에는 호주(戶主)에게만 부여되었으나, 해방 직후인 1946년 대법원 판결에 의하여 가장(家長)으로, 1968년 성인 남자로 각각 확대된 데 이어 37년 만에 이 전원합의체 판결로 여성에게까지 확대되었다.

　　여성의 인권과 권리는 비단 헌법 제11조의 평등권 문제만이 아니고, 기본적으로 제10조 행복추구권을 필두로 제12조 신체의 자유(미투 운동이 대표적일 것이다), 제15조 직업의 자유, 제17조 사생활의 비밀과 자유, 제21조 결사의 자유, 나아가 필자가 여성의 권리 중 가장 중요하게 여기는 제23조 재산권 보장의 문제까지 전 방위적으로 이어지는 헌법 차원의 매우 중대한 문제라는 점을 깊이 인식하여야 한다.

　　종중 소유 부동산 매각대금의 분배 문제에서 기인한 이 사건을 포함하여 그 이후의 판결인 부동산 소유권이전등기 말소, 명의신탁 해지로 인한 소유권이전등기청구 사건 등의 판결에서 보는 바와 같이, 종중 관련 분쟁은 종국적으로는 재산권에 대한 분쟁으로 귀결된다. 결국 시장경제체제에 있어서 구성원들의 권리는 궁극적으로 재산권 보장에 직결된다고 볼 수 있다. 여성의 종중 참여권, 신체의 자유, 직업의 자유 등 기본적 인권의 보장은 과거 배타적으로 종속되어 있었던 경제적 권리에 있어서 탈남성화를 통한 가장 기초적인 자아의식의 발현이라 할 수 있다.

글을 마치며 필자가 이 전원합의체 판결에 남다른 애착을 느끼게 된 계기를 적어본다. 필자는 법과대학 3학년에 재학 중일 때 사법학회라는 동아리에서 매년 개최하는 민사모의재판에 원고 측 대리인 역으로 참가한 적이 있다. 당시 민법 교수였던 K 대법관이 민사모의재판에서 다룰 가상사건을 만들어 출제하였는데, 그 출제 사건이 이 사건과 동일한 쟁점을 가진 '여성 종중원 지위 확인'에 관한 사건이었다. 2004년 당시는 이 사건이 대법원에 계속 중일 때로, 원고 측 대리인 역을 담당한 필자는 다양한 접근 방식을 통해 기존의 대법원 판례가 변경되어야 함을 끈질기게 주장하였다. 그 결과 마치 이 전원합의체 판결을 예견했던 것처럼, 모의재판에서 기존 판례를 변경하여 여성의 종중원 지위를 확인한다는 취지의 전향적인 모의재판 판결을 이끌어내는 성과를 거두었다. 그때 느낀 뿌듯함이 오랫동안 기억에 남았다. 당시 모의재판에서 재판장 역을 담당했던 사람이 현재 필자가 일하는 법무법인에서 함께 근무하는 P 변호사이다. 전원합의체 판결이 선고된 후 얼마간 시일이 지나 P 변호사는 '전원합의체 판결에 관여한 대법관도 모의재판의 판결문을 읽어보았다고 하더라'는 이야기를 필자에게 해 주었다. 이 이야기를 듣고 필자는 나름 전향적 판결에 일조하였다는 생각에 모의재판 승소의 추억을 회상하며 다시 한 번 자축하였는데, 그때의 기억이 새롭게 떠올라 이 책에 담게 되었다.

학원에서 늦게까지 공부하면 안 되나요?

(헌법재판소 2016. 5. 26. 선고 2014헌마374 결정)

김동원 변호사

A는 고등학교에 들어간 이후 학업성적이 좋지 않았어요. 중학생일 때에는 학교 수업만으로도 교과과정을 충분히 따라갈 수 있었는데, 고등학교 수업내용은 훨씬 어려워서 누군가의 도움이 절실히 필요했어요. A는 부모에게 '학원을 다니거나 1:1 과외를 받고 싶다'고 말씀드렸어요. A의 부모는 A로 하여금 기왕이면 개인과외교습을 받도록 해주고 싶었는데, 교습비가 워낙 비쌌기 때문에 엄두가 나지 않았어요. 결국 A는 어쩔 수 없이 B가 운영하고 있는 교습학원에 다니기 시작했지요.

그런데 이를 어쩌죠? A가 학교수업, 보충수업, 방과 후 활동이나 동아리 활동 등을 마치고 귀가하면 저녁 7시쯤 되고, 저녁식사를 마친 후 학원에 도착하면 저녁 8~9시쯤 되는데, B의 교습학원은 모든 수업을 저녁 10시에 마쳐요. 다른 지역에서는 학원수업이 밤 12시까지 허용되기도 하는데, A가 살고 있는 지역에서는 학원교습이 아침 5시부터 저녁 10시까지만 허용되었기 때문이지요. 그래서 B는 학생들을 위해 야간수업을 하고 싶어도 할 수가 없었고, A 역시 야간수업을 받고 싶어도 받을 수 없었지요.

그런데 하루에 1시간 학원수업을 받는 것만으로는 A에게 큰 도움이 되지 않았어요. 또한 A는 다른 지역에 있는 고등학생들보다 학원수업을 적게 받을 수밖에 없다는 생각에 억울한 기분도 들었어요. A는 늦게까지 학원수업을 받고 싶어하고, A의 부모도 자녀가 학원수업을 충분히 받기를 원하고 있으며, B도 얼마든지 야간수업을 할 의사가 있는데, 이런 상황에서 지방자치단체가 굳이 학원 교습시간을 제한하는 것이 올바른 일일까요? 혹시 이러한 제한이 헌법에 위반되는 것은 아닐까요?

학원 야간교습은 왜 금지되는 것일까?

일명 '학원법'으로 약칭되는 학원의 설립·운영 및 과외교습에 관한 법률 제16조 제2항은 '교육감은 학교의 수업과 학생의 건강 등에 미치는 영향을 고려하여 시·도의 조례로 정하는 범위에서 학교교과 교습학원 및 교습소의 교습시간을 정할 수 있다'고 규정한다. 이에 따라 각 시·도의 조례는 각자 학원교습시간을 오전 5시부터 저녁 10~12시까지로 제한하는 규정을 두고 있다.

이러한 학원교습시간 제한은, A의 행복추구권(인격의 자유로운 발현권), A 부모의 자녀교육권, B의 직업수행의 자유를 제한하고 있다고 볼 수 있다. 그리하여 이 제한이 위와 같은 기본권들을 침해하여

I. 가족과 가정의 일상사에 관한 헌법이야기

헌법을 위반한 것인지가 문제되었는데, 이에 대하여 헌법재판소는 2009년도에 아래와 같이 결정했다(헌법재판소 2009. 10. 29. 선고 2008헌마454 결정).

■ 학원 교습시간을 제한하는 목적은 정당하다.

학원의 교습시간을 제한함으로써 달성하고자 하는 입법목적은 과열된 학원교습으로부터 수면시간 및 휴식시간을 확보하여 학생들의 건강과 여가를 보장하고, 학교교육을 정상화하며, 학부모의 경제적 부담을 덜어주는 동시에 비정상적인 과외교습경쟁이 초래하는 사교육기회의 차별을 최소화하며, 나아가 국가적으로도 비정상적인 교육투자로 인한 인적, 물적 낭비를 줄이자는 데 있다. 학원의 교습시간을 제한하게 되면 학생들이 보다 일찍 귀가하여 여가와 수면을 취할 수 있으므로 이러한 수단이 위 입법목적의 달성에 기여한다는 점은 의문의 여지가 없다.

■ '특정 시간대'의 '학원'교육만 제한되는 것이니, 기본권이
　　과도하게 제한되는 것은 아니다.

학원에 대하여만 교습시간을 제한한 이유는 교습소를 포함한 학원은 사교육 유형 중 참여율이 가장 높고, 학습시간이 학원에 의하여 정해져 학생들이 자율적으로 학습시간을 정할 수 없으며, 학습장소가 학생의 주거지가 아니므로 심야교습에 의한 폐해의 정도 및 사회적 파급효과가 가장 크기 때문이다.

상대적으로 심야교습으로 인한 폐해의 정도가 적은 인터넷통신

강좌나 사교육비를 절감하고 열악한 교육환경의 학생들에게 학습의 기회를 제공하는 교육방송(EBS) 시청을 통한 학습까지 금지되는 것은 아니다. 즉, 학생과 학부모인 청구인들은 특정 시간에 특정한 수단에 의한 교습만이 제한될 뿐이므로 학생들은 제한되는 시간 외의 시간에는 학원에서의 교습이 가능하고, 학원교습이 제한되는 시간에는 학원교습 외 다른 수단에 의한 교습은 얼마든지 가능하다.

- 야간 자율학습이 늦게 끝난다는 사정은 조례의 위헌 여부를 판단할 때 고려할 사항이 아니다.

사실상 야간 자율학습이 강제적으로 운영되어 학원 등의 수강이 불가능하다고 하더라도 이는 개별 학교의 학습시간 운영으로 나타나는 문제점일 뿐 이 사건 조항으로부터 직접 파생되는 문제점은 아니다.

- 지방자치단체별로 교습시간 제한 정도가 차이 나는 것은 불가피하다.

조례에 의한 규제가 지역의 여건이나 환경 등 그 특성에 따라 다르게 나타나는 것은 헌법이 지방자치단체의 자치입법권을 인정한 이상 당연히 예상되는 불가피한 결과이므로, 이 사건 조항으로 인하여 청구인들이 다른 지역의 주민들에 비하여 더한 규제를 받게 되었다 하더라도 이를 두고 헌법 제11조 제1항의 평등권이 침해되었다고 볼 수는 없다.

■ 심야 고액 개인과외교습이 증가하는 폐해는 걱정할 필요 없다.

개인과외교습의 경우 학원과 비교하여 학습자가 소규모에 불과하여 학생들의 참여율은 학원이나 교습소 교습의 참여율보다 비교적 낮다. 따라서 교육현실에 있어서 자금력과 정보력을 바탕으로 입시교육에 막강한 영향력을 행사하는 학원에 비하여 개인과외교습으로 인한 사회적 영향력은 비교적 적다.

학원 등의 교습시간 제한으로 인하여 오히려 심야 고액 개인과외교습이 증가할 우려는 있으나, 교육감은 개인과외교습의 수강료의 조정을 명할 수 있는 권한을 부여하고 있으므로(학원법 제14조의2 제6항) 고액 개인과외교습에 대하여 규제 수단이 확보되어 있다.

학원 야간교습 금지의 위헌성에 대한 재판단

헌법재판소의 2009년 결정에 따르면, 학원 교습시간을 제한하는 목적은 ① 과열된 학원교습으로부터 수면시간 및 휴식시간을 확보하여 학생들의 건강과 여가를 보장하고, ② 학교교육을 정상화하며, ③ 학부모의 경제적 부담을 덜어주는 동시에 ④ 비정상적인 과외교습경쟁이 초래하는 사교육기회의 차별을 최소화하며, ⑤ 나아가 국가적으로도 비정상적인 교육투자로 인한 인적, 물적 낭비를 줄이자는 데 있다.

그런데 다른 나라에 비해 교육열이 높은 우리나라의 특성상 ①

학원교습시간을 제한한다고 해서 학생들의 수면시간 및 휴식시간이 늘어난다고 보기는 어렵고, ② 학원교습시간이 줄어든다고 하여 학교교육이 정상화된다고 볼 수도 없으며, ③ 학부모의 교육비 부담이 경감되는지에 대하여도 의문이 있다. 오히려 ④ 고액 과외 등 사교육이 심화되어 그에 따라 부모의 경제력에 따른 교육혜택의 차별이 심해졌고, ⑤ 국가적으로 교육투자로 인한 낭비가 줄어들 기미가 보이지 않는다는 반론의 여지가 있다.

필자는 '헌법재판소가 도대체 어떠한 근거로 학원교습시간 제한이 위 ①~⑤의 입법목적을 달성할 수 있다고 판단한 것일까?'라는 의문을 품게 되었다. 헌법재판도 '재판'이기 때문에 당사자가 제출한 증거에 기초하여 판단할 수밖에 없는데, 2009년 결정 당시에는 학원교습시간 제한의 효과를 검증할 수 있는 충분한 증거자료가 제출되지 않았을 것이라는 이야기도 있었다. 이에 필자와 필자가 소속된 법무법인의 헌법소송팀 변호사들은 여러 지방자치단체의 학생, 학부모와 학원운영자들의 의뢰를 받아 다시 한번 학원교습시간 제한의 위헌 여부에 대한 판단을 받기 위하여 헌법소원심판을 청구하기로 결정하고, 그에 관한 여러 자료들을 수집하였다. 학생들의 수면시간 및 휴식시간, 학교교육에 대한 만족도, 학부모의 교육비 부담 경감 여부 등에 관하여 대대적인 설문조사를 실시하였고, 학원교습시간 제한에 따른 반사적 효과로 심야 과외교습, 심야 공부방 등이 증가하는 실태를 파악하였으며, 야간자율학습이 얼마나 강제적으로 실시되고 있는지 등도 알아보았다.

당시 실시했던 설문조사 결과,3 아래에서 보는 것처럼, 조사 대상 중고등학생들 및 그 학부모들은 '학원 교습시간을 제한하는 것이 위 ①~⑤의 입법목적을 달성하는 데 기여하지 못한다', '현재 개인 과외/공부방 학습을 하고 있는 이유는 교습시간이 제한되지 않아 학습시간대를 자유로이 선택할 수 있기 때문이다', '조례를 개정하여, 학원 교습시간 제한을 폐지하거나 밤 12시로 늘려줬으면 좋겠다'고 대답한 것으로 드러났다.

학생, 학부모와 학원운영자들은 이러한 자료들을 수집한 뒤, 2014년에 재차 헌법소원심판을 청구하였다. 그런데 헌법재판소는 2016년 헌법재판소 재판관 9명 중 6명의 다수의견을 바탕으로 다음과 같이 2009년 결정과 동일한 결론을 내놓았다. 설문조사 결과의 요약 및 결론 부분과 헌법재판소의 다수의견 요지는 아래와 같다.

---

3 출처: 리서치 전문업체인 ㈜마크로밀 엠브레인(www.embrain.com)이 2014. 4. 2. 부터 2014. 4. 30.까지 경기도, 대구광역시, 광주광역시 소재 초·중·고등학생 자녀를 둔 기혼 여성(학부모) 및 중고등학교 재학생 1,200명을 설문조사한 뒤 2014. 6.경 작성한 '사교육관련 국민의식 설문조사 보고서.'

요약 및 결론(1/3)

사교육 관련 U & A

- 중·등학생의 사교육 방법은 '학원', '과외/공부방' 비중이 가장 높으며 이 방법을 통해 가장 많이 수강하는 과목은 '영어', '수학'임
- 학원의 평균 수업빈도는 '과외/공부방' 대비 높으며, 시간당 평균 단가가 낮아 '과외/공부방' 대비 효율성이 높은 편임

구분		학원	과외 (공부방)
수업빈도	학부모 학생	3.17 3.90	2.08 2.54
시간당 평균 단가(원)		11,088	18,438

'교습시간 제한' 조례인지/효과성

- '교습시간 제한' 조례의 경우 중고등학생 및 학부모 모두 높은 인지율을 나타냄
  학생(77.6%)/학부모(90.6%)
- 조례 시행 후 정부의 기대효과들에 대한 효과성은 전반적으로 매우 낮게 평가되고,

  (Base: 중고등학교 학부모 및 학생 응답자(각 n=500), Unit %/점)

	자녀의 귀가 안전 담보	자녀의 여가 휴식 확보	학교교육 정상화	경제적 부담 경감	동급생들과의 교육차별 해소
학부모	9.2	4.8	3.4	2.6	2.2
자녀	16.2	15.0	9.2	9.0	7.0

- 오히려 자녀의 학습 성취도는 낮아지고, 사교육 비용의 상승을 가져온 것으로 조사됨

조례시행 후 자녀학습 성취도 저하 49%	조례시행 후 자녀 사교육 비용 증가 51.2%

요약 및 결론(2/3)

조례 시행 이후 대책안 평가

- '교습 시간 제한 조례'에 따른 자구책으로 '과외/공부방'을 선택한 비율은 중·고등학생 및 학부모 모두 과반수 이상으로 매우 높으며, 선택의 가장 큰 이유는 '교육의 질적 측면'에 대한 기대보다 '시간제한에 자유롭기 때문에' 선택했다는 응답이 오히려 높았음
- 결국, '과외/공부방' 경우 시간당 단가 등 효율성이 상대적으로 '학원' 대비 낮으면서, '자유로운 시간'에 대한 기대감을 중심으로 선택되다 보니 학부모 및 학생 모두에서 타 대책안 대비 낮은 만족도를 나타냄

'과외/공부방' 만족도	긍정 비율 (%)	5점 평균 (점)
학부모	16.4	2.41
학생	16.8	2.55

'조례' 개정 시 기대점

- '조례' 개정 시 적정 교습시간은 현 상태를 개정하고자 하는 의견이 중·고등학생 및 학부모 모두 압도적으로 높음(학생 88%/학부모 90.4%)
  - 그룹별, 학생의 경우 '12시까지'를 학부모 경우 '제한폐지'를 선호하는 비중이 가장 높음
- '조례' 개정 시 학원 전환/수강 의향은 높은 편임(학생 48.2%/학부모 74.2%)
  - 그룹별 학원 수강 시 기대점은,
  학생은 '학습 성취도 향상' > '충분한 학습 시간 확보' > '비용의 합리성'
  학부모는 '비용의 합리성' > '학습 성취도 향상' > '충분한 학습 시간 확보' 순임

학원에서 늦게까지 공부하면 안 되나요?

다수의견(합헌)

▪ 헌법재판소의 2009년 결정 이유는 그대로 유효하다.

학원 심야교습을 제한하면 학생들이 보다 일찍 귀가하여 휴식과 수면을 취하거나 예습 및 복습으로 자습능력을 키울 수 있고, 사교육 과열로 인한 학부모의 경제적 부담 증가 등과 같은 여러 폐해를 완화시킬 수 있으므로 수단의 적합성도 인정된다(헌법재판소 2009. 10. 29. 선고 2008헌마454 결정; 2009. 10. 29. 선고 2008헌마635 결정 참조).

청구인들은 학교에서 야간자율학습이 너무 늦게 끝나는 고등학생의 경우 학원조례조항이 정한 교습시간에 학원교습을 받는 것이 사실상 불가능하다고 주장하나, 야간자율학습은 학생·학부모의 희망에 따라 실시하여야 하고 강제성을 지니지 않도록 운영되고 있으므로, 학생들은 그 의사에 따라 야간자율학습 대신 학원 등에서 교습을 받을 수 있다. 청구인들의 주장대로 야간자율학습이 사실상 강제적으로 운영되어 평일에는 학원 등에서 수강이 불가능하다고 하더라도, 이는 개별 학교의 학사운영 때문이지 학원조례조항에서 직접 파생되는 문제는 아니다. 학원조례조항에 의한 청구인들의 인격의 자유로운 발현권, 자녀교육권 및 직업수행의 자유에 대한 제한이 그 입법목적 달성을 위하여 필요한 정도를 넘어 과도하다고 할 수 없다.

학원조례조항으로 인하여 제한되는 사익은 22:00 또는 23:00부터 다음 날 05:00까지 학원 등에서 교습이 금지되는 불이익에 불과한 반면, 학원조례조항이 추구하는 공익은 학생들의 건강과 안전, 자습능력의 향상, 학교교육 충실화, 부차적으로 사교육비 절감이다. 학원조례조항으로 인하여 제한되는 사익이 공익보다 중대한 것이라고 보기 어렵다(헌법재판소 2009. 10. 29. 선고 2008헌마454 결정; 2009. 10. 29. 선고 2008헌마635 결정 참조).

조례에 의한 규제가 지역 여건이나 환경 등 그 특성에 따라 다르게 나타나는 것은 헌법이 지방자치단체의 자치입법권을 인정한 이상 당연히 예상되는 결과이다. 청구인들이 자신들이 거주하는 지역의 학원조례조항으로 인하여 다른 지역 주민들에 비하여 더한 규제를 받게 되었다 하여 평등권이 침해되었다고 볼 수는 없다(헌법재판소 2009. 10. 29. 선고 2008헌마454 결정 참조).

개인과외교습은 학원교습에 비하여 학습자의 규모가 작고 학생들의 참여율이 낮다. 자금력과 정보력을 바탕으로 입시교육에 막강한 영향력을 행사하는 학원에 비하여 개인과외교습의 사회적 영향력은 비교적 작다. 심야에 이루어지는 개인과외교습은 학원과 마찬가지로 학생의 건강을 해치고 학교교육을 부실하게 만들 위험이 있으나, 학원교습과는 달리 교습이 소규모로 이루어지고 학습자가 희망에 따라 교습시간과 장소를 비교적 자유롭게 결정할 수 있어 상대적으로 학생의 건강과 안전 보호에 미치는 영향력이 작다. 심야에 이루어지는 개인과외교습의 폐해가 우리 교육현실에서 중대한 병리현상으로 받아들여질 경우에는 학원과 마찬가지로 교습시간 제한이 필요할 것이다. 학원에 비하여 학생들의 참여율이 낮아 심야 개인과외교습으로 인한 사회적 폐해가 학원에 비하여 비교적 작다는 입법자의 판단에 따라 개인과외교습에 대하여는 교습시간을 제한하지 않고 있는 것이다. 따라서 학원조례조항이 학원 등에 대하여만 교습시간을 제한하였다고 하여 합리적 이유 없이 학원운영자를 차별하였다고 보기 어렵다(헌법재판소 2009. 10. 29. 선고 2008헌마454 결정 참조).

■ 통계청 자료에 의하면, 학원 교습시간이 제한되었다고 하여 개인과외교습이 급증하였다고 보기 어렵다.

학원 등에 대하여만 심야교습을 제한할 경우 고액의 비용이 드는 심야 개인과외교습 급증으로 인하여 학원조례조항이 그 입법목적을 달성할 수 없다는 견해가 있다. 학원법조항이 개정된 2007년부터 2014년까지 통계청의 사교육비 조사결과에 의하면, 사교육 참여율과 참여시간은 2007년 이후 지속적으로 감소하였고, 개인과외교습에 대한 참여율은 2009년 이후부터 감소하였으며, 개인과외교습에 대한 1인당 사교육비도 2009년 이후 큰 변동이 없는 상태이다. 학원 등의 심야교습 제한으로 인하여 개인과외교습이 급증하였다고 보기 어렵다.

■ 심야 학원교습과 학업성적 향상 사이에 상관관계가 있다고 보기도 어렵다.

학생들이 자습하거나 휴식 또는 수면을 취하는 대신에 학원 등에서 22:00 또는 23:00부터 새벽까지 교습을 받는다고 해서 학업실력이 과연 얼마나 향상될 수 있을지 지극히 의문이다.

다만, 헌법재판소 재판관 9명 중 3명은 아래와 같은 반대의견을
피력하였다.

____ 소수의견(위헌)

■ 학교 밖의 교육영역에서는 학생의 자유로운 인격 발현권 및
  학부모의 자녀교육권이 강조되어야 한다.

학교교육의 범주 내에서는 국가의 교육권한이 헌법적으로 독자
적인 지위를 부여받음으로써 부모의 교육권과 함께 자녀의 교육을
담당하지만, 학교 밖의 교육영역에서는 원칙적으로 부모의 교육권이
우위를 차지한다(헌법재판소 2000. 4. 27. 선고 98헌가16 결정 등 참조). 따
라서 국가 또는 지방자치단체가 사교육을 제한하는 경우에는 학생의
인격의 자유로운 발현권과 학부모의 교육권을 존중하여야 한다는 헌
법적 한계를 가진다. 즉, 사교육의 영역에서 학생이 자유롭게 배우고
자 하는 행위를 공권력이 규제하는 것은 부당하게 학생의 자유로운
인격 발현을 막고 부모의 교육권을 침해할 가능성이 크므로, 매우
신중하게 이루어져야만 한다.

(그런데) 학원조례조항은 학생들의 자율적 판단이 최대한 존중되
어야 하는 영역에 대하여 강도 높은 규제를 가하고 있으므로, 학생
들의 인격의 자유로운 발현권을 제한하는 정도가 매우 크다. 나아가
학원조례조항은 보호자인 학부모의 동의가 있는 경우에도 심야교습
을 금지하고 있는데, 이는 학교 밖의 교육영역에서 자녀교육에 대한

부모의 판단보다 국가 내지 지방자치단체의 판단을 우선시하는 것이므로 부모의 자녀교육권 역시 중대하게 제한하고 있다.

■ 학생이 수면시간, 휴식시간을 언제, 어떻게 가질지는 국가 또는 지방자치단체가 개입할 문제가 아니다.

수면시간과 휴식시간을 언제, 어떻게 가질지, 심야에 학원교습을 받을지 아니면 자습을 할지의 문제는 타인의 법익과 아무런 관련을 갖지 않는 지극히 개인적인 것이므로 학생 각자의 자율적 판단에 맡겨야 한다. 나아가 이는 학교 밖의 교육영역에 속하는 것이어서 부모의 교육권이 국가의 교육권에 우선하므로, 자녀의 의사를 존중하여 부모가 교육할 문제이지 국가 또는 지방자치단체가 먼저 개입할 문제가 결코 아니다(헌법재판소 2014. 4. 24. 선고 2011헌마659 결정 등의 반대의견 참조). 따라서 과열된 학원교습으로부터 수면 및 휴식시간, 자습시간을 확보하여 학생들의 건강과 여가를 보호하고 자습능력을 향상시킨다는 것은 학생과 부모의 자율이 보장되어야 하는 영역에 공권력이 지나치게 후견적으로 개입하는 것으로서 그 입법목적의 정당성을 인정하기 어렵다.

■ 학원교습시간을 제한한다고 하여 학교교육이 정상화되는 것도 아니다.

다수의견은 심야교습으로 인한 수면 및 휴식시간 부족은 학교수업에 영향을 미쳐 수업집중도를 저하시키고, 지나친 선행학습은 학교교육을 부실하게 한다고 한다. 앞서 보았듯이 학원 등의 심야교습 이외에도 수많은 요소들이 학생들의 수면 및 휴식시간에 영향을 주므로, 단순히 학원 등의 심야교습을 금지한다고 하여 학생들의 수면 및 휴식시간이 증가함으로써 학교교육이 정상화된다고 보기 어렵다.

지나친 선행학습은 학원교습만의 문제가 아니라 개인과외교습, 인터넷교습 등의 경우에도 마찬가지로 발생하는 문제이므로 학원 등의 심야교습만을 금지하는 사유가 될 수 없다. 학교교육이 부실화된 것이 학원의 심야교습 때문이라기보다는, 그 반대로 학교교육의 질과 여건이 국민의 기대수준에 미치지 못하여 학원 등의 심야교습이 활성화되는 것으로 볼 수 있다. 그러므로 학원의 심야교습을 제한하여 학교교육을 정상화하겠다는 것은 원인과 결과가 뒤바뀐 조치이고 엉뚱한 곳에서 해답을 찾는 것이다.

■ 학부모의 교육비 경감은 학원교습시간 제한을 정당화하는 근거가 될 수 없다.

경제력의 차이 등으로 말미암아 교육의 기회에 있어서 사인(私人)간에 불평등이 존재한다면, 국가는 원칙적으로 의무교육의 확대 등 적극적인 급부(給付)활동을 통하여 사인간의 교육기회의 불평등을 해소할 수 있을 뿐, 개인의 기본권행사인 사교육을 억제함으로써 교육에서의 평등을 실현할 수는 없다(헌법재판소 2000. 4. 27. 선고 98헌가 16 결정 등 참조). 따라서 학부모의 경제적 부담을 경감시켜 사교육기회 차별을 최소화한다는 명목으로 학원 등의 심야교습을 제한하는 것은 헌법상의 문화국가원리에도 어긋난다.

우리나라에서 학력은 개인의 사회적·경제적 지위를 결정하는 데 결정적인 영향을 미쳐 왔고, 국민의 자녀에 대한 높은 교육열은 자녀의 교육을 위하여 부모가 할 수 있는 모든 노력과 투자를 다해야 한다는 정서를 형성하였다. 또한, 국가의 수시로 바뀌는 교육정책과 불충분한 교육투자로 말미암아 학교교육의 질과 여건이 국민의 기대수준에 미치지 못함에 따라 이를 사적으로 해결하려는 사교육에의 관심과 열기를 유발하게 되었다. 따라서 사교육의 과열을 해소하는 근본적이고 바람직한 방법은, 학력제일주의의 사회적 구조를 개선하여 능력이 중시되는 사회를 만들고, 많은 재정투자를 통하여 학교교육의 환경을 개선하여 교육의 질을 높이며, 고등교육기관을 균형있게 발전시킴과 아울러 평생교육제도를 확충하고, 대학입학제도를 개선하여 사교육의 수요를 감소시키는 것이다(헌법재판소 2000. 4. 27. 선고 98헌가16 결정 등 참조). 단순히 학원의 심야교습을 규제하는 것으로 사교육에 따른 학부모의 경제적 부담을 경감하고 비정상적인 교육투자로 인한 인적·물적 낭비를 감소시키겠다는 것은 행정편의적 발상으로서 일종의 대증요법(對症療法)에 불과하고 결코 근본적인 해결책이 될 수 없다.

■ 다수의견이 제시한 통계청 자료는 그대로 믿기 어렵다.

다수의견은 통계청의 사교육비 조사결과를 인용하면서 개인과외교습에 대한 참여율은 2009년 이후부터 감소하였고, 개인과외교습에 대한 1인당 사교육비도 2009년 이후 큰 변동이 없는 상태이므로 학원 등의 심야교습 제한으로 인하여 개인과외교습이 급증하였다고 보기 어렵다고 한다. 그러나 개인과외교습에 대한 참여율이나 사교육비가 크게 증가하지 않은 것은 글로벌 금융위기에 따른 경기침체 등 복합적인 요인이 작용하였을 수 있고, 불법 심야 개인과외교습 등은 통계에 제대로 반영되지 않았을 가능성도 높으므로, 위 자료만으로 학원 등의 심야교습 제한에 개인과외교습에 대한 유발효과가 없다고 단정할 수 없다.

■ 학교에서 강제적으로 보충학습, 자율학습 등이 실시되고 있는 사정도 고려하여야 한다.

각급 학교에서는 정규 수업시간이 끝난 후에도 방과 후 활동, 보충수업 또는 자율학습 등의 명목으로 각종 학습을 강제적으로 시키는 경우가 많다. 특히 고등학교의 경우 야간 자율학습이 밤늦게까지 실시되는 경우가 많은데, 학생들의 입장에서 학교에서 실시하는 야간 자율학습 조치에 반하여 학원교습을 선택하는 것은 현실적으로 쉽지 않다. 결국 학생들은 학교에서 실시하는 보충수업 또는 야간 자율학습이 끝난 뒤에야 비로소 학원의 교습을 받을 수 있다. 학원 조례조항은 이러한 사정을 고려하지 않고 일률적으로 22:00 또는 23:00까지만 학원교습을 허용하고 있어, 평일에는 학원교습을 받는 것이 사실상 불가능한 경우가 많다. 이는 학생들의 학습욕구 및 학교교육의 부족분을 보충해주는 학원의 기능을 전혀 고려하지 않은 조치이다. 학원운영자 역시 위와 같은 사정으로 인하여 평일에는 학원 등의 영업을 하기가 사실상 어려운 경우가 많으므로, 직업수행의 자유를 과도하게 제한받고 있다.

■ 보호자의 동의가 있더라도 학원수업을 받을 수 없다는 것은 학원의 순기능을 간과한 조치로서 부당하다.

청소년게임제공업소나 찜질방 등의 경우에는 청소년을 보호·감독할 만한 실질적인 지위에 있는 자를 동반한 경우에는 출입시간 외에도 청소년의 출입이 가능한 반면(게임산업진흥에 관한 법률 시행령 제16조 제2호 가목, 공중위생관리법 시행규칙 제7조 별표 4), 학원 등의 경우에는 보호자의 동의가 있다고 하더라도 22:00 내지는 23:00 이후의 교습이 전면적으로 금지된다. 이는 학생들의 학습욕구 및 학교교육의 부족분을 보충해주는 학원의 기능을 전혀 고려하지 않은 조치이다.

■ 외국 입법례에도 학원교습시간을 제한하는 경우는 찾기 어렵다.

미국, 독일, 일본 등 외국의 입법례를 살펴보더라도 학원조례조항과 같이 학원 등의 심야교습을 제한하고 있는 경우를 발견하기 어려우므로, 학원조례조항은 세계적으로 그 유례를 찾기 어려운 불합리한 조항이다.

■ 학원과 개인과외교습을 차별할 합리적 이유가 없다.

개인과외교습 시장의 규모가 상당한 수준으로 성장하고 있고, 그룹과외 내지 공부방이라는 형태로 학원 등과 다름없는 수업을 하고 있는 등 개인과외교습이 학생들에게 미치는 영향력이 학원 등에

I. 가족과 가정의 일상사에 관한 헌법이야기

비하여 결코 적지 않다. 개인과외교습에 대하여는 심야교습을 허용한 채 학원 등의 교습시간만 제한한다면 적은 비용으로 학원 등을 통하여 교습을 받고자 했던 많은 학생들은 학습을 할 수 없게 되고, 개인과외교습의 수요가 많아져 그 비용이 고액으로 상승하게 될 것이다. 이는 오히려 경제적 능력에 따른 교육기회의 불평등을 조장하게 된다. 이처럼 학원조례조항은 학원 등보다 폐해가 큰 개인과외교습의 교습시간은 제한하지 않은 채 학원 등의 교습시간만 제한하여 합리적 이유 없이 학원운영자를 차별한다(헌법재판소 2009. 10. 29. 선고 2008헌마454 결정의 반대의견 참조).

에필로그

헌법재판소의 2009년 결정 당시에는 반대의견을 제시한 헌법재판관이 1명에 불과했는데, 2016년 결정에서는 3명으로 늘어났어요. 이는 2009년 헌법재판보다는 2016년 헌법재판에서 '학원교습시간 제한의 순기능과 역기능'에 대한 다양한 증거자료가 제출되었고 그에 따라 더욱 깊이 있는 심리가 이루어진 것 때문이 아닐까라고 생각해요.

어쨌든, 학생의 건강 및 여가 확보, 사교육비 경감, 학교교육 정상화 등을 꾀하는 것은 지극히 바람직하지만, 그 방법이 '학생의 건강 및 여가를 위한 적극적인 지원', '(사교육이 필요 없을 정도로) 공교육의 개량 및 개선'이 아니라 '학원교습시간 제한'이라는 것은 그리 바람직하지 않은 듯 해요. 학생, 학부모 및 학원운영자의 기본권이 충분히 보호될 수 있는 학원제도가 하루 빨리 자리잡았으면 좋겠네요.

사립초등학교에서 영어를 너무 많이 가르치면 불법인가요?

(헌법재판소 2016. 5. 26. 선고 2014헌마374 결정)

김동원 변호사

A가 5살이 될 무렵 A 가족은 미국으로 유학을 떠났어요. A는 미국에서 어린이집을 다니기 시작하면서 처음 영어를 접하게 된 이래 생활과정에서 자연스럽게 영어를 익힐 수 있었기 때문에 원어민과 똑같은 발음을 구사할 수 있게 되었어요. 물론 A는 집에서 부모와 한국어로 의사소통하였기 때문에 한국어도 잘 구사할 수 있었어요. 그리하여 A는 자기 생각을 한국어와 영어로 모두 자유롭게 말할 수 있게 되었고, A 부모는 A의 그런 모습을 보면서 매우 흐뭇해하였어요.

A가 7살이 될 무렵 A 가족은 유학을 마치고 한국으로 돌아왔어요. 그러자 영어로 말하거나 영어를 들을 수 있는 시간이 거의 없어져 A는 점차 영어에 흥미를 잃어가다가, 급기야는 영어를 싫어하게 되었어요. 그러자 A 부모는 A의 영어실력이 줄어들까 봐 걱정하였고, 그리하여 A를 영어유치원에 보냈어요. A는 영어유치원에서 원어민 선생님 및 친구들과 어울리면서 다시 영어를 좋아하게 되었고, 예전처럼

아무런 지장 없이 영어로 의사소통할 수 있게 되었지요.

A가 초등학교에 입학할 무렵이 되자 A 부모는 A의 영어실력이 유지될 수 있도록 영어교육에 특화된 사립초등학교를 찾아보았고, A를 B가 운영하는 '영어몰입교육¹ 전문 사립초등학교'에 입학시켰어요. 영어몰입교육의 핵심은 '영어의 바다에 빠뜨리는 것'이기 때문에, 이 초등학교에서는 모든 학년의 교과목 중 상당수의 수업이 영어로 이루어지고 있었고, 쉬는 시간은 물론 점심시간에도 학생들과 원어민 교사들이 영어를 사용하며 어울리고 있었어요.

그런데 이를 어쩌죠? 교육부는 '영어몰입교육은 허용되지 않는다'라는 입장을 밝혔고, B 사립학교의 관할 교육청도 '영어몰입교육은 허용되지 않고, 초등학교 1, 2학년에게 영어교육을 하는 것도 허용되지 않는데, 이 점이 지켜지지 않고 있다. 영어교육 정상화를 위한 장학지도를 실시하겠다'고 알렸어요.

A는 초등학교 1학년 때부터 영어몰입교육을 받아 유년기부터 갈고 닦아온 영어실력을 계속 키워가고 있고 A 부모도 이를 매우 만족해하고 있으며, B도 이에 부합하는 사립학교를 운영하고 싶어 해요. 그런데도 국가가 영어몰입교육을 못하게 막는 것은 헌법에 위반되는 일 아닌가요? 아니면 합치되는 것일까요?

---

1 이중언어교육이란 일반적으로 같은 학급에 속한 학생들에게 과목별, 시간별, 혹은 일별로 다른 두 가지 언어를 각각 사용하는 교육의 형태를 말하며, 몰입식 외국어교육은 세계적으로 주목 받고 있는 이중언어교육의 한 가지 형태임[박준언 외 2명, "경제자유구역 및 제주특별자치도 초등영어몰입교육 시범실시 방안", 교육인적자원부 (2006), 제27쪽]. 이 글에서는 몰입식 영어교육을 '영어몰입교육'이라고 표현함.

＊ 즉시 보도하여 주시기 바랍니다.

 교육부 Ministry of Education	**보 도 자 료** 교육부 홍보담당관실　　☎ 02－2100－6588

[자료문의] ☎ 02－2100－6175 교육부 영어교육팀장 유정기, 사무관 이진화
[자료문의] 시·도교육청 담당자 별첨

사립초 영어교육 정상화를 위한 장학지도 실시

－'14학년도 신입생 모집요강 등에도 위반 사례가 없도록 지도－

□ 교육부(장관 서남수)와 **17개 시·도교육청**은 사립초등학교의 영어 교육
　정상화를 위한 점검을 실시하도록 했다고 밝혔다.

　○ 교육부는 **사립초등학교 영어교육 정상화 계획을 수립**('13.8.30.)하
　　　여, 금년 하반기에는 규정을 위반하여 운영하던 것을 시정해 나가
　　　고, **'14년학년도부터는 교육과정을 정상적으로 운영**하도록 하였다.

　○ 이에 따라 시·도교육청에서는 **사립초 영어 교육과정 운영의 정상화
　　　를 위하여 장학지도 계획을 수립**하여 실시하도록('13.9.4.) 하였다.

　□ 각 시·도교육청에서는

　○ 사립초등학교 교육과정 정상화를 위하여 **관련 규정 내에서 교육과정을
　　　편성하도록 장학지도를 실시**(9～12월)하고 있으며,

　○ **'14학년도 신입생 모집**과 관련하여 **모집요강에 영어몰입교육 실시 등
　　　부적절한 내용이 포함되지 않도록 점검·확인**할 예정이다.

□ 교육부 및 시·도교육청은 사립초등학교에서의 영어교육이 관련 규정을
　준수하여 편성·운영되도록 시정 명령 등 지속적인 점검을 실시할 계획임
　을 밝히면서

※ **2013. 10. 7.자 교육부 보도자료**2

---

2 출처: 교육부 인터넷 홈페이지(http://www.moe.go.kr)의 '교육부 소식' 중 '보도자료'.

사립초등학교에서 영어를 너무 많이 가르치면 불법인가요?

교육부가 초등학교 1, 2학년의 영어교육과 초등학교의 영어몰입교
육을 금지하는 이유

　　교육부장관은 초등학교, 중학교, 고등학교 교육과정의 기준과 내
용에 관한 기본적인 사항을 정할 권한을 가지고 있다(초중등교육법 제
23조). 그래서 교육부장관은 1945년경 교육과정을 처음 마련하여 고
시한 이후 여러 차례에 걸쳐 이를 개정하여 왔는데, 이 사안에서 문
제된 2012. 12. 13.자 고시에서는 초등학교 교육과정의 편제 및 시간
배당에 관하여 아래의 관보에서 보는 바와 같은 기준을 제시하였다.

　　이에 따르면, 초등학교 3~6학년에서는 영어교육을 할 수 있지
만, 1~2학년에서는 (반드시 국어, 수학, 바른생활, 슬기로운 생활, 즐거운 생
활 과목 수업만 이루어져야 하고) 영어교육을 할 수 없고, 초등학교 3~6
학년의 경우에도 영어수업시간을 연 136시간과 204시간을 기준으
로 20% 증감할 수 있을 뿐 이를 초과하여 영어교육을 할 수는 없
다. 그리고 행정청은, '영어몰입교육 방식으로 이루어지는 수업은
모두 영어교과 수업이므로, 1~2학년에 대한 영어몰입교육은 그
자체로 위법하고, 3~6학년에 대한 영어몰입교육은 영어교과 시간
수가 정해진 기준을 훨씬 초과하기 때문에 위법하다'는 입장을 취
하였다.

I. 가족과 가정의 일상사에 관한 헌법이야기

나. 편제와 시간 배당

(1) 편제

　　(가) 초등학교 교육과정은 교과(군)와 창의적 체험활동으로 편성한다.

　① 교과(군)는 국어, 사회/도덕, 수학, 과학/실과, 체육, 예술(음악/미술), 영어로 한다. 다만, 초등학교 <u>1,2학년의 교과는 국어, 수학, 바른생활, 슬기로운 생활, 즐거운 생활로 한다.</u>

　② 창의적 체험활동은 자율 활동, 동아리 활동, 봉사 활동, 진로 활동으로 한다.

(2) 시간 배당 기준

구분		1~2학년	3~4학년	5~6학년
교과(군)	국어	국어 448	408	408
	사회/도덕	수학 256	272	272
	수학		272	272
	과학/실과	바른 생활 128	204	340
	체육	슬기로운 생활 192	204	204
	예술(음악/미술)		272	272
	영어	즐거운 생활 384	136	204
창의적 체험활동		272	204	204
학년군별 총 수업시간 수		1,680	1,972	2,176

　① 이 표에서 1시간 수업은 40분을 원칙으로 하되, 기후 및 계절, 학생의 발달 정도, 학습 내용의 성격 등과 학교 실정을 고려하여 탄력적으로 편성·운영할 수 있다.

　② 학년군 및 교과(군)별 시간 배당은 연간 34주를 기준으로 한 2년간의 기준수업시수를 나타낸 것이다.

　③ 학년군별 총 수업시간 수는 최소 수업 시수를 나타낸 것이다.

　④ 실과의 수업 시간은 5~6학년 과학/실과의 수업시수에만 포함된 것이다.

다. 초등학교 교육과정 편성·운영의 중점

(1) 학교는 1학년 학생들의 입학 초기 적응 교육을 위해 창의적 체험활동의 시수를 활용하여 자율적으로 입학 초기 적응 프로그램 등을 편성·운영할 수 있다.

(2) 학교는 모든 교육 활동을 통해 학생의 인성과 기본 생활 습관을 형성할 수 있도록 교육과정을 편성·운영한다.

(3) 각 교과의 기초적, 기본적 요소들이 체계적으로 학습되도록 계획하고, 정확한 국어사용 능력을 신장할 수 있도록 배려한다. 특히, 기초적 국어사용 능력과 수리력이 부족한 학생들을 위해 별도의 프로그램을 편성·운영할 수 있다.

<u>(4) 학교의 특성, 학생·교사·학부모의 요구 및 필요에 따라 학교가 자율적으로 교과(군)별 20% 범위 내에서 시수를 증감하여 운영할 수 있다.</u>

영어몰입교육 금지로 인하여 제한되는 기본권 및 헌법재판소의 결정

  B가 운영하는 학교의 학생들 및 그 학부모들은, '영어몰입교육
을 금지하는 것은 학생들의 교육을 받을 권리와 학부모의 자녀교육
권을 제한하기 때문에 영어몰입교육을 제한하는 교육부 고시 및 그
에 따른 장학계획 등이 헌법에 위반된다'고 주장하며 필자가 소속한
법무법인을 대리인으로 선임하여 헌법소원심판을 청구하였다.

  헌법재판소는 영어몰입교육 금지행위에 대하여 ① 그 목적이
정당한지(목적의 정당성), ② 목적을 달성하기 위하여 적합한 수단인
지(수단의 적합성), ③ 청구인들의 기본권을 덜 제한하는 다른 수단은
없는 것인지(침해의 최소성), ④ 청구인들의 기본권 제한의 정도와 달
성하려는 공익 사이의 균형은 적절한지(법익의 균형성)의 4단계 순서
로 판단하였는데, 그 요지는 다음과 같다.

_____ 목적의 정당성 및 수단의 적합성

  이 사건 고시 부분이 초등학교 1~2학년의 영어교육을 금지하
고, 3~6학년의 영어교육을 일정시간으로 제한하는 것은 초등학교
에서 편성, 운영되어야 할 교육과정을 과목별로 고르고 다양하게
구성하기 위한 명제에 부합하는 것이고, 국민의 기초 영역에 대한
학습이 치우침 없이 고르게 이루어져 전인적(全人的) 성장이 이루어
질 수 있도록 하기 위함이다.

  또한, 공교육 현장에서 영어교육의 집중이 허용된다면, 이러한

영어교육이 이루어지는 학교에 속한 학생들뿐만 아니라 이러한 영어교육을 받을 수 없는 다른 학교에 속한 학생들까지도 이를 따라가거나 앞서가기 위해 영어 관련 사교육 시장을 확대시키거나 과열시킬 것이므로, 이 사건 고시 부분이 영어교육을 금지하거나 제한하는 것은 영어과목에 대한 사교육의 지나친 과열로 인한 폐단을 막기 위한 것이다. 따라서 이 사건 고시 부분이 초등학교 저학년 학생들에게 영어교육을 금지하고 그 외의 초등학교 학생들에게 영어교육을 제한하는 것은 그 목적의 정당성이 인정되고, 이 사건 고시 부분을 통해 영어교육의 편제와 시간 배당을 통제하는 것은 이러한 입법목적을 달성함에 있어 적절한 수단이다.

침해의 최소성

언어습득은 언어를 학습하는 것 이상을 의미한다. 학습자가 외국어를 학습한다는 것은 언어 관련 지식은 물론 행동하고 말하고 생각하는 문화적 요소까지 습득하는 것을 포함한다. 때문에 교육은 우리 문화의 정체성이 훼손되지 않는 한도 내에서 이루어져야 한다. 그런데 초등학교에서 일찍부터 영어교육에만 치중할 경우 영어 과목에 대한 지나친 몰입으로 이어져 전인적 교육이나 정체성 형성이라는 교육의 근본적 목적 자체를 몰각시킬 가능성이 있다.

특히, 초등학교 1, 2학년은 공교육 체계하에서 한글을 처음 접하는 시기로, 한국어 능력이 견고하지 못한 이 시기에 영어를 배우게 하면 언어 발달의 부담감이 가중되어 한국어 발달에 장애가 있을 수 있다. 초등학교 교육과정에 영어가 정규 교과로 포함된 1995년 이래로 여러 논의에도 불구하고, 초등학교 1, 2학년에게는 영어를 정규 교과로 가르치지 않고 있다. 이는 초등학교 1, 2학년에게 정규 교과로 영어를 가르칠 경우 오히려 균형 잡힌 외국어 습득이 어렵고, 영어에 대한 흥미 상실이나 어휘·구문 학습의 부족과 같은 영어교육의 문제점이 발생할 가능성이 높다는 교육전문가의 의견을 반영하여 해당 부처가 결정한 것이고, 그러한 판단이 명백히 잘못되었다고 할 수 없다.

국가가 적극적·능동적으로 주도하고 관여하는 공교육제도 안에서 교육의 기회균등과 같은 국가의 교육과제 달성을 위해서는 불가피하게 특정 학생들의 필요나 선호에 따른 학습에 대한 권리 및 이와 관련된 부모의 자녀교육권이 제한될 수 있다. 따라서 사립학교에게 그 특수성 및 자주성이 인정되고, 그에 따른 교육을 선택할 권리가 학생과 학부모에게 인정된다 하더라도, 자율적인 교육과정의 편성은 국가 수준의 교육과정과 시·도 교육청의 교육과정 편성 및 운영지침의 범위 내에서 허용될 수 있는 것이다.

개인이 원하는 바에 따라 영어교육에 대한 공통적·일반적인 편성기준을 넘어 허용한다면, 교육의 기회에 있어서 경제력의 차이 등으로 말미암은 불평등을 조장하는 결과를 초래할 것이다. 이는 지금도 사회문제가 되어 있는 사교육 시장이 더욱 과열되어 학습자간의 교육격차 또는 학업 양극화로 이어질 것이며, 종국에는 사회적 양극화를 초래하는 주요한 요소가 될 것이다.

따라서 이 사건 고시 부분이 개인의 능력이나 원하는 바대로 사립초등학교에서 영어교육을 실시할 수 없도록 한 것은 영어 관련 사교육의 지나친 과열을 막기 위한 것으로서 불가피한 조치라 할 것이다.

━━ 법익의 균형성

초등학교 1, 2학년의 영어교육을 금지하고, 3~6학년의 영어교육을 다른 과목과 균질한 수준으로 제한하는 것은 기초 영역에 대한 균형적인 교육을 통해 초등학생의 전인적 성장을 도모하고 영어 과목에 대한 지나친 사교육의 폐단을 막기 위한 것으로, 이로 인해 초등학생이나 학부모가 입게 되는 기본권 제한이 중대하다고 보기 어렵다.

에필로그

우리 정부는 2005년경 인적자원개발을 위한 '제2차 국가인적자원개발기본계획'을 아래와 같이 수립하였어요. 당시에는 영어교육을 획기적으로 개선하기 위한 방안으로 초등학교 1, 2학년에 대한 영어교육 확대와 영어몰입교육의 시범실시를 적극적으로 계획하였던 것이지요.

또한 2008. 1.경에는, 일부 사립학교에서 시행되고 있는 영어몰입교육을 공교육 차원에서 실시하는 방안이 검토되고 있다는 긍정적인 기사가 언론에 보도되기도 하였어요.

<table>
<tr><td>

제2차 국가인권자원개발기본계획('06~'10)

2006.1.

본 안건은 인적자원개발기본법 제5조에 의거 정부가 향후 5년간 추진할 「제2차 국가인적자원개발기본계획」으로 인적자원개발회의('05.12.28)에서 심의·확정하고 국무회의('06.1.10)에 보고한 것입니다.

교 육 인 적 부	재 정 경 제 부	과 학 기 술 부
국 방 부	행 정 자 치 부	문 화 관 광 부
농 림 부	산 업 자 원 부	정 보 통 신 부
보 건 복 지 부	환 경 부	노 동 부
여 성 가 족 부	중앙인사위원회	기 획 예 산 처
청소년위원회	통 계 청	문 화 재 청
중 소 기 업 청	특 허 청	

</td><td>

Ⅲ 국제화·개방화 시대에 맞는 국민의 외국어 능력 향상

○ 의사소통 중심의 초·중등 영어교육 강화

－수준별 영어 교육과정·교과서 개발 및 우수 영어 교사 확보·관리

－초중학교 영어 조기교육 시범실시 후 단계적 확대:
　초등3년→초등1년
　*초등학교 1,2학년 영어교육 연구학교 운영('06~'07) 및 시범사례 성과 분석 결과에 따라 확대방안 마련('08)

－원어민 영어보조교사 전 중학교에 배치('10)
　*영어교육 활성화 5개년 종합대책('06~10)과 연계하여 추진(교육부)

○ 경제특구 및 국제자유도시 내 영어 서비스 확대 추진

－외국인 투자 유치를 위해 필요한 영어 서비스 제공 여건 개선
　*제주국제자유도시특별법 제20조, 경제자유구역의지정및운영에관한 법률 제20조 등에서 공문서 접수·처리 시 외국어 서비스 제공할 의무 규정

－당해 지역 초등학교에서의 영어 몰입교육 시범 실시('08)
　*영어 몰입 학습(English Immersion Program): 다양한 교과의 내용을 영어로 가르치면서 자연스럽게 학습하도록 하는 교수학습 방법

</td></tr>
</table>

※ '제2차 국가인적자원개발기본계획'[3]의 표지 및 32쪽

初3부터 영어몰입교육…2012년 大入 완전자율

MB싱크탱크 바른정책硏 교육로드맵

입력 2008.01.09. 17:56:49

이명박 당선인의 싱크탱크 중 하나인 바른정책연구원이 제시한 교육정책 대안 중 가장 눈길을 끄는 대목은 초등학교 3학년 영어 몰입(집중)교육 도입과 2012년 대입자율화 일정이다.

'영어 몰입교육(Immersion Education)'이란 별도 영어과목 없이 수학 과학 등 다른 과목을 영어로 수업하며 영어를 습득하게 하는 방식을 뜻한다.

특히 영어 몰입교육은 "일주일에 몇 시간 영어를 공부하는 시스템으로는 안 된다"는 이 당선자의 영어 공교육 혁신 철학과 맥을 같이하고 있어 정권 초기에 적극 추진될 가능성이 높다.

여기에 교육부는 이 당선인의 '영어 공교육 완성 프로젝트' 공약 이행을 위해 영어교육을 1학년으로 앞당기고 영어 수업시간을 3시간으로 늘리는 영어교육 개선방안도 적극 검토중이어서 차기정부 영어 공교육 윤곽이 구체화하고 있다.

서울시교육청도 영어 몰입교육 타당성 연구를 위해 이달 안에 연구학교를 선정할 계획이다. 현재 영훈초 등 9개 사립초와 청심국제중, 민족사관고 등 일부 자립형 사립고에서 영어 몰입교육을 시행하고 있지만 시교육청 차원에서 타당성 연구에 들어간 것은 이번이 처음이다.

※ 2008. 1. 9.자 MK뉴스 기사[4]

---

3 출처: 전라북도 교육청 인터넷 홈페이지(www.jbe.go.kr)의 '예산과' – '부서자료실'의 2006. 1. 12.자 게시글의 첨부파일(1182352123_2차국가인적자원개발기본계획.hwp)

4 출처: 매일경제 인터넷 홈페이지(http://news.mk.co.kr/newsRead.php?year=2008&no=16203)

I. 가족과 가정의 일상사에 관한 헌법이야기

즉, 영어몰입교육은 이미 여러 사립학교에서 오랜 기간 동안 시행되어 왔었고, 정부도 (교육부 고시 등을 이유로 이를 규제하는 대신) 그 긍정적 효과에 관심을 가지고 적극적으로 검토하고 있었어요. 그런데 '시행여건 미비 및 국민의 반대 여론'을 이유로 갑자기 영어몰입교육이 '해서도 안 되고 할 수도 없는 것'으로 변모되고 말았어요. 이 때문에 B는 종전과 같이 영어몰입교육이 특화된 사립초등학교를 운영하여 오다가 갑자기 행정청의 규제를 받게 되었어요. A를 비롯한 학생들도 종전과 같은 수업을 받을 수 없게 되었고, 학부모들도 자녀교육에 큰 차질을 빚게 되었어요. 그렇기에 헌법재판소가 아래와 같은 사정들을 더욱 신경 써주었더라면 하는 아쉬움이 있어요.

첫째, 초등학교에서 편성, 운영되어야 할 교육과정을 과목별로 고르고 다양하게 구성해야 하는 것에는 찬성이에요. 그렇지만, 기본적으로 교육되어야 할 필수과목을 누락하지 않으면 충분한 것이지 더 나아가 특정 과목을 특화시키는 것을 굳이 법률로 금지해야만 할까요? 교육부가 제시하는 교육과정을 준수하기만 한다면 추가적으로 영어 교육을 심화 실시하는 것을 굳이 막을 이유가 있을까요?

둘째, 학계 연구[5]에 따르면, 어린 나이에 외국어 교육을 받을수록 외국어 습득에 더욱 효율적이라고 해요. 실제로, 관련 행정소송에서 행정청이 제출한 증거자료에도 그런 내용이 들어있어요. 그렇다면, A처럼 외국에서 유년기 생활을 보낸 덕분에 어느 정도 기본적인

---

5 이러한 학계의 이론을 '최적 연령설(Optimal Age Theory)' 혹은 '결정적 시기설(Critical Period Hypothesis)'이라고 함.

사립초등학교에서 영어를 너무 많이 가르치면 불법인가요?

영어소통능력을 갖추고 있는 초등학생, 선천적으로 외국어 습득에 소질이 있는 초등학생, 외국어 능력을 집중적으로 배양하고 싶은 초등학생 등은 영어몰입교육을 통하여 한국어와 영어가 모두 능통한 이중언어자(bilingualist)로 성장할 가능성이 높을 텐데, 그런 기회를 박탈해야만 초등교육이 온전히 이루어질 수 있는 걸까요?

셋째, 헌법재판소는 '이 사건 고시 부분이 영어교육을 금지하거나 제한하는 것은 영어과목에 대한 사교육의 지나친 과열로 인한 폐단을 막기 위한 것'이라면서, '이 사건 고시 부분이 개인의 능력이나 원하는 바대로 사립초등학교에서 영어교육을 실시할 수 없도록 한 것은 영어 관련 사교육의 지나친 과열을 막기 위한 것으로서 불가피한 조치라 할 것'이라고 판단하였어요.

그런데, 특정 과목의 교육을 금지하면 그 과목의 사교육 과열이 예방될까요? 영어교과가 초등학교, 중학교 및 고등학교의 필수교과로 편성되어 있고, 대학교 진학 시 상당한 배점을 차지하고 있는 시험과목이며 구직 및 직장 생활에서도 영어능력이 매우 중요한 현 상황에서, 초등학교 영어교육을 제한한다고 해서 과연 학부모들이 자녀의 영어교육에 신경을 덜 쓰게 될까요?

넷째, 헌법재판소는 초등교육과정이 '국민의 기초 영역에 대한 학습이 치우침 없이 고르게 이루어져 전인적 성장이 이루어질 수 있도록 하려고 한다'는 점을 강조하였고, '초등학교에서 일찍부터 영어교육에만 치중할 경우 영어 과목에 대한 지나친 몰입으로 이어져 전인적 교육이나 정체성 형성이라는 교육의 근본적 목적 자체를 몰각

I. 가족과 가정의 일상사에 관한 헌법이야기

시킬 가능성이 있다'고 언급하였어요.

그런데 영어를 집중적으로 학습한다고 해서 전인적 성장이 불가능하거나 정체성 형성이 저해될까요? 캐나다, 미국, 일본, 핀란드 등 세계 여러 나라에서 이미 외국어몰입교육이 실시되고 있는데, 그러한 교육을 받은 학생들은 전인적 교육을 받지 못하고 정체성이 흔들리는 삶을 살고 있을까요?

다섯째, 헌법재판소는 '초등학교 1, 2학년은 공교육 체계하에서 한글을 처음 접하는 시기로, 한국어 능력이 견고하지 못한 이 시기에 영어를 배우게 하면 언어 발달의 부담감이 가중되어 한국어 발달에 장애가 있을 수 있다', '초등학교 1, 2학년에게 정규 교과로 영어를 가르칠 경우 오히려 균형 잡힌 외국어 습득이 어렵고, 영어에 대한 흥미 상실이나 어휘·구문 학습의 부족과 같은 영어 교육의 문제점이 발생할 가능성이 높다는 교육전문가의 의견을 반영하여 해당 부처가 결정한 것이고, 그러한 판단이 명백히 잘못되었다고 할 수 없다'고 판단하였어요. 그런데 그러한 교육전문가의 의견이 신중하고 정치(精緻)하게 검토된 결과물이라고 확신해도 좋을까요?

과거에는 '이중언어 사용자는 단일언어 사용자에 비하여 열등하다'는 견해가 일반적이었는데, 이는 '인간의 뇌의 용량은 한정되어 있어서 이중언어 사용자는 단일언어 사용자에 비하여 그 뇌를 반씩밖에 사용하지 못하기 때문에 열등하다'는 것을 전제로 한 견해였어요. 그리고 이러한 전제는 균형이론(Balance Theory, 저울처럼 한 언어가 발달하게 되면 다른 언어의 발달은 그만큼 약해진다는 이론) 또는 풍선이론

(Balloon Theory, 머릿속에 두 개의 언어 풍선이 들어있으므로 하나의 언어 풍선이 늘어나게 되면 다른 언어 풍선은 자연스럽게 축소된다는 이론)으로 뒷받침되었던 적이 있어요. 초등학교 영어교육을 제한하는 것도 이처럼 오래전의 과거 이론을 토대로 하여 '한국어를 충분히 습득하지 않은 어린 나이에 영어교육을 받으면 그만큼 한국어 능력이 떨어진다'고 인식하고 있기 때문인 듯해요. 그러나 균형이론이나 풍선이론이 전제하는 '머릿속의 공간은 제한되어 있다'는 것이 과연 타당한 주장인지에 대한 의문이 제기되기 시작하였어요. 오히려 '우리의 두뇌는 두 개 혹은 그 이상의 언어 능력을 위해서도 충분한 공간을 가지고 있으므로 한 언어의 희생의 대가로 다른 언어가 발달한다고 볼 수 없다'는 연구결과가 상당수 나오기도 하였지요.6 따라서 '초등학교 1, 2학년에게 정규 교과로 영어를 가르칠 경우 균형 잡힌 외국어 습득이 어렵고, 영어에 대한 흥미 상실이나 어휘·구문 학습의 부족과 같은 영어 교육의 문제점이 발생할 가능성이 높다'는 의견이 과연 타당한지는 다시 생각해 볼 필요가 있을 것 같아요.

여섯째, 헌법재판소는 '사립학교에게 그 특수성 및 자주성이 인정되고 그에 따른 교육을 선택할 권리가 학생과 학부모에게 인정된다 하더라도, 자율적인 교육과정의 편성은 국가 수준의 교육과정과 시·도 교육청의 교육과정 편성 및 운영지침의 범위 내에서 허용될 수 있는 것이다'라고 언급했어요.

---

6 출처: 박준언 외 2명, "경제자유구역 및 제주특별자치도 초등영어몰입교육 시범실시 방안", 교육인적자원부(2006), 16~17쪽.

I. 가족과 가정의 일상사에 관한 헌법이야기

그런데 사립학교는 국가가 아닌 사인(私人)이 자신의 건학이념과 교육관을 실현하기 위하여 자기 자금을 들여 설립해 운영하는 학교로서, 현실적으로 부족한 국·공립학교에서의 '공교육의 여백'을 메꾸어 주고 있지요. 이러한 상황에서 국가가 편성한 교육과정 및 운영지침을 사립학교에게 엄격하게 적용하여 자율성을 너무 제한한다면, '공교육의 여백'을 메우겠다고 나서는 사립학교 설립자가 줄어들지 않을까라는 점이 걱정된다는 이야기를 마지막으로 하고 싶어요.

II

학교와 집 그리고 안락한 삶에 관한
헌법이야기

내가 세운 학교인데,
국가가 마음대로 운영자를 바꾸어도 되나요?

(헌법재판소 2013. 11. 28. 선고 2011헌바136 결정)

김동원 변호사

A는 학창시절 내내 '내가 좋아하는 것들을 재미있는 방법으로 가르쳐 주는 학교는 없을까?'라는 의문을 품었으나 그 해답을 찾지 못해 고민만 거듭하다가 결국에는 '나중에 어른이 되면 학생들이 재미있게 수업을 들을 수 있는 학교를 만들어야지'라고 마음먹었어요.

마침내 A는 어른이 된 후 열심히 일한 끝에 수십 년 동안 모은 돈을 투자하여 학교를 세우고, 이 학교를 운영할 법인도 설립하였어요. 그리고 A는 평소에 자신과 친하게 지내던 B1~B9 총 9명의 친구를 법인의 이사로 임명하면서 "내가 이 학교를 세운 이유는, 학생들이 자기가 좋아하는 과목을 골라서 재미있게 수업을 들을 수 있도록 하기 위해서란다. 그러니 이 학교를 잘 운영하여 내 꿈이 꼭 이루어질 수 있도록 해주렴."이라고 그들에게 신신당부하였어요.

그런데 이를 어쩌죠? 막상 학교를 운영하다 보니 B1~B9는 학교 운영방안에 관하여 의견이 서로 달랐고, 그 때문에 심하게 싸우기 시작했어요. 이사회 과반수(즉 5명 이상)의 의견이 일치해야 이사회 안건을 가결할 수 있는데, B1~B9 중 5명 이상의 의견이 일치한 적이 없었기 때문에 이사회가 제 기능을 발휘하지 못하는 상황에 처하고 말았지요. 설상가상으로 B1~B9의 임기 종료 시기가 다가오고 있음에도 불구하고, 이들은 후임 이사를 누구로 정할지에 대하여도 합의에 이르지 못하였어요. 결국 이사들의 임기는 만료되고, 후임 이사 자리는 전부 공석이 되어버렸지요.

그러자 국가는 직권으로 학교 운영에 개입하기 시작하였고, 9명의 '임시이사'를 마음대로 지정하여 이사 자리에 채워 넣었어요. 그리고 몇 년이 지난 후, 국가는 임시이사들을 해임하고 C1~C9를 새로운 '정(正)이사'로 선임하였지요.

그런데 문제는, 새로 정이사로 선임된 사람 중 C1~C4는 학교 설립자인 A의 뜻을 받아들여 '학생들이 자기가 좋아하는 과목을 골라서 재미있게 수업을 듣는 것'에 주안을 둔 반면, C5~C9는 '학생들은 좋아하는 과목만 골라서 공부하면 안 되고 모든 과목을 열심히 공부해야 한다. 수업이 재미있는지 없는지는 중요하지 않고, 좋은 성적을 거두어 상위권 대학에 진학하는 것이 가장 중요하다'는 생각을 가지고 있었어요. 그러면서 9명의 이사 중 5명인 C5~C9는 이사회의 과반수를 점유하고 있기 때문에 이사회 안건들을 자신들의 뜻대로 의결할 수 있었고, 결국 A의 의사는 전혀 고려하지 않은 채 학교를 자신들의 생각대로 운영해 나갔지요.

이러한 상황을 지켜볼 수밖에 없었던 A는 대단히 서글펐어요. 어릴 때부터 '학생들이 스스로 좋아하는 과목을 골라서 재미있게 수업을 들을 수 있는 학교' 세우기를 꿈꾸어오다가 마침내 엄청나게 많은 돈을 들여 학교를 설립해 꿈을 실현해 나가려는데, 국가가 개입한 탓에 자신이 설립한 학교가 자신이 꿈꿔온 학교와 정반대 모습의 학교로 되어버렸으니까요.

이처럼 국가가 개인이 설립한 학교 운영에 개입하는 처사는 헌법에 합치하는 일일까요? 반하는 일일까요?

'학교법인 정상화' 제도의 이해

사립학교법은, 학교법인 이사직이 공석이어서 정상적인 운영이 어려울 경우 국가가 나서서 임시이사를 선임하여 정상화 절차를 밟도록 하고, 어느 정도 정상화가 이루어졌을 경우 임시이사를 해임하고 정이사를 선임하도록 규정하고 있다. 이와 관련한 법률조항들은 아래와 같다.

사립학교법(2007. 7. 27. 법률 제8545호로 개정된 것)

제24조의2【사학분쟁조정위원회의 설치 및 기능】

② 조정위원회는 다음 각 호의 사항을 심의한다.

3. 임시이사가 선임된 학교법인의 정상화 추진에 관한 사항

④ 관할청은 제3항에 따른 심의결과에 따라야 한다. (단서 생략)

제25조【임시이사의 선임】

① 관할청은 다음 각 호의 어느 하나에 해당되는 경우에는 이해관계인의 청구 또는 직권으로 조정위원회의 심의를 거쳐 임시이사를 선임하여야 한다.

내가 세운 학교인데, 국가가 마음대로 운영자를 바꾸어도 되나요?

1. 학교법인이 이사의 결원보충을 하지 아니하여 학교법인의 정상적 운영이 어렵다고 판단될 때

제25조의3【임시이사가 선임된 학교법인의 정상화】

① 관할청은 제20조에도 불구하고 제25조에 따라 선임된 임시이사의 선임사유가 해소되었다고 인정한 때에는 조정위원회의 심의를 거쳐 지체없이 임시이사를 해임하고 이사를 선임하여야 한다.

이러한 법률 규정에 따라 임시이사 선임 및 학교법인 정상화 절차는 아래[1]와 같이 진행된다.

절차개요도 – 임시이사 선임

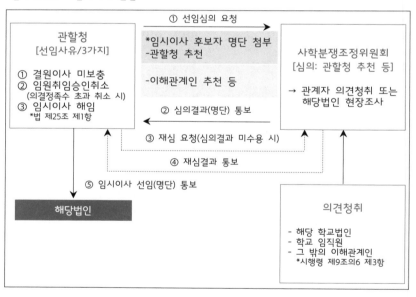

---

1 출처: 사학분쟁조정위원회 홈페이지(http://psdr.moe.go.kr)

Ⅱ. 학교와 집 그리고 안락한 삶에 관한 헌법이야기

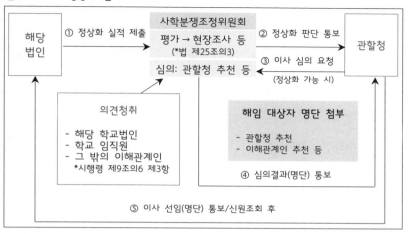

그런데 사립학교법의 이러한 법률규정에는 아래와 같은 문제점
이 있다. 첫째, 어떠한 경우가 법률에서 정한 '학교법인이 이사의 결
원보충을 하지 아니하여 학교법인의 정상적 운영이 어렵다고 판단될
때'나 '임시이사의 선임사유가 해소되었다고 인정한 때'에 해당하는
지에 관하여 구체적인 기준을 마련해 두지 않은 채 단순히 사학분쟁
조정위원회의 심의에 따르도록 규정하고 있다. 둘째, 이로써 학교설
립자 등이 추구한 건학이념이 몰각될 가능성을 열어두었다. 셋째, 그
결과 학교설립자가 출연한 재산이 한 순간에 '학교설립자가 추구하
는 건학이념과 다른 교육관을 가지는 학교법인'의 재산으로 변질될
수 있는 여지를 남겨두었다.

그래서 이러한 사립학교법 조항이 (i) 명확성의 원칙에 위반되
는지, (ii) 사학의 자유를 침해하는지, (iii) 재산권을 침해하는지 여
부에 관하여 헌법재판소의 판단을 받게 된 것이다.

헌법재판소의 판단

그 결과 2013. 11. 28. 헌법재판소 재판관 9명 중 5명의 다수의
견에 따라 아래와 같은 결정이 선고되었다.

___ 다수의견(합헌)

■ 국가기관은 사립학교의 운영에 개입할 수 있다.

사립학교 운영의 자유가 헌법 제10조, 제31조 제1항, 제4항에
서 도출되는 기본권이기는 하나, 사립학교도 공교육의 일익을 담당
한다는 점에서 국·공립학교와 본질적인 차이가 있을 수 없기 때문
에 공적인 학교 제도를 보장하여야 할 책무를 진 국가가 일정한 범
위 안에서 사립학교의 운영을 감독·통제할 권한과 책임을 지는 것
또한 당연하다고 할 것이고, 그 규율의 정도는 그 시대의 사정과 각
급 학교의 형편에 따라 다를 수밖에 없는 것이므로, 교육의 본질을
침해하지 않는 한 궁극적으로는 입법자의 형성의 자유에 속하는 것
이라고 할 수 있다.

■ 학교법인 정상화 과정에 설립자, 종전이사 등의 의견을 반영할
필요는 있다.

그런데 사립학교는 공공의 이익을 위한 설립자의 재산출연에
의하여 설립되었고, 이로써 국가의 공교육 실시를 위한 재정적 투자

능력의 한계를 자발적으로 보완해 주는 역할을 수행해 오고 있다는 점에서, 정상화 단계에서 종전이사 등의 의견이 반영되도록 제도를 설정할 필요성은 있다. 다만 관건이 되는 것은 이들의 의견을 어느 정도까지 보장해 주어야 하느냐의 문제일 것이다.

- 다만 학교법인 정상화에 관한 설립자, 종전이사 등의 의견이 구속력을 갖지는 않는다.

기본적으로, 임시이사의 선임사유가 해소되면 정식이사 선임을 위한 정상화 절차를 밟게 되는데, 여기서 정상화란 학교법인이 직면하였던 운영상의 위기상황이 수습되어 위기관리자로서의 소임을 다한 임시이사 체제가 통상적인 학교법인 이사회 체제로 전환되는 것을 말하며, 이는 학교법인의 지배구조나 이사회의 구성이 학교법인 설립 당시나 임시이사 선임 전의 상태로 회귀하는 것을 의미하는 것은 아니다. 종전이사 등의 경영권 내지 재산권을 회복시켜주거나 이들의 지분을 보장해 주어야 한다는 주장은, 학교 내지 학교경영권을 재산권의 대상으로 보는 사고의 산물이라 하지 않을 수 없다.

설립자로부터 최초의 이사 그리고 후임 이사로 이어지는 인적 연속성에 학교법인의 이사 제도의 본질이 있다고 보는 견해는 이렇게 순차 선임된 이사들이 학교법인의 설립 목적을 가장 잘 실현할 수 있다는 점을 전제로 한 것이나, 그 인적 연속선상에 있던 종전이사 등이 회계부정이나 비리 등 이사취임승인 취소사유에 해당하는 행위를 하고 그로 인하여 학교법인의 정상적인 운영에 장애를 야기하였다면 이는 학교법인의 설립 목적을 위반하는 행위를 한 것이므로 이미 그와 같은 전제요건이 상실되었음을 의미한다.

■ 학교법인 정상화가 설립자, 종전이사 등의 의견에 따르지 않더라도 사립학교의 정체성은 그대로 유지될 수 있다.

정상화 단계에서 반드시 종전이사 등이 이사회로 복귀하거나 이들에게 정식이사 선임의 주도권을 부여하지 않더라도 정관에 명시된 학교법인의 설립 목적이 유지되고 제대로 실현될 수 있다면 학교법인의 정체성은 의연히 유지·계승되는 것이다. 설립 목적의 영속성은 말 그대로 정관에 명시되어 있는 설립자의 의사인 학교법인의 설립 목적 그 자체가 유지·계승됨으로써 이루어지는 것이지 설립자나 종전이사 등의 종전 지위를 회복시켜 주어야만 달성될 수 있는 것은 아니기 때문이다. 조정위원회나 관할청은 정식이사를 선임함에 있어서 마땅히 정관의 규정을 준수하여야 할 것이므로, 정관에 나타나 있는 설립자의 설립 목적을 구현하는 데 합당한 인사를 선임하여야 하고, 정관에서 이사의 자격을 규정하고 있을 경우 당연히 여기에도 기속된다.

이 사건 법률조항들은 조정위원회가 주도하는 정상화 과정에 종전이사 등이 관여하는 것을 적극적으로 배제하는 조항이 아니다. 사립학교법 시행령과 조정위원회 운영규정이 종전이사 등 학교법인의 이해관계인으로부터 의견을 청취할 수 있도록 하는 근거규정을 두고 있으므로, 조정위원회는 이들로부터의 의견청취 등 정상화 심의과정에서 종전이사 중에 학교비리 등 임시이사 선임사유에 연루되지 않고 설립 목적 구현에 노력한 인사들이 있을 경우 이들의 참여를 배제할 이유가 없을 뿐만 아니라, 정식이사 선임에 관한 이들의 의견을 적극 수용하거나 나아가 이들을 정식이사로 선임할 수도 있을 것이고, 이렇게 하는 것이 조정위원회 본연의 임무라 할 것이다.

다만, 헌법재판소 재판관 9명 중 4명은 아래와 같이 반대의견을 피력하였다.

___ 소수의견(위헌)

- 학교법인 정상화는 '학교법인의 정체성을 유지할 것'이라는 한계를 지닌다.

사립학교법상 임시이사 제도는, 위기상태에 빠진 학교법인에 임시이사를 파견하여 학교법인을 조속히 정상화함으로써 그 설립 목적을 달성할 수 있도록 하려는 데 그 제도적 취지가 있는 것이지 위기사태를 가져온 구 이사들에 대한 제재의 일환으로 그들로부터 학교법인 경영권을 박탈하거나 학교법인의 지배구조를 변경하는 것을 허용하는 제도가 아니다. 따라서 이 단계에서는 앞서 본 학교법인 이사제도의 본질 즉, 학교법인 설립 목적의 영속성이 인적으로 보장될 수 있도록 하기 위한 최소한의 장치가 마련되어야 하고, 그럼으로써 임시이사 선임에 의하여 강제적으로 정지되어 있던 학교법인의 정체

내가 세운 학교인데, 국가가 마음대로 운영자를 바꾸어도 되나요?

성과 사학의 자유가 회복될 수 있는 것이다. 그렇지 않고, 학교법인의 정체성을 고려하지 아니한 채 정식이사 선임이 이루어진다면 이로써 학교법인의 정체성이 단절되고, 학교법인이나 종전이사 등의 사학의 자유가 영구적으로 박탈되는 결과를 초래한다.

- ■ '학교법인의 정체성을 유지할 것'을 보호하기 위한 법률조항이 마련되어 있어야 한다.

이 사건 법률조항들은 임시이사 체제에서 정식이사 체제로 전환되는 단계에서 모든 정식이사의 선임권한을 사실상 조정위원회에 부여하고 있을 뿐만 아니라, 사립학교법이 2007. 7. 27. 개정되기 전에 두고 있던 제25조의3 제2항과 같은 조항 즉, 상당한 재산을 출연하거나 학교발전에 기여한 자 등의 의견을 들어 이사를 선임하도록 한 규정조차 삭제함으로써 정식이사 선임에 있어 종전이사 등의 의사가 반영될 여지를 적어도 법률의 차원에서는 전혀 보장하지 않고 있다.

비록 사립학교법 시행령과 조정위원회 운영규정에서 이들의 의견을 들을 수 있도록 하는 조항을 두고는 있으나, 위 시행령 조항이나 조정위원회 규정은 그 내용이 임의규정으로 되어 있을 뿐이다. 이러한 점은 임시이사가 선임되었다가 정상화되는 단계에서 정식이사 전원이 학교법인의 인적 연속성이나 설립 목적의 영속성을 담보할 수 없는 인사들로 채워질 수도 있다는 점에서 사학의 자유에 대한 제한의 심각성이 크다고 할 것이다.

■ 사립학교 설립자, 종전이사 등의 신뢰를 보호할 필요가 있다.

국가가 사립학교의 설립을 권장하고 이에 부응한 설립자가 사유재산을 출연하여 학교법인을 설립한 것이라면, 그 과정에서 국가는 자발적으로 공교육의 책임을 떠맡은 사학의 설립자에게 사학의 자유를 보장하고 학교법인의 설립 목적에 따른 독립적인 경영을 보장한다는 신뢰를 부여한 것으로 보아야 할 것이므로, 설립자나 그에 의하여 순차적으로 선임된 학교법인의 이사들이 가지는 이러한 신뢰를 보호할 의무가 있다. 임시이사 체제를 거쳐 학교법인이 정상화되는 경우, 학교법인 설립 목적의 영속성이 인적으로 보장될 수 있도록 제도를 설정하는 것이 위와 같은 신뢰를 보호하는 최소한의 장치라 할 것이다.

■ 정관만으로 학교법인의 정체성이 유지될 수 있는 것은 아니다.

정관변경 절차를 통해 정관에 기재된 설립자의 설립 목적, 출연자의 출연의사 등 위임관계의 본지가 변경될 가능성이 없다고 볼 수 있는지 의문이다. 정관변경에 의해 설립 목적 등 위임의 본지가 변경될 가능성을 배제할 수 없다면, 설립 목적이 정관에 화체(化體)되어 있다 하더라도 그 자체로 완전한 보장책이 되지 못하는 한계는 여전히 남는다.

내가 세운 학교인데, 국가가 마음대로 운영자를 바꾸어도 되나요?

에필로그

　　학교법인 정상화는 '사학비리' 사건과 자주 연결되는 편이에요. 대부분의 학교 설립자는 건전한 건학이념을 구현하기 위하여 교육계에 종사하고 있지만, 소수의 일부 설립자는 학교 운영을 부(富)의 축적을 위한 수단으로 삼았고, 자신의 친족이나 지인을 이사 또는 학교 임직원으로 임명하여 각종 비리를 저지르도록 방치하였어요. 이런 때에 교직원과 학생들은 국가가 나서서 감독권을 행사하여 달라고 호소하지요. 그러면서 '사학분쟁조정위원회는 새로운 정이사를 선임할 때 설립자나 종전 이사의 의견에 따르면 안 된다'라는 요구를 하고도 있지요.

　　그런데 앞에서 살펴본 헌법재판소의 결정대상 사건은 사학비리 관련 사안이 아니라 단지 이사들 사이의 갈등으로 인하여 이사회 내에서 의사들의 의견 수렴이 원활하게 되지 않아 어려움을 겪던 경우였어요. 그럼에도 불구하고 행정청은 이 사안에서도 학교법인 정상화 제도를 너무 적극적이고도 기계적으로 활용하였고, 결국 학교설립자의 건학이념과는 상당한 거리가 있는 사람들을 정이사로 선임하고 말았지요. 새로운 정이사들은 선임되자마자 학교법인의 명칭부터 변경함으로써 그간 유지되어 온 학교법인의 정체성이나 이미지와 단절시켰고, 그 때문에 수많은 동문을 비롯한 학교 관계인들이 매우 안타까워하였지요.

　　그러나 헌법재판소는 기본적으로 입법형성권의 재량을 폭넓게

II. 학교와 집 그리고 안락한 삶에 관한 헌법이야기

인정하는 입장에서 출발하면서, 다수의 사학비리 사건에서 '학교법인 정상화 과정에 설립자, 종전이사 등의 의견이 반영되어야 하니, 그들이 아무리 비리를 저질렀다 하더라도 학교법인 정체성 유지를 위해서는 학교 운영권을 그들에게 돌려주어야 한다'라는 결론이 나오는 것을 우려하였던 탓에, '학교법인 정상화가 학교법인의 지배구조나 이사회의 구성을 학교법인 설립 당시나 임시이사 선임 전의 상태로 회귀하는 것을 의미하는 것은 아니다'라는 데 최종 결론의 주안점을 둔 것으로 보이네요.

하지만 '학교 운영이 파탄에 이르게 된 원인이 무엇인지에 따라 학교법인 정상화 기준 및 방법이 달리 판단되어야 한다'는 융통성 있는 결론을 내려주거나 법령에 명시적인 근거 없이 사학분쟁조정위원회 내부 규정에 따라 제반 절차가 진행된다는 문제점을 정확히 지적해주었으면 더 좋았을 것이라는 아쉬움이 남네요.

다행히도 교육부는 이러한 문제점을 의식하고 2018. 9. 26. 사립학교법시행령을 일부 개정하였어요. 개정된 시행령에는, 임시이사가 선임된 학교법인을 사립학교법 제25조의3 제1항에 따라 정상화하기 위한 사학분쟁조정위원회의 심의에 있어서 의견 제출 및 청취의 절차와 방법 등이 구체적으로 규정되었어요.

일응 바람직한 개정이라고 생각하며, 이를 계기로 향후 학교법인 정상화가 학교 설립자의 기본권을 침해하지 않는 범위 내에서 제 기능을 다할 수 있도록 기대하고 있어요.

여대 법학전문대학원,
남학생 안 뽑는 것은 위헌인가?

(헌법재판소 2013. 5. 30. 선고 2009헌마514 결정)

정재웅 변호사

이화여대 법학전문대학원, 남학생도 선발하라!

　이 사건은 남학생인 청구인이 우리나라를 대표하는 여자대학교 중 하나인 이화여대의 법학전문대학원에서 남학생을 선발하지 않는 것이 법학전문대학원에 진학하려는 남성의 헌법상 기본권을 침해한 행위라고 주장한 사건이다. 이 사건에서 필자가 일하는 법무법인은 상대방인 이화여대 측을 대리하였다. 사건기록에 나타난 청구인[1]의 주장을 중심으로 한 이 사건의 배경사실은 다음과 같다.

　교육부장관은 2008년 전국 25개 대학교를 대상으로 법학전문대학원 설치를 인가하였고, 인가를 받은 대학들은 입학모집요강 등을

---

1 청구인들은 청구 당시 대학교 4학년 재학생이거나 대학 졸업자로서 모두 3명이었으나, 헌법재판소의 최종 법적 판단을 받을 수 있는 적법요건을 모두 갖춘 사람은 1명뿐이었다. 그러므로 이 글에서는 당시 적법요건을 모두 갖춘 1명의 청구인을 중심으로 서술하였다.

마련해서 2010학년도부터 법학전문대학원에 신입생을 맞이하였다. 인가된 법학전문대학원의 신입생 정원은 학교별로 최소 40명에서 최대 150명이었고 총정원은 2,000명이었는데, 이화여대 법학전문대학원의 인가된 정원은 100명이었다.

우리나라에서는 법학전문대학원 제도가 신설되기 전까지 국가가 시행하는 사법시험에 응시해 합격해야만 법조인의 자격이 주어져 판·검사와 변호사가 될 수 있었다. 사법시험 제도는 1963년부터 시행되었는데 법학전문대학원 제도의 도입으로 2017년에 최종적으로 폐지되어 역사 속으로 사라졌다. 당초 법학전문대학원 제도는 다양한 사회 경험을 가진 좀 더 많은 사람들을 법조인으로 배출해서 국민들에 대한 사법서비스 수준을 높이고 그 서비스의 수혜자도 대폭 확대하겠다는 취지로 도입되었다.

청구인은 법학전문대학원 제도가 도입될 당시 대학교 4학년에 재학 중인 남학생으로서 법학전문대학원으로 진학하고자 생각하고 있었다. 그런데 청구인은 이화여대 법학전문대학원이 남학생을 선발하지 않으면 자신과 같은 남성이 입학할 수 있는 법학전문대학원의 총정원은 이화여대 법학전문대학원 정원 100명이 제외되어 1,900명으로 줄어드는 데 비하여 여성에게는 법학전문대학원 총정원 2,000명 그대로 입학의 기회가 주어지므로, 이는 남성과 여성의 평등권을 침해하고 법학전문대학원 교육을 거쳐 법조인이 되고자 하는 청구인의 직업선택의 자유와 교육을 받을 권리를 침해한다는 데 생각이 미치게 되었다.

Ⅱ. 학교와 집 그리고 안락한 삶에 관한 헌법이야기

이에 청구인은 이화여대 법학전문대학원에 응시할 수 있는 자격을 여성으로 제한한 이화여대 법학전문대학원의 모집요강은 성차별로서 위헌이라는 이유로 이화여대 법학전문대학원 등을 상대로 헌법소원심판을 청구하였다.

이화여대에게도 대학의 자율성이라는 헌법상 기본권이 있다.

이화여대는 이 같은 청구인의 기본권 침해 주장에 대해 기본권별로 아래와 같은 논거를 들며 청구인의 기본권을 침해한 것으로 볼 수 없다고 반박하였다.

— 청구인의 직업선택의 자유가 침해되는가?

아니다. 법학전문대학원 입학이 곧 법조인의 자격취득을 의미하는 것은 아니다.

법학전문대학원 입학이 곧바로 법조인의 자격취득을 의미하는 것은 아니므로 청구인이 이화여대 법학전문대학원에 입학할 수 없다고 하여 청구인의 직업선택의 자유가 침해된다고 할 수 없다. 법조계라는 직역에 진출하기 위해서는 법학전문대학원에 입학하여 3년이라는 기간 동안 소정의 교육과정을 이수하고 졸업을 해야 하기 때문에 법학전문대학원 입학이 법조인이라는 직업을 선택, 수행하는데 있어 선결조건이 되긴 하지만 법학전문대학원 입학이 곧 법조인 자격취득을 의미하는 것은 아니다. 법학전문대학원을 졸업한 학생은 단지 변호사시험에 응시할 수 있을 뿐이지 합격이 보장되는 것은 아니다. 청구인은 이화여대 법학전문대학원에 입학할 수 없다고 하더라도 동질의 교육을 제공하는 다른 법학전문대학원에 입학하여 변호사시험에 응시할 수 있다. 즉 이화여대가 법학전문대학원의 입학자격을 여성으로 제한하고 있지만, 법조인이라는 직업을 선택하는 데 있어서는 변호사시험이라는 객관적 선발기준이 결정적인 역할을 하게 되므로 위와 같은 입학자격요건의 제한이 청구인과 같은 남성의 직업선택의 자유를 침해한다고 할 수 없다.

___ 청구인의 교육을 받을 권리가 침해되는가?

아니다. 청구인에게는 이화여대 법학전문대학원을 제외하더라도 전국의 다른 24개 법학전문대학원에 입학할 기회가 있다.

법학전문대학원은 인가신청 대학을 대상으로 교육에 필요한 충분한 인적·물적 시설을 갖추었는지 여부를 법학교육위원회의 공정한 서류심사와 실사를 통해 조사한 후 예비인가와 본인가를 거쳐 최종적으로 전국 총 25개 대학에 대하여 인가 확정되었다. 청구인은 이화여대 법학전문대학원을 제외한 나머지 24개 법학전문대학원에서도 동등한 수준의 법학교육을 충분히 제공받을 수 있다. 다양한 특성화를 내세운 각 대학의 법학전문대학원은 시설확충 및 교수충원과 함께 체계적인 교육과정을 제시하고 있고, 이화여대 법학전문대

II. 학교와 집 그리고 안락한 삶에 관한 헌법이야기

학원을 제외하더라도 나머지 다른 법학전문대학원에서 총 2,000명의 정원 중 1,900명의 신입생 선발을 예정하고 있다. 이화여대 법학전문대학원에 배정된 100명의 정원은 전체 2,000명의 총정원 중 겨우 5%에 불과한 것으로 과도하게 남학생의 입학기회가 제한된다고 할 수 없다.

청구인의 평등권이 침해되는가?

아니다. 이화여대 법학전문대학원이 여성으로 입학자격요건을 제한한 것은 남녀간의 적극적 평등실현 조치의 일환이자 대학에게 부여된 헌법상 기본권인 대학의 자율권 보호범위 내에 속한다.

이화여대 법학전문대학원이 여성으로 입학자격요건을 제한한 것은 남녀간의 적극적 평등실현 조치의 일환으로, 법조영역에서 여성법조인 양성에 적합한 법학교육을 제공함으로써 남녀간의 실질적 평등을 실현하고자 하는 것이므로, 이는 합리적 이유가 있는 차별에 해당한다. 이화여대 법학전문대학원 설립 신청이 인가됨으로써 종래 남성 중심 분야로 인식되어 온 법조영역에서 여성법조인 양성에 적합한 법학교육을 통하여 여성의 법조계 진출 및 활동에 큰 역할을 할 수 있는 토대가 마련되었다.

또한 이화여대 법학전문대학원이 여성으로 입학자격요건을 제한한 것은 학칙에 근거한 것으로 이는 대학에게 부여된 헌법상 기본권인 대학의 자율권 보호범위 내에 속한다. 이화여대는 과거 여성에 대한 차별을 극복하고 여성들에게 적절한 교육환경과 교육기회를 제공하며 사회 내 여성문제를 적극적으로 인식시키고, 여성이 사회의 지도자적 역할을 수행할 수 있도록 교육해 왔다. 이화여대의 건학이념과 교육목표에 적합한 학생선발은 당연히 대학의 자율권의 보호범위 내의 것으로 헌법상 보장되어야 하므로, 청구인의 평등권을 침해한다고 할 수 없다.

이 사건에서 쟁점이 될 만한 사항들을 헌법적 관점에서 정리하면 아래와 같다.

___ 청구인이 주장하는 기본권 전부에 대해 헌법재판소가 침해 여부를 판단하는가?

헌법소원을 청구할 때 청구인은 하나의 규제로 인해 여러 기본권을 동시에 침해받았다고 주장하는 때가 많다. 이 사건에서도 청구인은 이화여대 법학전문대학원이 남성을 뽑지 않아 평등권, 직업선택의 자유, 교육을 받을 권리를 침해한다고 주장하였다. 그러나 헌법재판소가 청구인이 침해를 받았다고 주장하는 기본권 전부에 대해 판단해야만 하는 것은 아니다. 헌법재판소는 사안과 가장 밀접한 관계가 있고 또 침해의 정도가 크다고 볼 수 있는 주된 기본권을 중심으로 해서 그 침해 여부를 판단한다.

예를 들어 경비업자로 하여금 경비업 외의 영업을 할 수 없도록 하면서 이를 위반한 경우 경비업허가 취소대상으로 규정한 경비업법의 해당 조항이 경비업에 종사하는 자의 직업의 자유, 재산권, 평등권을 침해하는지 여부가 문제된 사안에서, 헌법재판소는 사안과 가장 밀접한 관계에 있고 또 침해의 정도가 큰 주된 기본권을 직업의 자유라고 보고 직업의 자유를 중심으로 위헌 여부를 판단하였다(헌법재판소 2002. 4. 25. 선고 2001헌마614 결정). 또 헌법재판소는 경찰대학의 학사운영에 관한 규정에서 경찰대학 입학자격을 '입학 연도의 3월 1일 현재 17세 이상 21세 미만'으로 정한 부분이 경찰 간부공무원이 되고자 하는 사람의 헌법상 공무담임권, 직업선택의 자유, 행복추구권, 평등권, 학문의 자유 등을 침해하는지 여부가 문제된 사안에서, 사안과 가장 밀접한 관계가 있고 또 침해의 정도가 큰 주된 기본권을 공무담임권이라고 보고 공무담임권의 침해 여부만 판단한 채 나머지 다른 기본권 침해 여부에 대해서는 별도로 판단하지 않았다(헌법재판소 2009. 7. 30. 선고 2007헌마991 결정).

그렇다면 평등권, 직업선택의 자유, 교육을 받을 권리의 침해를 주장한 이 사건에서는 과연 헌법재판소가 어떠한 기본권을 중심으로 청구인의 기본권 침해 여부를 판단했을까?

서로 다른 둘 이상의 기본권 주체가 각자의 기본권을 주장해 충돌을 빚는 경우 헌법재판소는 어떠한 방법으로 문제를 해결하는가?

언론기관의 보도 및 언론의 자유와 개인 사생활의 비밀과 자유, 공해물질을 배출하는 기업주가 갖는 직업의 자유와 건강하고 쾌적한 환경에서 생활할 인근 주민들의 권리, 집회 및 시위에 참여할 권리와 자동차를 운전해서 도로를 통행할 수 있는 권리 등 우리 주변에서 기본권이 서로 충돌하는 경우는 어렵지 않게 찾아 볼 수 있다. 헌법재판소는 기본권이 충돌할 때 문제 해결방법으로 규범조화적 방법, 기본권서열이론 등을 동원하고 있다.

규범조화적 방법은 헌법의 통일성을 유지하기 위하여 서로 충돌하는 기본권 모두가 최대한으로 그 기능과 효력을 나타낼 수 있도록 하는 방법인데, 하나의 기본권이 다른 기본권의 본질적 내용을 침해하는지 여부, 양 기본권이 적정한 비례관계를 유지하고 있는지 여부 등에 따라 위헌 여부를 결정한다. 예를 들어 언론보도에 대한 정정보도청구권은 언론기관의 언론보도자유와 합리적 조화를 이루고 있고, 언론자유의 본질적 내용을 침해하지 않는 것으로 헌법에 위반되지 않는다고 헌법재판소는 판단한다(헌법재판소 1991. 9. 16. 선고 89헌마165 결정).

기본권서열이론은 상하의 위계질서가 있는 기본권끼리 충돌하는 경우에는 상위기본권 우선원칙에 따라 하위기본권이 제한될 수 있다는 이론이다. 예를 들어 흡연을 하지 아니할 권리 또는 흡연의 피해로부터 자유로울 권리인 혐연권은 흡연권보다 상위의 기본권이므로, 흡연권은 혐연권을 침해하지 않는 한에서 인정된다(헌법재판소 2004. 8. 26. 선고 2003헌마457 결정).

이 사건에서는 청구인의 직업선택의 자유 등 기본권과 이화여대의 대학 자율성이라는 기본권이 충돌하고 있다. 과연 헌법재판소는 어떠한 방법과 논리적 검증과정을 거쳐 기본권 충돌문제를 해결하였을까?

II. 학교와 집 그리고 안락한 삶에 관한 헌법이야기

헌법재판소 결정 요지를 살펴본다

제한되는 기본권은?

이화여대 법학전문대학원이 여학생만 뽑는 바람에 제한되는 청구인의 기본권은 직업선택의 자유이다.

이화여대 법학전문대학원이 여학생만 선발한 탓에 제한되는 청구인의 기본권이 무엇인지에 대해 헌법재판소는 다음과 같이 판단하였다.

변호사시험법에 의하면, 법학전문대학원에 입학하여 소정의 교육과정을 마친 사람만이 변호사시험에 응시할 수 있는데, 이화여대 법학전문대학원이 입학자격요건을 여성으로 제한하는 것은 남성인 청구인에 대하여 법학전문대학원에 입학가능한 총정원을 감소시켜 변호사시험에 응시할 수 있는 자격을 얻기 위한 단계로의 진입을 규제하고 있고, 그 결과 청구인이 법학전문대학원에 입학하여 종국적으로 변호사시험에 응시할 수 있는 기회를 제한하게 되므로, 그로 인하여 **변호사를 직업으로 선택하고자 하는 청구인의 직업선택의 자유가 침해되었는지 여부가 이 사건의 쟁점**이다.

청구인은 평등권과 균등하게 교육받을 권리의 침해도 주장하고 있지만, 이화여대가 법학전문대학원의 입학자격요건을 여성으로 제한한 것은 남성에 대한 차별이나 여성에 대한 적극적 평등 실현의 목적으로 이루어진 것이 아니며, 그로 인하여 청구인은 이화여대 법학전문대학원에 입학하는 것이 제한될 뿐이지 그 이외의 법학전문대학원에 입학하는 것이 제한되는 것은 아니고, 결국 그로 인한 불이익은 남성이 여성에 비하여 전체 법학전문대학원에 입학할 가능성이 줄어든다는 것이어서,

이에 대한 판단은 청구인의 직업선택의 자유가 침해되는지 여부에 대한 판단과 중복된다.

따라서 이 사건에서는 청구인의 직업선택의 자유의 침해 여부를 중심으로 판단하기로 한다.

이화여대 법학전문대학원이 남학생을 뽑지 않는 것은 위헌인가?

이화여대 법학전문대학원이 여학생만 뽑는 것은 이화여대가 갖는 대학 자율성의 본질적 부분이고, 이화여대 법학전문대학원이 남학생을 뽑지 않는 것으로 인해 청구인이 받는 불이익이 크다고 할 수 없어 이화여대 법학전문대학원이 남학생을 뽑지 않는 것은 위헌이 아니다.

여학생만 선발하는 이화여대 법학전문대학원 학생모집요강이 헌법을 위반한 것인지 여부에 대하여 헌법재판소는 다음과 같이 판단하였다.

이화여대는 헌법 제31조 제4항의 대학 자율성의 주체이다. 헌법 제31조 제4항은 "교육의 자주성·전문성·정치적 중립성 및 대학의 자율성은 법률이 정하는 바에 의하여 보장된다."라고 규정하여 교육의 자주성·대학의 자율성을 보장하고 있는데, 대학의 자율성은 헌법 제22조 제1항이 보장하고 있는 학문의 자유의 확실한 보장수단으로 꼭 필요한 것으로서 대학에게 부여된 헌법상의 기본권이다. 대학시설의 관리·운영만이 아니라 연구와 교육의 내용, 그 방법과 대상, 교과과정의 편성, 학생의 선발, 학생의 전형도 자율의 범위에 속해야 하고 따라서 입학시험제

II. 학교와 집 그리고 안락한 삶에 관한 헌법이야기

도도 자주적으로 마련될 수 있어야 한다(헌법재판소 1992. 10. 1. 선고 92헌마68 결정 등 참조).

이화여대 법학전문대학원의 입학자격을 여성으로 제한한 입학전형 계획은 학생의 선발 및 입학 전형에 대학의 자율성을 행사한 것이다.

이화여대의 정체성의 핵심은 '여성 고등교육기관'이라는 점이고, 교육 목표의 핵심은 여성지도자 양성에 있다. 따라서 이화여대가 여자대학교 로서의 정체성을 유지할 것인지 남녀공학으로 전환할 것인지는 대학 자율성의 본질적인 부분에 해당한다. 만일 이화여대 법학전문대학원의 모집요강에서 여성이라는 조건을 삭제하여 남성도 학생으로 받아들이 도록 하거나 혹은 여자대학으로서의 전통을 감안하여 남성의 입학 자 체를 금지하지 않는 대신 일정비율의 여성 할당을 주는 방법을 선택하 였다면 남성 지원자의 직업선택의 자유를 제한하는 정도가 보다 완화 될 수 있을 것이나, 이는 곧 이화여대의 정체성을 훼손시키는 것이 될 것이므로 섣불리 대안으로 삼기 어려운 방법이다.

이화여대 법학전문대학원이 아닌 다른 법학전문대학원의 경우에도 여학생의 비율이 평균적으로 40%에 육박하고 있는 점(2009학년도 및 2010년도 기준)으로 미루어 볼 때, 실제로 이화여대 법학전문대학원이 여성과 남성을 차별 없이 모집하였을 경우를 상정하더라도 청구인이 받는 직업선택의 자유의 제한 정도가 어느 정도인지는 산술적으로 명 확하게 계산하기는 어렵지만, 청구인이 주장하는 2,000분의 100에는 미치지 못할 것으로 보인다.

청구인은 이화여대 법학전문대학원 이외에 전국의 24개 다른 법학전 문대학원, 총 1,900명의 입학정원에 지원할 수 있고, 입학하여 소정의 교육을 마친 후 변호사시험을 통해 법조인이 될 수 있는 충분한 가능성 이 있으므로 이화여대 법학전문대학원이 남학생을 뽑지 않는 것으로 인해 청구인이 받는 불이익이 과도하게 크다고 보기는 어렵다.

헌법재판소 결정을 지지한다

거의 모든 나라에서 법조업무는 전통적으로 남성 중심의 영역으로 인식되어 왔다. 우리나라의 경우 여성법조인이 1950년대에는 2명뿐이었는데 그 후 1970년이 될 때까지 새로 등장한 사람은 아무도 없다가 1970년대로 들어서면서 7명이 탄생했다. 1983년 당시에도 전체 법조인 1,670명 중 여성은 12명에 불과했다. 1987년 이후에서야 비로소 매년 평균 10명 이상의 여성법조인이 배출되었지만 그래도 그 증가추세는 미미하여 법학전문대학원 도입이 처음으로 논의되던 1995년만 하여도 여성법조인 수는 전체 법조인 5,261명 중 113명이었고, 판사와 검사직 여성 비율은 각각 5.2%와 1.0%에 불과한 실정이었다. 그로부터 10여 년이 지난 2006년의 경우에도 여성법조인 수는 전체 12,211명 중 1,200명으로 그 비율은 9.8%에 불과하였다. 2000년대 들어서면서 2001년도 전체 사법시험 합격자 991명 중 여성합격자 수가 173명으로 17.5%를 차지하는 등 여성 사법시험 합격자 수가 점진적으로 늘어났지만 여전히 남성 합격 인원에는 미치지 못했다.

이처럼 과거 여성법조인은 지나치게 적었고, 법조영역은 남성 중심 분야로 인식되어 왔으나 그나마 사법시험에서 여성 합격자 수가 어느 정도 확보될 수 있었던 것은 이화여대가 여성이 기피하여 온 법학분야 학과를 설치하여 많은 여성법학도를 꾸준히 길러 온 노력이 있었기 때문이다. 이화여대 법학전문대학원이 지원자격요건을 여성으로 제한한 것은 여성의 법조계 진출 및 활동을 지원하기 위한 것임을 부인하기 어렵다.

그리고 이화여대 법학전문대학원이 여성으로 입학자격요건을 제한한 것은 학칙에 근거한 것으로 이는 대학 자율권의 보호범위 내에 있음이 분명하다. 대학의 자율권은 연구와 교육이라는 대학 본연의 임무를 달성하는 데 필요한 사항은 가능한 한 대학의 자율에 맡겨야 함을 의미하고, 이는 대학에 대한 공권력 등 외부세력의 간섭을 배제하고 대학구성원으로 하여금 대학을 자주적으로 운영하며 자유롭게 연구와 교육활동을 하여 진리탐구와 지도적 인격 도야라는 대학의 기능을 충분히 발휘할 수 있도록 하는 데 그 취지가 있다. 우리 헌법은 제22조 제1항에서 '모든 국민은 학문의 자유를 가진다'고 규정하고 제31조 제4항에서 '대학의 자율성은 법률이 정하는 바에 의하여 보장된다'고 규정하여 대학의 자율권을 철저히 보장하고 있다. 이러한 대학의 자율권은 대학이 갖는 기본권이자 헌법상 보장되는 권리이므로 입법에 의해서도 그 본질적인 내용을 침해할 수 없다.

대학의 자율권은 인사, 학사, 시설의 운영 및 관리 등에 관한 자치권을 의미하는데, 학생선발과 관리의 문제는 학사에 관한 자율권의 본질적인 부분이라고 볼 수 있다. 때문에 대학은 고유한 건학이념과 교육목표를 가지고 이를 실현하기 위해 이에 적합한 학생을 선발할 수 있다고 보아야 한다.

그런데 이 사건에서 청구인은 이화여대 법학전문대학원을 제외하더라도 전국의 24개 다른 법학전문대학원에 입학할 수 있는 기회가 있어, 이화여대 법학전문대학원이 남학생을 뽑지 않는다고 하여 그로 인해 청구인이 받는 불이익이 크다고 보기는 어렵다. 실제로 청구인들 중 일부는 이화여대 법학전문대학원이 아닌 다른 법학전문대학원에 지원하여 합격하였다.

법학전문대학원 제도 도입 이후 여성법조인의 수가 점차 늘어나는 추세이나, 법조영역 전체적으로 보면 여전히 남성 중심으로 형성되어 있다. 남성 위주로 되어 있는 법조영역에 여성의 지위와 시각을 반영할 수 있는 법조인 양성기관으로 여대 법학전문대학원 하나쯤은 꼭 필요하지 않겠는가?

Ⅱ. 학교와 집 그리고 안락한 삶에 관한 헌법이야기

구 파견법상 고용간주와 헌법상 계약의 자유

(2010헌바474 / 2011헌바64)

박찬근 변호사

대심판정 공개변론 현장스케치

헌법재판소 공개변론기일이 2013. 6. 13.로 지정되었다는 연락이 왔다. 필자를 포함한 담당변호사들은 긴장감을 갖고 보름 남짓 남은 일수를 역산하여 변론준비에 돌입했다. 각 쟁점별로 예상질문을 만들고 그에 대한 답변을 준비하기 위한 회의를 매일 열다시피 했다. 드디어 공개변론이 열린 날 대리인 자격으로 헌법재판소 대심판정에 들어서서 대리인석에 앉았다. 물론 질문들에 대한 대부분의 답변은 선배 변호사들이 담당하기로 미리 정해 두었다. 그렇지만 혹시라도 예상하지 못한 질문이 나올 때에 대비하여 담당변호사들 중 말석인 필자는 참고자료를 잔뜩 갖고 앉아 있다가 만약 예상외 질문이 나오면 답변에 필요한 자료를 즉석에서 신속히 찾아 제공하는 역할을 맡았기 때문에 공개변론 내내 긴장하지 않을 수 없었다.

헌법재판소 대심판정 대리인석은 법대를 바라보는 방향으로 왼쪽 단상 위편에 위치해 있었으므로 헌법재판관들의 표정이나 동작은 물론 방청객들의 반응까지도 잘 살펴볼 수 있었다. 이런 점에서 법

대를 정면으로 바라보는 자리에 대리인석이 마련되어 있는 대법원의
대법정과는 느낌이 달랐다.

청구인 측 대리인의 구두변론 시간이 되자 미리 준비한 대로 모
두(冒頭)변론을 담당하기로 한 선배 변호사가 '파견법'으로 약칭되는
구 파견근로자보호 등에 관한 법률 제6조 제3항(고용간주조항)의 위헌
성에 관하여 헌법 법리 위주로 조목조목 설명을 했다. 허락된 시간
은 10분이었다. 이어 이해관계인인 고용노동부와 상대방 측 대리인
이 구두변론을 했다. 노동법 분야의 교수 두 사람도 각각 참고인으
로 견해를 밝혔다.

구두변론을 마치자 헌법재판관들은 예상했던 대로 법리뿐만 아
니라 외국의 입법례 등 다양한 사항들에 대하여 양측 대리인과 참고
인들에게 많은 질문을 쏟아냈다. 청구인 측 대리인인 우리 법인의
담당변호사들은 질문과 답변이 오가는 가운데 발언 기회를 잘 찾아
서 미리 준비했던 내용을 설득력 있게 전달하려고 무척이나 애를 썼

다. 마침내 양측의 짧은 마무리 발언을 마지막으로 약 1시간 동안 진행된 공개변론 절차가 모두 종료되었다.

파견법을 바라보는 두 시각

'파견 남용을 막고 비정규직을 보호함이 파견법의 입법취지이다'
vs.
'국가가 근로계약의 체결을 강제할 수 있는가?'

헌법재판소 공개변론에서 상대방 측 대리인은 1998년 파견법 제정 당시 인력공급사업은 직업안정법에 의해 불허되었던 만큼 파견법은 기업의 인력운영수단으로 극히 예외적으로만 허용되어야 한다는 배경을 갖고 있다는 점을 강조했다. 노동계의 시각에서는 외형적으로는 도급계약 형태를 띠지만 실질적으로는 파견의 형태로 인력을 폭넓게 사용하는 기업의 행태를 방치한다면 열악한 지위에 있는 비정규직이 보호받기는커녕 오히려 그러한 변칙적 인력 활용이 장려되는 꼴로 보이기 때문이다.

반면, 경영계의 입장은 정반대이다. 자동차, 중공업, 조선 분야에서 오랜 기간에 걸쳐 기업과 협력업체 사이에 형성되어 온 관행이 있음에도 불구하고, 불법파견이라는 이유로 파견근로자를 사용하는 기업 측과 근로자 사이의 근로계약관계를 일시에 소급적으로 형성시킨다면 법적 안정성을 해치게 되어 엄청난 혼란을 초래할 뿐만 아니라 세계에서 노동유연성 정도가 상당히 낮은 편에 속한다는 평가를 받는 한국에서 정규직 근로자들만으로 기업을 경영하기는 사실상 어려우므로, 자연스럽게 해외로 공장을 이전하게 되어 결국 국내 일자리가 줄어드는 결과를 초래한다는 것이다.

구 파견법 고용간주조항

구 파견법(2007. 7. 1. 법률 제8076호로 개정되기 전의 것) 제6조 제3항은 '사용사업주가 2년을 초과하여 계속적으로 파견근로자를 사용하는 경우에는 2년의 기간이 만료된 날의 다음날부터 파견근로자를 고용한 것으로 본다'고 규정하고 있었다. 즉 구 파견법 제6조 제3항은 2년이라는 파견기간의 경과를 법률요건으로 하여 사용사업주와 파견근로자 사이의 근로계약의 체결을 의제(擬制)함으로써 근로관계가 성립된 것으로 간주(看做)하는 '고용간주조항'이었던 것이다. 그 후 이 조항은 개정되어 현행 파견법은 2년을 초과하여 파견근로자를 계속 사용하는 등 일정한 경우에는 사용사업주로 하여금 해당 파견근로자를 직접 고용하도록 하는 '고용의무조항'을 두고 있다.

구 파견법 고용간주조항에 숨어 있는 헌법적 쟁점사항들

국가가 기업의 근로계약체결을 강제할 수 있는가?

'사적자치(私的自治)의 원칙'은 자신의 일을 자신의 의사로 결정하고 행할 수 있는 자유뿐만 아니라 원하지 않는 행위는 하지 않을

II. 학교와 집 그리고 안락한 삶에 관한 헌법이야기

수 있는 자유, 즉 우리 헌법 제10조가 보장하는 행복추구권으로부터 파생되는 일반적 행동자유권에서 인정되는 원칙이다. 이 원칙의 대표적 산물인 '계약의 자유'는 '경제영역에서 개인의 자유로운 결정'을 가능하게 하고(헌법재판소 2003. 5. 15. 선고 2001헌바98 결정), 계약체결의 여부, 계약의 상대방, 계약의 방식과 내용 등을 당사자의 자유로운 의사로 결정하는 자유를 의미한다. 기업 역시 헌법 제10조의 행복추구권에서 도출되는 '계약의 자유'라는 권리를 향유하므로 기업경영에 필요한 인력을 채용하고 운용하는 과정에 있어 필수적인 근로계약의 체결 여부를 결정할 자유와 계약상대방을 선택할 자유를 가진다.

그런데 구 파견법이 고용간주조항을 두고 2년이라는 파견기간의 경과를 법률요건으로 정하여 파견근로자를 사용하는 사업주 측과 파견근로자 사이의 근로계약 체결을 일방적으로 간주한다면, '누구를 어떠한 조건하에서 고용할 것인지'에 관하여 스스로 결정할 수 있는 자유를 사용사업주로부터 박탈하여, 기업의 영업활동을 포함한 모든 경영활동에 관한 계획 수립과 시행을 자유롭게 할 수 있는 기업의 자유권을 침해하는 결과를 초래할 수 있다.

___ 기업이 갖는 계약의 자유를 덜 침해하는 방법은 정녕 없다는 말인가?

헌법 제37조 제2항에서 도출되는 과잉금지원칙이란 입법은 그 목적이 정당해야 하고 수단이 적합해야 할 뿐만 아니라 기본권 침해를 최소화하는 방법을 선택해야 하고, 관련 법익들 간 균형이 이루어져야 함을 뜻한다. 즉 입법자는 입법목적을 달성하기 위한 여러 가지 수단을 검토하여 가능한 한 기본권을 가장 적게 제한하는 방법을 선택하여 입법해야 한다는 것이다.

이에 따르면, 예를 들어 근로자의 고용안정이라는 공익 목적을 달성하기 위하여 입법을 한다 하더라도, 소정의 파견기간이 경과하면 파견근로자와 사용사업주 사이의 근로계약 체결을 일방적으로 간주하는 내용의 입법을 할 것이 아니라, 파견법을 위반한 사용사업주를 대상으로 행정청의 권고나 시정명령 등 공법적인 제재 수단을 활용하고, 이러한 공법적 제재 수단만으로 입법목적을 달성하기 어려운 경우에도 헌법상 보장된 기본권인 계약의 자유를 보다 덜 침해하는 방법을 선택해 입법해야 한다는 것이다.

실제로 사법(私法)의 영역에서 당사자의 의사와 무관하게 법률행위가 성립한 것으로 간주하여 법률효과를 창설하는 규정은 매우 드물다. 과거 헌법재판소는 구 민법 1026조의 상속 단순승인 간주조항에 대하여 사적자치 및 자기결정의 원리에 위반된다는 이유로 헌법불합치 결정을 한 바 있다.

파견법 위반에 따르는 법률효과로 고용간주제도보다 덜 침해적인 방법, 예컨대 과태료 부과 등의 공법적 제재, 근로자파견을 제한하는 휴지기간(休止期間)의 부여 또는 고용추정조항 내지 고용의무조항을 파견법에 도입하는 방안도 검토해볼 가치가 충분하다.

고용간주조항이 적용될 경우 근로계약의 구체적 내용이 확정되어
있는가?

법적 안정성은 법치국가원리를 구성하는 본질적인 요소이다. 법
치국가에서 개인이 법적 안정성을 신뢰하고 자유로이 자기결정권을
행사하기 위해서는 무엇보다도 법규범의 내용적 일의성(一意性)과 명
확성, 투명성이 요청된다. 기본권의 제한은 반드시 법률로써 하도록
규정하는 헌법 제37조 제2항의 법률유보(法律留保)원칙도 '기본권을
제한하는 법률은 명확해야 한다'는 명확성의 요청을 당연한 전제로
내포하고 있다.

구 파견법 고용간주조항은 고용이 간주된다고만 규정할 뿐 구
체적인 근로조건에 관해 아무런 규정을 두지 않은 바람에 ① 근로계
약기간의 정함이 있는지, ② 사용사업주는 근로자에게 임금은 어떤
기준으로 지급을 해야 하는지, ③ 고용간주된 것이 사후적으로 밝혀
진 경우 차액을 지급해야 하는지, 지급한다면 차액을 어떻게 계산하
는지, ④ 호봉이나 승급 등 기타의 근로조건은 어떻게 되는지, ⑤
고용간주된 후 파견사업주와 사용사업주 사이의 근로자파견계약, 근
로자와 파견사업주 사이의 근로계약은 어떻게 되는지, ⑥ 파견사업
주와의 근로계약과 사용사업주와의 근로계약은 서로 어떤 관계에 있
는지 등에 관해서는 아무런 해답도 얻을 수 없다. 이런 점에서 헌법
이 요구하는 명확성의 원칙에 위반될 소지가 있는 것이다.

고용간주조항의 소급적용은 법적 안정성을 해치는 것 아닌가?

파견법 제정 이전부터 우리나라 기업들은 생산의 효율성을 높임과 동시에 비용을 절감하기 위한 목적에서 협력업체와의 도급계약 체결을 통해 사업을 영위해 왔다. 구 파견법이 제정된 후에도 이러한 기본적 시스템 자체에는 별다른 변화가 없었다.

그러다가 대법원은 2008년 종전의 판례를 변경하면서 구 파견법상 고용간주조항의 적용을 확대하여 구 파견법이 허용하지 않은 불법파견에도 그 적용을 인정하였고, 2010년에는 제조업의 사내도급 근로자에 대해서까지 불법파견 관계를 인정해서 고용간주조항을 적용해야 한다는 판결을 하기에 이르렀다.

이처럼 구 파견법 고용간주조항이 소급적으로 적용될 경우 오랫동안 이용되던 사내도급은 하루 아침에 불법으로 평가되고, 사내도급을 활용하던 다수 기업에게는 2년의 기간 경과 이전에 도급계약을 해지할 기회도 없이 수급인 측 근로자를 직접 채용한 것으로 간주되는 상황이 초래된다. 결국 경제위기 상황에서 노동시장의 유연성을 확보하려던 구 파견법의 제정목적은 제대로 실현되지 못하고, 오히려 고용간주조항이 소급 적용됨으로써 법적 안정성을 크게 해칠 수 있다.

____ 외국의 입법례는 어떠한가?

미국과 영국에서는 '파견대상업무' 및 '파견기간'에 아무런 제한을 두고 있지 않을 뿐만 아니라, 일정한 요건하에 사용사업주와 파견근로자 사이에 근로관계를 간주하는 규정 역시 두고 있지 않다. 다만, 영국에서는 12주 이상 근속한 파견근로자에게 '평등 대우(equal treatment)'를 받을 권리를 인정함으로써 사용사업주에 의하여 직접 고용된 근로자와 비교하여 '보수의 지급, 근로시간, 야간근로시간, 휴게시간, 휴일 및 연차휴가 등'에 있어 차별적 처우를 받지 않도록 규율하고 있다.

프랑스의 경우 파견대상업무를 위반하거나 최장 2년의 파견기간을 위반하여 계속 근로하게 하면 파견근로자가 사용사업주를 상대로 무기(無期)근로계약자로의 전환을 신청할 수 있다. 그러나 파견근로자가 이를 신청한다고 하더라도 사용사업주가 전환신청 수용을 거절하고 그 대신 6개월분 이상의 임금을 파견근로자에게 지급하면 무기근로계약의 구속으로부터 벗어날 수 있도록 함으로써 종국적으로는 금전보상의 문제로 해결하고 있다.

일본에서는 2015년 개정법이 시행되어 사용사업주가 파견기간의 상한을 도과한 때에는 사용사업주가 해당 파견근로자에 대한 직접고용을 신청한 것으로 간주되지만, 예외적으로 사용사업주가 파견기간 도과사실을 알지 못하였고 그 알지 못한 데 대하여 과실이 없다고 인정될 때에는 직접고용 신청을 한 것으로 간주되지 않는다. 이와 관련하여, 오사카(大阪)지방법원은 '일본 파견법이 사용사업주에게 신청의무를 부과하고 있지만, 사용사업주가 이를 이행하지 않는 경우(행정당국이 사용사업주를 대상으로) 지도, 조언, 시정권고, 공표

등의 조치를 가한다 하더라도 직접고용계약의 신청이 실제로 없었던 이상 직접의 고용계약이 체결된 것으로 해석할 수는 없다'고 판결한 바 있다.

독일의 경우에는 파견대상업무에 대한 아무런 제한이 없을 뿐만 아니라 2002년에 종래 존재하던 24개월의 파견기간 제한 자체가 없어졌고, 독일 파견법상 24개월의 파견기간 제한이 존재하던 시기에도 독일 연방노동법원은 2000년에 '파견근로자와 사용사업주 사이에는 근로관계가 성립되지 않는다'고 판결하였다. 다만 무허가파견의 경우 사용사업주와 파견근로자 사이의 고용간주조항을 두고 있지만, 고용간주 시에 적용될 구체적인 근로조건들(근로계약기간, 근로시간 임금 등)에 대한 명시적 규정을 두고 있다.

아쉬운 결말

헌법재판소 공개변론 후 청구인은 사내하도급 문제를 노동조합과의 자율적 합의를 통하여 해결하기로 결정하였다. 그에 따라 약 6,000명의 하청업체 직원을 직접 고용하면서 헌법소원청구를 취하하여 이 사건은 헌법재판소의 최종 결정을 보지 못한 채 종결되었다. 분쟁이 당사자간 합의로 원만하게 종료된 것은 다행이지만 헌법적 쟁점이 많았던 이 헌법소원 사건에서 헌법재판소의 결정을 받아보지 못한 데 대하여는 많은 아쉬움이 남는다.

II. 학교와 집 그리고 안락한 삶에 관한 헌법이야기

낡은 집을 헐고 내 땅에 내 돈으로
새 아파트를 지었을 뿐인데…
(2014헌바381)

이유진 변호사

말 많은 「재건축초과이익 환수에 관한 법률」

'재건축초과이익환수법'으로 약칭되는 「재건축초과이익 환수에 관한 법률」은 2006. 5. 24. 법률 제7959호로 제정되어 2006. 9. 25. 부터 시행되고 있는 법률이다. 이 법률은 「도시 및 주거환경정비법」 에 따라 헌 집을 헐고 새 집을 짓는 주택재건축사업을 하게 되면 새 집 가격이 올라 이익이 발생할 수밖에 없다는 전제하에 국가가 그 발생한 이익 중 일부를 환수하겠다는 법률이다.

2000년대에 들어서 대도시를 중심으로 아파트 가격 급등세가 지속되어 많은 사회 문제가 야기되고 서민 주거안정과 부동산투기 억제책을 요구하는 여론이 비등하였다. 그러자 정부는 2006년도에 이른바 '3·30 부동산대책'이라는 서민 주거복지 증진과 주택시장 합리화 방안을 마련해 발표하기에 이르렀다. 재건축초과이익환수법은 바로 이러한 정부 방안을 구체적으로 실천하기 위한 후속조치의 일환으로 개발이익의 사유화 방지, 주택가격 안정화 등을 목표로 하여 제정된 법률이다.

  그러나 재건축초과이익환수법은 시행 이래 현재까지도 찬반 논란에서 벗어나지 못하고 있다. 지은 지 오래된 집에 사는 사람들끼리 모여서 재건축조합을 설립해 낡은 집을 허물고 새 집을 지어 계속 거주하고 있을 뿐인데, 정부가 재건축부담금이라는 명칭의 세금 아닌 세금을 부과하여 거두어가는 것은 상식에 반한다는 반대론이 등장할 소지가 법률 자체에 내재하기 때문이다. 그러므로 재건축초과이익환수법은 제정 이후 몇 차례 개정을 통하여 재건축부담금 부과를 미룬 끝에 오늘에 이르렀을 뿐만 아니라 입법부 안에서조차 '그 입법목적과는 달리 재산권을 과도하게 규제하여 헌법적 이념에 반하는 법률'이라는 비판론과 함께 제도 자체의 폐지 논의가 있을 정도로 말 많은 법률이 되었다.

  제18대 국회에서 일부 의원들이 2010. 12. 7. 발의한 '재건축초과이익 환수에 관한 법률 폐지법률안(의안번호 10164)'의 아래와 같은 제안이유와 이에 대한 국회 국토해양위원회의 검토보고서 등을 보면, 재건축초과이익환수법에 대한 개폐 논의는 주택시장 상황을 비롯한 경제정책적 측면과 헌법적 측면이라는 두 방향에서 이루어져 왔음을 알 수 있다.

【제안이유】

  재건축초과이익의 환수에 관하여 규정하고 있는 현행법은 2006년 발표된 '서민주거복지 증진과 주택시장 합리화 방안(3. 30. 대책)'의 일환으로 그 당시 재건축을 중심으로 주택가격이 급등하자 재건축시장을 안정화시켜 집값 상승에 따른 불안을 해소하여 부동산 투기를 억제하고자 제정한 것이나, 2007년 이후 부동산시장이 침체되고 특히 2010년 현재 공동주택의 급격한 가격하락과 미분양 증가, 재건축사업 조합원의 분양 포기 등의 문제가 발생하고 있어 이를 해결하기 위한 근본적인 대책이 필요함

이에 재건축부담금을 부과하고 있는 현행법을 폐지함으로써 주택재개발사업 등 다른 정비사업과의 조세부담의 형평성 및 주택재건축 사업의 활성화를 도모하려는 것임

당시 국회 국토해양위원회 전문위원의 검토보고서도 '① 제정 당시와는 달리 공동주택가격 하락추이, 부동산 경기의 부양정책 필요, ② 각종 규제 및 사업성 하락으로 사업추진이 부진한 점, ③ 재건축부담금에 대한 위헌 논란이 있는 점 등을 감안할 때 폐기법률안의 타당성은 인정된다'고 보았다. 그러면서 '다만, 부동산 가격이 안정된 시기에는 부담금이 면제되거나 줄어들 수 있어 큰 부담으로 작용하지 않는 측면이 있고, 경기가 침체되었다고 제도를 폐지하기보다는 경기 회복에 따른 투기수요에 대응할 수 있도록 제도를 유지하는 것이 바람직하다는 의견이 있는 만큼 종합적인 논의가 필요하다'는 견해를 덧붙임으로써 개폐 논의에 있어 경제정책적 고려의 중요성을 강조하였다. 이 폐지법률안은 18대 국회 임기만료로 인해 자동 폐기되었다.

그 후 주택시장 경기부진과 재건축사업의 사업성 악화 등으로 재건축경기 부양이 사회적으로 요청되자, 정부는 2012. 12. 18. 법

낡은 집을 헐고 내 땅에 내 돈으로 새 아파트를 지었을 뿐인데…

률 제11589호로 재건축초과이익환수법을 개정하여 2014. 12. 31.까지 재건축부담금을 면제하는 임시특례 규정(제3조의2)을 두고, 그때까지 관리처분계획인가를 신청한 재건축사업에 대하여는 재건축부담금을 면제해 주기로 하였다.

그러나 재건축초과이익환수법에 대한 논란은 수그러들지 않았다. 제19대 국회에서도 일부 국회의원은 2014. 3. 20. '현재 2014. 12. 31.까지 재건축부담금 부과를 유예하고 있으나, 2008년 이후 주택가격이 안정세를 보이고 있고, 주택보급률 및 인구·가구 구조의 변화를 감안할 때 주택 가격 급등의 가능성은 낮은 반면, 특히 재건축부담금은 부동산 양도를 통하여 실현된 이득이 아니라 준공시점과 사업개시시점의 가격 차이를 대상으로 부과하고 있어 미실현이익에 대한 부담금 부과라는 문제가 있고, 현재까지 부과실적이 4건에 불과할 뿐만 아니라 주택재개발사업 등 다른 정비사업과의 형평성 논란도 제기되고 있으므로, 현행법을 폐기함으로써 부동산 시장 과열기에 도입한 과도한 규제를 정상화함과 동시에 주택재개발사업 등 다른 정비사업과의 조세부담의 형평성을 도모하고자 한다'는 이유를 들며 재건축초과이익환수법 폐지법률안을 또다시 발의하였다. 한편 일부 국회의원은 2014. 12. 1. '주택시장을 안정시키고 재건축사업을 활성화하기 위하여 2019년 12월 31일까지 관리처분계획의 인가를 신청한 재건축사업에 대해서 재건축부담금을 면제한다'는 내용을 골자로 하는 재건축초과이익환수법 개정안을 발의하였다.

국회 국토교통위원회에서는 이러한 개폐 법률안들을 놓고 절충

II. 학교와 집 그리고 안락한 삶에 관한 헌법이야기

한 끝에 2014. 12. 29. '주택시장을 안정시키고 재건축사업을 활성화하기 위하여 현행법에서 한시적으로 2014년 12월 31일까지 관리처분계획인가를 신청한 재건축사업에 대해서 재건축부담금을 면제하던 것을 2017년 12월 31일까지 3년간 연장한다'는 취지의 위원장 대안을 재건축초과이익환수법 개정안으로 확정하였고, 이 개정안은 2014. 12. 31. 법률 제12958호로 가결되었다. 이에 따라 재건축부담금 부과는 2017년 12월 31일까지 재차 유예되었다. 그러나 유예기간이 종료한 다음 날인 2018년 1월 1일 이후부터 관리처분계획 인가를 신청한 재건축사업에 대하여는 재건축부담금이 부과되어야 하므로, 재건축부담금을 둘러싼 논란은 지금도 계속되고 있다.

　이처럼 재건축초과이익환수법이 제정된 지 12년이 지난 지금까지도 논란을 거듭하고 있는 이유는 법률 제정배경과 그 시행과정 자체에서 법적 안정성이 제대로 확보되지 못하였기 때문이라고 생각한다. 재건축부담금 제도가 시행된 지 몇 년 지나지 않아 법률개정으로 부담금 부과가 상당기간 유예되었다가 그 기간이 연장되는 등 그때그때의 시장 논리와 정부 성향, 여론에 의하여 제도 시행 여부가 좌우되면서 일반적·보편적으로 적용되어야 할 법률의 근간이 지속적으로 흔들릴 수밖에 없었던 것이다.

기쁨 속에 스며든 시름

　오래된 집에 살면서 새 집으로 이사하기를 꿈꾸어오던 어떤 마

낡은 집을 헐고 내 땅에 내 돈으로 새 아파트를 지었을 뿐인데…

을의 주민들이 있었다. 그러나 주택 가격 등 여러 가지 여건상 새 집을 장만하여 이사하기는 만만한 일이 아니었다. 그래서 주민들은 고심 끝에 조합을 설립하여 직접 재건축에 나서서 새 아파트를 짓기로 뜻을 모으고, 2006. 4. 24. A 시장으로부터 조합설립을 위한 재건축 추진위원회 구성 승인을 받았다. 이어서 2006. 12. 8. 조합설립인가를 받아 조합원 31명으로 이루어진 주택재건축정비사업조합을 설립하여 본격적으로 재건축사업에 돌입하였다. 그리고 고생 끝에 총 42세대의 7층 아파트를 신축하고 2011. 11. 28. 준공인가를 받는 기쁨을 맛보게 되었다.

그러나 그 기쁨은 얼마 뒤 시름으로 바뀌었다. A 시장이 2012. 9. 25. 재건축사업에 성공한 조합에 대하여 무려 17억 1,872만 7,300원의 재건축부담금 부과처분을 하였기 때문이다. 이에 조합은 필자가 일하는 법무법인의 문을 두드려 하소연하였다.

필자의 법무법인은 조합을 대리하여 이 사건 처분의 취소를 구하는 행정소송을 제기하고(서울행정법원 2012구합42281호), 재건축초과이익환수법에 대한 위헌법률심판제청 신청도 하였다. 그러나 법원은 조합의 위헌법률심판제청 신청을 기각하였다. 재건축초과이익환수법은 목적의 정당성, 수단의 적합성, 피해의 최소성, 비례의 원칙 관점에서 위헌이라고 볼 수 없고, 주택재개발사업과 주택재건축사업은

차이가 있으며, 재건축초과이익환수법 제7조의 '분양시점 분양가격'
은 '실제 분양가격'으로 해석되어야 하므로 명확성의 원칙을 위반하
였다고 볼 수 없다는 등의 이유에서였다.

헌법재판소로 간 사건

법원이 조합의 위헌법률심판제청 신청을 기각함에 따라 조합을
대리한 필자의 법무법인은 헌법재판소에 헌법소원심판을 청구하였
다. 조합은 재건축부담금 부과처분이라는 행정청의 행정행위를 취소
해 달라고 행정소송을 제기하면서 그 부과처분 근거인 재건축초과이
익환수법 제3조 등의 위헌 여부에 대하여 헌법재판소의 판단을 구하
고자 법원에 위헌법률심판제청 신청을 하였던 것인데 법원이 이를
기각하였기 때문이었다.

재건축초과이익환수법이 위헌이라고 인정되면 재건축부담금 부
과처분은 취소될 수밖에 없으므로 이 사건은 헌법재판의 전제성을
충족하고 있었다. 그렇기 때문에 필자의 법무법인은 조합을 대리하여
헌법재판소법 제68조 제2항에 따라 헌법소원심판을 청구한 것이다.

이 사건 헌법소원심판 청구 이전에 재건축초과이익환수법과 관
련한 헌법소송이 전혀 없었던 것은 아니다. 다른 재건축조합이나 재
건축조합추진위원회, 조합장 및 추진위원회 위원들이 재건축초과이
익환수법 시행 이후인 2006. 6. 30. 헌법재판소법 제68조 제1항에
따라 재건축초과이익환수법에 대한 헌법소원심판을 청구한 바 있었

낡은 집을 헐고 내 땅에 내 돈으로 새 아파트를 지었을 뿐인데…

다. 그러나 아래에서 설명하는 바와 같이, 위 사건에서는 재건축초과이익환수법의 위헌 여부에 대한 헌법재판소의 본격적인 판단은 이루어지지 않았다.

헌법소원은 헌법재판소법 제68조 제1항에 따른 헌법소원(권리구제형 헌법소원)과 헌법재판소법 제68조 제2항에 따른 헌법소원(위헌법률심사형 헌법소원)으로 구분할 수 있다.

전자의 헌법소원심판은 공권력의 행사 또는 불행사로 인하여 헌법상 보장된 기본권을 침해받은 때에 청구할 수 있다. 그런데 법령조항 자체가 위헌이라는 판단을 구하고자 헌법소원심판을 청구하려면, 그 법령의 구체적인 집행행위 없이 그 법령조항 자체만으로도 국민의 자유권적 기본권 제한, 부당한 의무 부과 기타 권리 또는 법적 지위의 박탈이 야기된다고 볼 수 있어야만 한다. 이를 '직접성의 요건'이라고 부르는데, 여기서 말하는 '구체적 집행행위'에는 입법도 포함된다. 그러나 예컨대 어떤 법률조항이 구체적 효력을 발하기 위하여 시행령이나 시행규칙 등 하위 규범의 제정·시행을 예정하고 있다면 해당 법률조항과 그 하위 규범을 종합해 판단하여야만 법률조항 자체의 기본권 침해 여부 등 위헌 여부를 판단할 수 있으므로, 아직 그러한 하위규범이 마련되어 있지 않은 상태에서는 당해 법률조항의 존재 그 자체만으로 기본권 침해의 직접성은 부인된다(헌법재판소 1992. 11. 12. 선고 91헌마192 결정, 2003. 9. 25. 선고 2001헌마93 결정 등).

후자의 헌법소원심판은 헌법재판소법 제41조 제1항의 규정에 따른 '법률의 위헌 여부 심판의 제청 신청이 기각된 때' 그 신청을

Ⅱ. 학교와 집 그리고 안락한 삶에 관한 헌법이야기

한 당사자가 헌법재판소에 청구하는 것으로서 당사자의 위헌법률심판제청 신청, 그에 대한 법원의 기각결정이나 각하결정, 재판의 전제성이라는 요건을 충족해야 한다.

그런데 2006. 6. 30. 제기되었던 헌법소원심판 청구사건은 헌법재판소법 제68조 제1항에 따른 청구사건이었다. 따라서 원칙적으로 재건축초과이익환수법 시행 자체가 곧바로 당사자의 권리·의무에 직접적인 영향을 미친다고 볼 수 있어야만 청구의 타당성을 인정받을 수 있었다.

헌법재판소는 위 사건에서 아래와 같이 결정하였다.

이 사건 법률 제3조는 재건축부담금 부과·징수의 근거조항이고, 제7조는 재건축부담금의 부과기준이 되는 금액을, 제8조는 재건축부담금의 부과개시시점 및 부과종료시점을, 제9조는 제7조의 재건축부담금의 부과기준을 정하는 요소인 개시시점 주택가액과 종료시점 주택가액을 산정하는 방법을, 제10조는 제7조의 재건축부담금의 부과기준을 정하는 요소인 정상주택가격상승분 및 평균주택가격상승률을 산정하는 방법을, 제11조 역시 제7조의 재건축부담금의 부과기준을 정하는 요소인 개발비용 등을 산정하는 방법을, 제12조는 재건축부담금의 부과율 등 최종산정방법을, 제13조는 재건축부담금 산정 시 양도소득세를 제11조의 개발비용으로 계상할 수 있다는 내용을 각 규정하고 있는바, 이들 제7조 내지 제13조는 재건축부담금의 부과기준 및 산정방법에 관한 조항들이다.

또한 이 사건 법률 부칙 제2조 제2항은 재건축부담금을 산정하는 기간에 관한 경과규정으로 위 각 조항들에 의한 청구인들의 기본권 침해는 이들 조항 자체에 의하여 바로 발생하는 것이 아니라, 이 조항들을

낡은 집을 헐고 내 땅에 내 돈으로 새 아파트를 지었을 뿐인데…

적용하여 이루어지는 별도의 구체적인 집행행위인 재건축부담금 부과처분을 통하여 비로소 발생되는 것이다.

따라서 위 법률조항들은 모두 기본권침해의 직접성이 없으므로 위 법률조항들을 직접 대상으로 삼은 이 부분 심판청구는 법령에 대한 헌법소원의 요건을 갖추지 못하여 부적법하다(헌법재판소 2008. 3. 27. 선고 2006헌마770 결정).

요컨대 재건축초과이익환수법 자체에 의해 당사자의 기본권이 직접 침해되는 것이 아니라 행정청의 재건축부담금 부과처분이라는 별도의 집행행위를 통해 비로소 당사자에게 직접적 의무가 부과되기 때문에 그러한 부과처분이 있어야 기본권 침해 여부를 판단할 수 있는데, 2006. 6. 30. 제기된 헌법소원심판 청구사건은 그러한 기본권 침해의 직접성이라는 헌법소원의 요건을 충족하지 못하였다는 것이다. 따라서 위 헌법소원심판 청구사건에서는 재건축초과이익환수법의 위헌 여부에 대하여 실체적인 판단은 전혀 이루어지지 않았던 것이다.

이 사건 헌법소원심판 청구 논거

필자의 법무법인이 이 사건 헌법소원심판 청구에서 재건축초과이익환수법 제3조, 제5조, 제7조, 제9조가 위헌이라고 주장하며 내세운 논거를 정리해보면 아래와 같다.

Ⅱ. 학교와 집 그리고 안락한 삶에 관한 헌법이야기

재건축초과이익환수법 제3조는 '국토해양부장관은 재건축사업에서 발생되는 재건축초과이익을 재건축부담금으로 징수하여야 한다'고 규정하고, 같은 법 제5조는 '재건축부담금의 부과대상 행위는 도시 및 주거환경정비법 제2조 제2호 다목에 의한 주택재건축사업으로 한다'고 규정한다. 그러나 이는 재건축조합원들의 재산권과 평등권 등 헌법상 기본권을 침해한 규정이다.

■ 재산권 침해

재건축초과이익환수법은 주택재건축사업에서 과도한 개발이익이 발생하고 있음에도 불구하고 이를 사회적으로 환수하는 장치가 미비하여 그 개발이익을 누리고자 하는 투기적 수요가 증가하고 있음에 따라 재건축사업으로 발생하는 개발이익을 사회적으로 환수하고자 하는 목적에서 제정되었다. 이러한 재건축부담금 제도는 도입 당시 우리나라의 부동산 관련 경제상황, 국가정책, 국민의식이 반영된 것으로서 주택가격 폭등 우려에 직면하여 사회질서를 유지하기 위한 하나의 수단으로 기능하였다. 그러나 이러한 재건축부담금 부과제도 도입 당시의 부동산 시장상황과 비교하여 볼 때 현재의 부동산 시장상황에는 상당한 변화가 있음을 부인할 수 없다.

즉, ① 현재 상황에서 재건축부담금을 부과함으로써 정책적으로 주택가격을 안정화하겠다는 입법목적은 달성될 수 없다. 재건축초과이익환수법의 폐지법률안이 2010. 12. 7. 발의되기도 하였는데, 이는 곧 재건축부담금 부과제도가 사회환경 변화로 더 이상 주택투기 방지를 통한 주택가격 안정화라는 입법목적 달성을 위한 수단이 될 수 없기 때문에 국가정책의 전면적 수정이 필요함을 보여주는 것이라 할 수 있다.

한편, ② 과도한 개발이익이 발생하여 이를 사회적으로 환수하여야겠다는 사회적 공감대도 상실되었다. 재건축 조합원들이 자신의 낡은 주거환경을 개선하고자 별도의 분담금을 내어 재건축을 하는 것인데, 재건축주택의 매매 자체가 제대로 이루어지지 않고 있어 조합원 분양분에 대한 실질적인 주택 가치를 산정하기 어렵고, 특히 일반분양분에 대해서는 미분양사태가 발생하는 등 주택가격이 폭락한 실정인데, 이러한 상황에서 재건축을 통해 얻는 재건축조합 측의 이익이 재건축초과이익이라는 이름으로 환수하여야 할 정도의 과도한 이익에 해당한다고 볼 수도 없다.

나아가 ③ 재건축부담금은 재건축 사업에 의해 신축되는 주택가액과 종전 주택 가액의 차이에 대해 부과하는 것인데, 재건축사업은 일정구역의 불량·노후주택 소유자들이 본인의 재산 및 비용과 노력을 투입하여 소유한 토지가 갖고 있는 본래의 용도와 용적률의 범위 내에서 새로운 물건인 신축주택으로 교체하는 행위로서 종전의 불량·노후주택 가치에 비하여 신축주택의 가치가 상승하는 것은 당연한 경제적 현상이고, 이 가치 차이는 투입된 비용인 개발비용 상당액 이외에 조합원들이 투입한 노력과 희생의 대가로서 불로소득 성격의 이득으로 볼 수 없으므로, 불로소득에 해당하는 개발이익을 환수하겠다는 입법취지에 부합하지도 않는다.

■ 평등권 침해

재건축초과이익환수법 제5조는 재건축부담금 부과대상 행위를 도시 및 주거환경정비법 제2조 제2호 다목의 규정에 의한 재건축사업에 한정한다. 그러나 재건축초과이익환수법이 과도한 개발이익을 사회적으로 환수하는 장치가 필요하고, 투기적 수요 증가 억제를 위하여 개발이익을 사회적으로 환수해 적정하게 배분할 필요가 있다는 이유로 제정된 법률이라는 점에서 볼 때 도시 및 주거환경정비법상의 '주택재건축사업'과 '주택재개발사업'을 굳이 차별할 이유가 없다.

① 우선, 공공적 관점에서 도시 및 주거환경정비법상 재건축과 재개발은 본질적으로 동일하다.

헌법재판소도 2007. 10. 25. 선고 2006헌마30 결정에서 '현행 도시 및 주거환경정비법은 주택재건축사업을 주택재개발사업과 함께 도시정비사업으로 규정하면서, 노후·불량주택을 개량하여 주거환경을 개선한다는 목적뿐만 아니라 도시기능을 회복·개선한다는 목적도 중시하여 주택재건축사업에 대한 공적 규율을 강화하였고, 재건축조합도 재개발조합과 함께 이를 정비사업조합에 포함시켜 법인격을 부여한 후 재건축조합에게도 행정주체가 수행하여야 할 도시정비기능을 맡기고 도시정비사업의 공공성을 확보하기 위하여 공적

낡은 집을 헐고 내 땅에 내 돈으로 새 아파트를 지었을 뿐인데…

주체의 관여와 정비사업 시행인가 등 적극적 질서 형성을 위한 각종 행정처분을 허용하였으므로, 재건축조합이 쾌적한 주거환경을 조성하고 도시의 기능을 정비할 국가의 의무를 국가를 대신하여 실현하는 기능을 수행하고 있다고 할 수 있다'는 취지로 판시하였다. 따라서 이 같은 공공적 관점에서 볼 때 재건축사업조합과 재개발사업조합의 지위는 다르지 않다.

② 경제적 관점에서도 재개발과 재건축은 다르지 않다.

재건축초과이익환수법은 재건축조합에게만 재건축초과이익을 부담하게 하고 있으나, 주택가격 불안정 요인으로 지적받는 대상은 주택재건축뿐만 아니라 재개발도 마찬가지이다. 재개발 역시 재개발에 동의한 토지소유자들이 조합을 설립한 후 노후·불량주택 개량 등 재개발사업을 시행하고, 조합원들이 그 결과물로 새롭게 신축된 주택을 얻는 것이므로, 이러한 사업구조는 재건축의 그것과 다르지 않다. 나아가 재개발은 재개발 대상지역 일대의 주거환경 전체에 대한 도시정비 작업이 함께 이루어지기 때문에 단지 기존 건축물을 헐고 재건축하는 데 치중하는 재건축보다 신축주택 가치가 훨씬 더 상승할 수밖에 없다. 따라서 재개발조합원들이 얻는 개발이익이 재건축의 경우보다 크므로, 오히려 재개발에 있어서 개발이익 환수가 더 필요하다고 볼 수 있다.

그런데도 재건축초과이익환수법 제5조가 재건축조합에 국한하여 부담금 부과를 규정한 것은 합리적이고 객관적인 이유 없이 재건축조합과 재개발조합을 차별취급하여 헌법상 평등의 원칙을 위반한 것이다.

재건축초과이익환수법 제9조의 위헌성에 대하여

재건축초과이익환수법 제9조는 개시시점 주택가액을 '공시지가'로, 종료시점 주택가액을 '부동산 가격의 조사·산정에 관하여 전문성이 있는 기관에 의하여 산정한 종료시점 현재의 주택가격'으로 산정하도록 규정한다. 여기에서 '부동산 가격의 조사·산정에 관하여 전문성이 있는 기관에 의하여 산정한 종료시점 현재의 주택가격'이라는 법문의 의미가 현실거래가격(시가)을 말하는 것인지 명확하지 않다. 그런데 재건축초과이익환수법과 비슷한 성격을 지닌 법률로서 택지개발이나 산업단지 개발에서 얻는 이익을 환수하는 것을 목적으로 한 개발이익환수에 관한 법률에서는 '개시시점의 지가를 실제 매입가격으로 보는 경우 종료시점의 지가는 부동산가격 공시 및 감정평가에 관한 법률에 따른 둘 이상의 감정평가법인이 감정평가한 가액을 산술평균한 가액으로 한다'고 규정(개발이익환수에 관한 법률 제10조 제3항, 제5항, 같은 법 시행규칙 제8조 제2항)한다. 즉 개발이익환수법에서는 개발이익 산정의 기초가 되는 개시시점의 지가를 실거래가격으로 보는 때에는 종료시점의 지가도 실거래가가 반영될 수밖에 없는 감정가액으로 보라는 취지로 이해할 수 있다.

그런데 이와는 달리 재건축초과이익환수법 제9조 제1항은 개시시점 주택가격을 공시가격으로 보라는 취지로 규정한 데 문제의 소지가 있다. 초과이익 산출을 위한 공평한 계측은 미실현이득을 산출하기 위한 가장 합리적 방법으로 이루어져야만 한다. 즉 재건축 개시시점의 주택가격을 시가로 보았으면 그 종료시점의 주택가격도 시가로 보고 그 차액을 재건축에 따른 이익으로 산출해야 하고, 재건축 개시시점의 주택가격을 공시가격으로 보았으면 그 종료시점의 주택가격도 공시가격으로 보고 그 차액을 재건축에 따른 이익으로 산출해야만 그것이 공정하고 정확한 초과이익의 계측이라 평가할 수 있다.

그럼에도 불구하고 재건축초과이익환수법 제9조 제1항은 재건축 개시시점의 시장가격을 제대로 반영하였다고 보기 어려운 공시가격을 개시시점의 주택가격으로 정한 반면, 종료시점의 주택가격은 실거래가가 반영될 수밖에 없는 감정평가 가액으로 정하여 그 차액을 기준으로 재건축부담금을 산정하도록 규정함으로써 재건축주택의 미실현이익이 다른 개발사업에 따른 개발이익보다 훨씬 크게 산정될 여지를 만들어 놓았다.

따라서 이는 가공의 미실현이익에 대하여 재건축부담금을 부과함으로써 원본을 잠식하는 결과를 초래하여 국민의 재산권을 침해할 수 있는 규정이다.

재건축초과이익환수법 제7조의 위헌성에 대하여

재건축초과이익환수법 제7조는 '재건축부담금의 부과기준은 종료시점 부과대상 주택의 가격 총액(다만, 부과대상 주택 중 일반 분양분의

II. 학교와 집 그리고 안락한 삶에 관한 헌법이야기

종료시점 주택가액은 분양시점 분양가격의 총액)에서 ① 개시시점 부과대상 주택의 가격 총액, ② 부과기간 동안의 개시시점 부과대상 주택의 정상주택가격상승분 총액, ③ 개발비용 등을 모두 공제한 금액으로 한다'라고 규정한다. 그러나 이 규정은 법률이 갖추어야 할 명확성 원칙에 반하고 국민의 재산권과 평등권을 침해하는 규정이다.

■ 명확성 원칙 위배

이 사건 청구인인 재건축조합의 조합원 31명은 당초 각자 보유하고 있던 총 31채의 노후주택을 헐고 42채의 아파트를 신축하였으므로, 조합원 각자 1채씩 분양받고 남은 11채의 아파트에 대하여는 조합원이 아닌 사람들을 상대로 일반분양을 하게 되었다.

그런데 재건축초과이익환수법 제7조는 '일반분양분의 종료시점 주택가액은 분양시점 분양가격의 총액'이라고 규정하나, '분양시점 분양가격'이라는 것이 '조합이 행정관청으로부터 승인받은 분양공고 당시의 가격'을 말하는지 '실제 분양계약을 체결한 분양가격'을 말하는지 불분명하다. 조합에서는 일반분양을 할 때 행정관청으로부터 승인을 받은 분양가격 그대로 분양공고를 하고 분양에 나서지만, 분양공고 이후 부동산 경기침체 등 부동산 시장상황이 변하여 분양공고한 가격 그대로는 도저히 실제 분양을 할 수 없어 대폭 낮춘 가격에 일반분양을 해야만 하는 상황에 얼마든지 직면할 수 있고, 미분양 사태가 발생할 수도 있다. 이러한 경우 미분양 아파트라 하더라도 분양공고 당시의 분양가를 기준으로 재건축초과이익을 산정하여

낡은 집을 헐고 내 땅에 내 돈으로 새 아파트를 지었을 뿐인데…

야 하고, 할인 분양의 경우에도 분양공고 당시의 분양가를 기준으로 재건축초과이익을 산정해야 한다면 이는 조합원들에게 너무도 불리한 불합리한 규정이라고 볼 수 있다. 그 반면 미분양 아파트는 분양공고 당시의 분양가를 기준으로 재건축초과이익을 산정하여야 하고, 할인 분양의 경우에는 실제 분양가를 기준으로 재건축초과이익을 산정해야 한다면, 이처럼 분양 여부에 따라 산정기준을 달리하는 것 역시 불합리하다고 볼 수 있다.

결국 재건축초과이익환수법처럼 국민의 기본권을 직접적으로 제한하거나 침해할 소지가 큰 법령에서는 구체성과 명확성 원칙에 대한 요구가 더욱 강하게 요구됨에도 불구하고, 재건축초과이익환수법 제7조는 '분양시점 분양가격의 총액'이라고만 규정하여 일반분양의 경우 '실제 분양가격'을 말하는지 '분양공고 당시의 분양가격'을 말하는지 모호하게 하고 미분양에 대하여는 아무런 규정을 두지 않아 큰 논란의 소지를 남겨놓았으므로, 이는 법률이 갖추어야 할 명확성의 원칙에 반하는 것이다.

■ 재산권 침해

미분양이나 저가 분양의 경우에는 개발이익이 존재하지 않거나 대폭 감축됨에도 불구하고 분양공고 당시의 분양가격을 종료시점 주택가액으로 한다면, 실제 발생하지도 않은 가공의 금액을 개발이익이라고 보아 이에 대해 개발부담금을 부과하는 결과가 된다. 그렇다면 이는 실현된 바 없고 실현될 수도 없는 가공이익에 대하여 개발

II. 학교와 집 그리고 안락한 삶에 관한 헌법이야기

부담금을 부과하여 원본을 잠식하는 결과를 초래한다. 또한 이는 재건축건물 가격이 급등하여 정상적인 상승분을 초과하는 불로소득 성격의 과다한 개발이익이 발생한 때에 국가가 그 일부를 환수하여 공적으로 사용하겠다는 입법목적 달성에 필요한 정책수단의 범위를 넘어 재건축조합에게 과도한 금전납부의무를 부과하는 것이므로, 기본권 제한 시 요구되는 피해최소성의 원칙에 위배된다. 따라서 재건축부담금 부과대상 주택 중 일반분양분의 종료시점 주택가액을 분양시점 분양가격의 총액으로 규정한 재건축초과이익환수법 제7조는 재산권을 침해하는 위헌적 규정이다.

■ 평등권 침해

재건축초과이익환수법 제7조는 일반분양 주택의 종료시점 주택가액을 '분양시점 분양가격'으로, 조합원 분양분에 대하여는 '부동산 가격의 조사·산정에 관하여 전문성이 있는 기관의 심의를 거쳐 결정한 가격'으로 하도록 규정하여 양자를 구별한다. 그러나 재건축초과이익환수법이 미실현이득인 개발이익에 대하여 부담금을 부과하면서 굳이 조합원 분양분과 일반분양분을 차등 취급해야 할 합리적 사유는 없다.

그 이유는 ① 조합원 분양분과 일반분양분은 단지 그 수분양자의 성격만을 달리할 뿐이고, ② 조합원 분양분이라 하더라도 언제든지 제3자에 대한 매도가 가능하여 실질적 측면에서 조합원 분양과 일반분양에 별다른 차이가 없으며, ③ 일반분양대상 주택에 대

낡은 집을 헐고 내 땅에 내 돈으로 새 아파트를 지었을 뿐인데…

하여도 공시된 주택가격 산출이 불가능하지 않고, ④ 일반분양분이나 조합원 분양분 모두 동일한 신축 건물이므로, 조합원 분양분의 종료시점 주택가액을 감정평가금액으로 한다면 일반분양분에 대해서도 그 종료시점 주택가액을 감정평가금액으로 하는 것이 조세에 준하는 성격을 갖는 재건축부담금 부과에 있어 형평의 원칙에 부합한다.

헌법재판소는 아직도 심리 중

이 사건 재건축부담금 부과처분일은 2012. 9. 25.이었고, 조합을 대리하여 필자의 법무법인이 제기한 위헌법률심판제청 신청에 대한 서울행정법원의 기각결정일은 2014. 7. 25.이었으며, 헌법재판소에 헌법소원심판을 청구한 날은 2014. 9. 3.이었다. 아직까지 헌법재판소의 결정은 이루어지지 않았다. 재건축부담금 부과처분일로부터 6년 이상 세월이 흘렀다.

이 사건 재건축부담금 부과처분 무렵인 2012년도는 재건축초과이익환수법 자체에 대한 폐지 논의가 진행되고 있던 때로서 부동산 경기침체로 시장상황도 재건축초과이익환수법 제정 배경이나 제정 목적에 어울리지 않았다. 더욱이 그 해 말에는 제도 도입 당시와는 전혀 달리 주택시장 경기부진으로 재건축사업의 사업성이 악화되어 건설사들도 시공을 기피하는 등 재건축사업 추진이 전반적으로 난항을 겪기에 이르렀다. 이에 따라 정부는 2012. 12. 18. 법률을 개정하

II. 학교와 집 그리고 안락한 삶에 관한 헌법이야기

여 2014년 말까지 관리처분계획인가를 신청하는 재건축사업에 대하여는 부담금 부과를 면제해 주기로 하였던 것이다. 그리고 법 제정 후 재건축부담금은 2014. 7. 기준 서울지역에서만 4건이 실제로 부과되었을 뿐이었다. 따라서 청구인의 입장에서는 이 같은 법률 개정 상황이나 시장상황 등에 비추어 이 사건 재건축부담금 부과가 매우 불합리하다고 생각할 여지가 충분하였다.

현재는 시장상황이 또다시 바뀌었다. 재건축시장을 중심으로 주택가격이 급등하여 이에 대한 규제 필요성이 활발히 논의되고 있으며, 정부는 부동산시장 안정을 위해 더 이상 재건축부담금 부과를 유예하지 않겠다고 선언하였다. 이에 따라 이 사건 청구인도 불리한 입장에 처하게 된 셈이다.

하지만 재건축부담금 제도에 대하여는 부과대상자의 입장에서 반발이 있을 수밖에 없다고 생각한다. 낡은 집에 장기간 살다가 겨우 새 집을 지어 계속 살고 있을 뿐이므로 깨끗한 새 집에 산다는 것 이외에 아무런 현실적 이익을 얻은 바 없는데도 미실현이익에 따른 부담금을 내라고 한다면 집을 팔 수밖에 없는 것 아니냐고 하소연하기도 한다.

재건축부담금은 이처럼 미실현이익에 대한 사실상의 과세라는 점에서 신중할 필요가 있다. 그리고 이에 대한 사회적 논란이 조속히 마무리될 수 있도록 헌법재판소의 신속한 결정이 절실히 요구된다.

이 글을 마무리하며 헌법재판소가 토지초과이득세법 제10조 등에 대한 헌법소원심판 청구사건의 결정문에서 설시한 미실현이익 관

낡은 집을 헐고 내 땅에 내 돈으로 새 아파트를 지었을 뿐인데…

련 판단내용이 재건축부담금 제도와 관련해서도 우리가 한 번 눈여겨 볼 필요가 있다는 생각에 결정문의 일부를 아래에 옮겨본다.

미실현이득에 대한 과세제도가 이론상으로는 조세의 기본원리에 배치되는 것이 아니라고 하더라도, 미실현이득은 용어 그대로 그 이득이 아직 자본과 분리되지 아니하여 현실적으로 지배·관리·처분할 수 있는 상태에 있는 것이 아니라는 특성으로 인하여, 수득세의 형태로 이를 조세로 환수함에 있어서는 과세대상이득의 공정하고도 정확한 계측 문제, 조세법상의 응능부담(應能負擔) 원칙과 모순되지 않도록 납세자의 현실 담세력을 고려하는 문제, 지가변동순환기(循環期)를 고려한 적정한 과세기간의 설정문제, 지가하락에 대비한 적절한 보충규정 설정문제 등 선결(先決)되지 아니하면 아니 될 여러 가지 과제가 있다.

실제 세계의 여러 나라에서 불로소득의 환수와 지가안정을 이유로 부동산상의 미실현이득에 대한 과세의 정당성과 필요성이 오래 전부터 주장되어 왔음에도 불구하고, 오늘날 그러한 과세제도가 성공적으로 정착되고 있는 입법례를 찾아보기가 쉽지 아니하다는 것은, 바로 미실현이득에 대한 과세제도의 이와 같은 난점을 실증적으로 반영하고 있는 것이라 할 수 있다.

특히 토초세는 토지재산, 즉 원본에 대한 과세가 아니라 원본으로부터 파생된 이득에 대하여 과세하는 수득세의 일종이므로, 만약 유휴토지 등 소유자가 가공이득에 대한 토초세를 부담하는 경우가 생긴다면, 이는 원본인 토지 자체를 무상으로 몰수당하는 셈이 되어 수득세의 본질에도 반하는 결과가 될 뿐만 아니라, 결과적으로 헌법상의 재산권 보장원칙에 배치되고 조세원리상의 실질과세, 공평과세의 이념에도 반한다고 하지 아니할 수 없다.

그러므로 미실현이득에 대한 과세제도는 이상의 제반 문제점이 합리적으로 해결되는 것을 전제로 하는 극히 제한적·예외적인 제도라 보지

II. 학교와 집 그리고 안락한 삶에 관한 헌법이야기

아니할 수 없으며, 그렇기 때문에 미실현이득에 대한 과세제도인 토초세의 헌법 적합성을 논함에 있어서는 무엇보다도 먼저 그 과세대상이득의 공평하고도 정확한 계측 여부가 제일의 과제가 되어야 할 것이고, 나아가 앞에서 본 여러 가지 문제점에 대한 적절한 해결책이 마련되어 세제 자체가 체계적으로 모순 없이 조화를 이루고 있는가 하는 점을 특히 염두에 두지 아니할 수 없다(헌법재판소 1994. 7. 29. 선고 92헌바 49 결정).

낡은 집을 헐고 내 땅에 내 돈으로 새 아파트를 지었을 뿐인데…

종부세, 그 뜨거운 이름

[헌법재판소 2008. 11. 13. 선고 2006헌바 112, 2007헌바71·88·94,
2008헌바3·62, 2008헌가12(병합) 결정 등]

임승순 변호사

종합부동산세에 관한 개괄적 고찰

이 사건 헌법재판소 결정에 대한 논의를 필자가 한국경제신문
에 기고한 에세이 '세금이야기'의 일부를 인용하는 것으로 시작하고
자 한다. 이 글에서 다루고자 하는 내용이 위 에세이 내용과 잘 어울
린다고 생각되기 때문이다.

"벤자민 프랭클린은 사람이 살면서 피할 수 없는 두 가지가 '죽음'과
'세금'이라고 하였다. 대부분 사람에게 세금은 피하고 싶지만 피하기 어
려운 반갑지 않은 손님이다. '세금 앞에 애국자 없다'는 말에 공감하지
않을 사람은 별로 없을 것이다.

국가가 세금을 걷는 데 있어서 중요한 원리 두 가지가 '효율'과 '공
평'이다. 효율은 세금을 걷기 위한 비용 내지 희생이 적어야 한다는 것
으로서, 세금이 경제의 흐름 내지 경제주체의 의사결정에 영향을 미치
지 않아야 한다는 '조세중립성'을 핵심내용으로 한다. 현실적으로 조세

중립성은 국가의 정책 목적과 공평과세의 요청 및 시장상황 등에 따라 일정한 제한을 받게 된다.

'공평'에는 '수평적 공평'과 '수직적 공평'이 있다. 수평적 공평은 '같은 것은 같게, 다른 것은 다르게' 다루는 것을 의미한다. 세금을 부과함에 있어서 실질이 같은 것을 다르게 취급하면 그 내용이 적정해도 헌법상 평등원칙에 위반된다.

수직적 공평은 '세금을 부담할 수 있는 경제적 능력(담세력)에 따른 과세'를 의미한다. 실제로 공평과세와 관련된 가장 중요한 사항은 국가가 부(富)의 재분배와 관련하여 어느 정도의 누진세 체계를 가질 것인가에 관한 것이다.

한 나라의 전체 국민소득에서 조세가 차지하는 비율을 조세부담률이라고 하는데, 2015년을 기준으로 우리나라 조세부담률은 18.5%로서 OECD 회원국 35개 국가 중 33위이다. 물론 조세부담률의 적정성은 그 나라의 복지 수준과 함께 논의되어야 한다.

세금은 국가와 사회의 존립과 발전을 위한 필수 요소이다. 세금을 제대로 납부하는 것은 국가에 대한 의무이자 공동체의 다른 구성원들에 대한 약속이다. 공동체 사회에 대한 일종의 '연회비'라고 할 수 있다. 세금을 '문명의 대가'라고 한 올리버 홈즈 판사의 말은 개인이 문명사회로부터 받는 혜택과 그 반대급부의 관계를 잘 나타낸다(후략)."

한 나라의 국민이자 공동체의 일원으로서 개인이 부담하는 세금은 여러 가지가 있지만 일반적으로는 소득세와 소비세(부가가치세, 특별소비세) 및 재산세(종합부동산세, 재산세)를 들 수 있다. 소득세는 돈을 번 때, 소비세는 번 돈을 소비하는 때, 그리고 재산세는 번 돈으로 부동산 등을 구입하여 이를 보유하는 때 각각 내게 된다. 상속세

II. 학교와 집 그리고 안락한 삶에 관한 헌법이야기

나 증여세도 재산을 무상으로 취득한다는 것 이외에는 재산이 증가된 것, 곧 부자가 된 것에 대하여 부과되므로 넓은 의미의 소득세에 해당하고, 법인세는 법인 소득세에 다름 아니다.

전통적으로 재산세는 특정 지역에 거주함으로써 받는 교육이나 문화 등의 혜택 내지 그 지역을 관할하는 지방자치단체로부터 받는 위와 같은 급부에 대한 반대급부로서 파악되어 왔고, 이러한 점에서 지방세의 일부로 분류되어 왔다. 다른 한편 재산세는 특정 재산 보유 자체에 담세력을 인정하여 과세하는 측면이 있고, 이러한 점에서 소비세와 함께 소득세의 보완세적 성격도 갖는다. 예컨대, 30억 원 상당의 주택을 소유하는 A, B 가운데, A는 소유 주택을 임대한 후 보다 적은 규모의 주택에 거주하면서 임대소득에 대하여 소득세를 납부하는 데 반하여 B는 자신 소유의 주택에 편안하게 거주하면서 아무런 세금도 내지 않는다면 이는 불공평하다고 볼 수 있다. 이러한 보유세적 측면에서 재산세는 지방세보다 국세에 더 적합한 측면이 있다. 특히 납세의무자가 소유한 주택과 토지를 모두 합하여 누진세율을 적용하는 과세방식은 국가가 운영하는 것이 적당하다.

현재 우리나라의 재산세 체계는 지방세인 재산세와 국세인 종합부동산세의 이원적 체계로 구성되어 있는데 이는 위와 같은 재산세의 이중적 특성을 반영한 것이다.

종합부동산세는 위 인용문에서 언급한 '수직적 공평'을 실현하는데 가장 적합한 세목이다. '가진 자와 못 가진 자'의 담세력이 가장 구별되는 세목이기 때문이다. 종합부동산세가 우리 사회에서 뜨거운 화제가 되는 것도 그 과세 효과가 가진 자에 대하여 선별적으로 실현되는 부유세에 해당하기 때문이다. 수직적 공평의 핵심은 누진과세인데 이는 곧 특정 개인이 얻은 소득에 대한 세금의 크기를 얼마만큼의 누진세율로 정할 것인가에 관한 논의이다. 개인의 조세부담율은 개인이 얻은 총소득에 대하여 그 개인이 부담하는 총세금의 비율인데 각 개인이 부담하는 조세는 번 돈과 번 돈을 소비하거나 다른 재산을 취득하여 보유하는 것에 대한 세금의 총합이므로 그중 보유세로서 한 축을 차지하는 종합부동산세가 개인의 조세부담률 내지 누진율의 크기를 결정하는 데 중요한 역할을 하게 된다.

　　수평적 공평과 달리 수직적 공평 내지 그 핵심 수단인 누진과세는 그것이 아주 극단적인 것이 아닌 한 위헌의 문제를 야기하지 않는다. 다만, 소득 내지 재산을 몰수하는 형태의 극단적인 누진과세나 반대로 소득이나 재산의 크기에 반비례해서 세금을 매기는 것(역진세)은 헌법에 위반된다는 것이 일반적 견해이다. 종합부동산세의 첫 번째 위헌 논의는 과세표준 및 세율과 관련하여 그것이 개인의 재산권을 본질적으로 침해하는 정도로 높은 것이냐에 관한 것이 될 수밖에

Ⅱ. 학교와 집 그리고 안락한 삶에 관한 헌법이야기

없는데, 특별한 사정이 없는 한 국가가 위헌에 이를 정도의 극단적인 과세표준 산정방식이나 세율을 설정하는 것은 예상하기 어렵다.

　과세표준과 세율의 문제를 넘어서면, 종합부동산세와 다른 소득세의 이중과세 문제, 보유기간 동안 증가된 과세가액은 아직 현금화(실현)되지 않은 소득인데 그와 같은 미실현소득에 대하여 과세할 수 있는가 하는 문제 등이 종합부동산세와 같은 보유세의 위헌성을 논의하는 데 있어서 단골로 등장하는 메뉴들이다. 현재 과세를 강화하는 쪽으로 종합부동산세 개편논의가 진행되고 있는데 주로 정책적 측면에서 논쟁이 될 뿐 위헌 논의는 별로 없다. 이는 현행법이 MB정부를 거치면서 기왕의 헌법재판소의 위헌 및 헌법불합치 결정이 선고된 부분을 모두 반영하고, 그 밖에 합헌 결정이 내려진 부분까지도 세율을 인하하고 세부담 상한을 낮추었으며 공정시장가액비율을 도입하여 당초 제기된 위헌성 문제를 대부분 해소하였기 때문이다. 현재의 개정논의는 주로 과세표준이나 세율의 상향조정이나 특정 재산에 대한 중과 등 이미 헌법적 기준이 정립된 분야에 관한 논의에 집중되어 있다.

　그렇지만 이 시점에서 논의가 뜨거웠던 기존의 종합부동산세법의 위헌여부에 대한 헌법재판소 결정을 되돌아보는 것도 나름대로 의미가 있을 것이다. 이 사건 결정은 종합부동산세에 관한 핵심 내용뿐 아니라 조세에 관한 헌법적 문제들을 망라하고 있어서 이를 제대로 파악하는 것이 현행 법 규정은 물론 우리 헌법을 체계적으로 이해하는 데 큰 도움을 줄 수 있기 때문이다.

　아래에서 이 사건 결정의 내용들을 차례대로 살펴보기로 한다.

헌법재판소 2006헌바 112등 결정 내용 요약[1]

이 사건 결정은 그 내용이 방대한데 그 요지를 정리하면 다음과 같다.

___ 합헌 부분

■ 이중과세의 문제(재산세, 양도소득세)

종합부동산세의 세액은 재산세로 부과된 세액을 공제하여 산출하기 때문에 재산세와 이중과세가 발생하지 않으며, 종합부동산세는 소유한 부동산가액을 과세표준으로 삼는 보유세의 일종이고 양도소득세는 양도차익이라는 소득에 대하여 과세하는 것으로 양도소득세와는 과세의 목적 또는 과세 물건을 달리하므로 이중과세가 발생하지 아니한다.

■ 소급입법 과세의 문제

법 시행 후 최초로 납세의무가 성립하는 종합부동산세에 적용되므로 소급입법 과세에 해당하지 않는다.

---

1 이 글의 평석 대상 결정은 제목에서 보는 바와 같이 여러 개의 사건이 병합되었는데, 필자가 소속된 법무법인(유) 화우는 이 중 2007헌바 88 사건에 관하여 이해관계인인 국세청을 대리하였다. 아래에서는 위 결정을 단순히 '이 사건 결정'이라고 한다.

■ 미실현이득 과세 및 원본잠식의 문제

미실현이득에 대한 과세문제는 원칙적으로 헌법사항이 아니며, 종합부동산세는 부동산의 보유사실 그 자체에 담세력을 인정하여 과세하는 것이어서, 그 부과로 인하여 원본인 부동산가액의 일부가 잠식되는 경우가 있다 하더라도 그러한 사유만으로 곧바로 위헌이라 할 수 없다.

■ 자치재정권 침해의 문제

전국적인 통일 조정을 요하는 것은 국가사무에 해당하며, 우리나라의 경우 부동산 가격의 지역별 편차가 심하고 그 이유가 중앙정부 차원의 거점중심 개발을 추진한 결과와 밀접한 연관이 있기에 부동산 보유세를 국세로 할 것인지 지방세로 할 것인지는 입법정책의 문제이다.

■ 헌법 제119조[2] 위반의 문제

헌법 제119조 제2항이 보유세 부과 그 자체를 금지하는 취지로 보이지 아니하고, 매년 종합부동산세가 부과된다고 하더라도 그 자산의 원본 자체를 몰수하게 되는 것으로 보기 어렵다.

---

2 헌법 제119조【경제질서의 기본·경제의 규제·조정】
　① 대한민국의 경제질서는 개인과 기업의 경제상의 자유와 창의를 존중함을 기본으로 한다.
　② 국가는 균형있는 국민경제의 성장 및 안정과 적정한 소득의 분배를 유지하고, 시장의 지배와 경제력의 남용을 방지하며, 경제주체간의 조화를 통한 경제의 민주화를 위하여 경제에 관한 규제와 조정을 할 수 있다.

■ 헌법상 체계 정당성 원리 위반의 문제

종합부동산세는 조세부담의 형평성을 제고하고, 부동산의 가격 안정을 도모함으로써 지방재정의 균형발전과 국민경제의 건전한 발전에 이바지함을 목적으로 하여, 일정 가액 이상의 토지 및 부동산만을 대상으로 일정액을 초과하는 가액을 과세표준으로 하여 별도의 세율로 부과되는 국세로서, 지방세인 재산세와는 별개의 독립된 조세이고, 종합부동산세가 재산세나 다른 조세와의 관계에서 상호 배치되거나 모순되지 않는다.

■ 입법권 남용의 문제

세법이 국회의원에 의한 법안 제출 형식으로 입법되어도 입법권 남용은 아니다.

■ 평등권 위배 여부

예금 등 다른 재산과는 달리 '일정한 주택 및 토지'에 대하여만 과세하는 것이 평등원칙에 위반되는 것인지 보면, 우리의 경우 인구 대비 가용 토지 면적이 절대적으로 부족하고 주택 역시 토지상에 건축되어 그 공급에 일정한 정도의 제한이 따를 수밖에 없기에 개인의 법익보다는 공동체의 이익이 보다 더 강하게 요구된다. 따라서 국토의 효율적이고 균형 있는 이용 및 개발을 위하여 법률이 정하는 제한과 의무를 과할 수 있다.

■ 거주 이전의 자유 침해 여부

종합부동산세의 부과가 일정 가액 이상의 주택 등을 보유할 것
인가 여부에 관한 의사결정에 영향을 주고, 주거 목적으로 한 채의
주택을 보유하는 자 중 특히 과세대상 주택 외에 별다른 재산이나
소득이 없어 조세지불 능력이 낮거나 사실상 거의 없는 자 등에 대
하여는 사실상 과세대상인 주택의 처분을 강요하는 영향을 미치게
되어 거주 이전의 자유가 사실상 제약당할 여지가 있어도, 이는 기
본권의 침해가 아니라 재산권에 대한 제한을 수반하는 반사적인 불
이익에 지나지 않는다.

■ 생존권 침해 여부

종합부동산세 납세의무자는 최소한의 물질적인 생활을 유지할
수 있는 지위에 있기에 종합부동산세의 부과가 생존권을 침해한다고
볼 수 없다.

■ 개발제한구역 내 토지와 관련한 재산권 등 침해 여부

종합부동산세 부과대상 토지가 개발제한구역의 지정으로 인해
재산권 행사에 제한을 받고 있다 하더라도, 그러한 재산권의 제한은
당해 토지의 개별공시지가에 반영되어 과세표준이 감액 평가되고,
그 과세표준에 해당되는 누진세율이 적용되어 당해 토지의 종합부동
산세액이 결정될 뿐이며, 이와 같이 산정된 종합부동산세액은 일반
토지의 그것과 비교하여 볼 때 이미 토지재산권의 제한이 반영되어
감액된 것이므로 재산권의 본질적 침해에 해당하지 않는다.

■ 종합토지분 종합부동산세 부과로 인한 재산권 침해 부분

부동산 보유에 대한 조세부담 형평성을 제고하고 부동산 가격을 안정시키며, 징수하는 세액을 지자체에 양여하여 지방재정의 균형발전을 이루고자 하는 종합부동산세의 입법목적은 정당하다. 또한, 부동산에 대한 과도한 보유와 투기적 수요를 억제하기 위해 높은 누진세율의 국세를 부과하는 방법도 적절하다. 가격 대비 부담률에 비추어 보면, 매년 종합부동산세가 부과된다고 하더라도 상당히 짧은 기간 내에 사실상 부동산가액 전부를 조세 명목으로 무상 몰수하는 결과를 가져 오게 된다고 보기 어려우므로 종합부동산세의 과세표준 및 세율 역시 종합부동산세의 입법목적에 비추어 과도하다고 보기 어려워 입법재량의 범위를 일탈하였다고 단정할 수 없다.

헌법불합치 부분: 주택분 종합부동산세 부과로 인한 재산권 침해

헌법 제35조 제3항은 "국가는 주택개발 정책 등을 통하여 모든 국민이 쾌적한 주거생활을 할 수 있도록 노력하여야 한다."고 규정하여 국민 개개인의 쾌적한 주거생활이 국가의 중요한 정책목표가 될 만큼의 보호가치가 있음을 천명하고 있다. 주택의 가격안정을 목적으로 보유 주택의 가액을 기준으로 재산세에 더하여 종합부동산세를 부과할 것인지 여부나 그 범위 및 정도를 결정함에 있어서는 주택의 보유 동기나 기간 등의 정황도 감안하여 주택을 통한 인간으로

II. 학교와 집 그리고 안락한 삶에 관한 헌법이야기

서의 존엄성과 행복추구권의 적정한 실현을 가능하게 하면서 동시에 타인의 주거생활 안정을 가능하게 하는 선에서 보다 신중하게 그 과세기준이 결정되어야 한다. 토지 및 주택의 면적이나 보유수를 기준으로 투기나 투자에 대한 수요로 간주하고 규제를 하는 것은 인정하나 일정 가액 이상의 주택보유를 투기나 투자의 징표로 삼아서는 안 된다.

결국, 종합부동산세 납세의무자 중 주거목적으로 한 채의 주택만을 보유하고 있는 자로서, 일정기간 이상 보유하거나 과세 대상 주택 이외에 별다른 재산이나 수입이 없어 조세지불 능력이 낮거나 거의 없는 자 등의 경우 투기적인 목적으로 당해 주택을 보유하게 되었다고 단정하기 어려우므로, 이들에 대하여 주택분 종합부동산세를 부과함에 있어서는 그 보유의 동기나 기간, 조세 지불능력 등과 같이 정책적 과세의 필요성 및 주거생활에 영향을 미치는 정황 등을 고려하여 납세의무자의 예외를 두거나 과세표준 또는 세율을 조정하여 납세의무를 감면하는 등의 과세 예외조항이나 조정장치를 두어야 할 것이다. 그럼에도 불구하고 이와 같은 주택 보유의 정황을 고려하지 아니한 채 다른 일반 주택 보유자와 동일하게 취급하여 일률적 또는 무차별적으로, 그것도 재산세에 비하여 상대적으로 고율인 누진세율을 적용하여 결과적으로 다액의 종합부동산세를 부과하는 것은 그 입법 목적의 달성에 필요한 정책수단의 범위를 넘어 과도하게 주택 보유자의 재산권을 제한하는 것으로서 피해의 최소성 및 법익균형성의 원칙에 어긋난다고 보지 않을 수 없다.

종합부동산세법(2005. 12. 31. 법률 제7836호로 개정된 것)

제7조【납세의무자】

① 과세기준일 현재 주택분 재산세의 납세의무자로서 국내에 있는 재산세 과세대상인 주택의 공시가격을 합산한 금액이 6억 원(**개인의 경우 세대별로 합산한 금액**을 말하며, 이하 "주택분 과세기준금액"이라 한다)을 초과하는 자는 종합부동산세를 납부할 의무가 있다. 이 경우, 개인은 1세대에 속하는 자(이하 "세대원"이라 한다)중 대통령령이 정하는 주된 주택소유자(이하 "주된 주택소유자"라 한다)가 납세의무자가 된다.

② 주된 주택소유자 또는 세대원의 판정은 과세기준일 현재의 상황에 의한다.

③ 주된 주택소유자 외의 세대원은 그가 소유한 주택의 공시가격을 한도로 주된 주택소유자와 연대하여 종합부동산세를 납부할 의무가 있다.

제12조【납세의무자】

① 과세기준일 현재 토지분 재산세의 납세의무자로서 다음 각 호의 어느 하나에 해당하는 자는 당해 토지에 대한 종합부동산세를 납부할 의무가 있다.

1. 종합합산과세대상인 경우에는 국내에 소재하는 당해 과세대상토지의 공시가격을 합한 금액이 3억 원(**개인의 경우 세대별로 합산한 금액**을 말하며, 이하 "토지분 종합합산 과세기준금액"이라 한다)을 초과하는 자. 다만, 개인의 경우에는 세대원 중 대통령령이 정하는 주된 토지소유자로 한다.

② 제7조 제2항 및 제3항의 규정은 종합합산과세대상 토지에 대한 종합부동산세를 부과함에 있어서 이를 준용한다.

혼인한 부부나 그들과 동일한 주소 또는 거소에서 생계를 같이 하는 가족과 함께 구성한 1세대에 속하는 자는 이와 같이 혼인을 하였다거나 가족과 함께 세대를 구성하였다는 사유만으로 세대원들이 소유한 주택 등의 공시가격이 세대원 중 주된 주택 등 소유자의 공시가격에 합산됨으로써 개인별로는 과세대상이 아니었다가 과세대상으로 되거나 합산 전의 경우보다 과세표준액이 증가되어 일반적으로 더 높은 누진세율을 적용받는데다가 연대납부의무를 부담하기 때문에, 개인별로 과세되는 독신자, 사실혼 관계의 부부, 세대원이 아닌 주택 등의 소유자 등에 비하여 더 많은 조세를 부담하게 된다.

부부 등 가족이 있는 자를 혼인하지 않은 자 등에 비해 차별취급하는 것이라면 비례의 원칙에 의한 심사에 의하여 정당화되지 않는 한 헌법 제36조 제1항[3]에 위배된다. 이는 차별의 이유와 차별의 내용 사이에 적정한 비례적 균형관계가 이루어져야 함을 의미한다.

부동산과 관련하여 경제생활의 바탕을 개인이 아닌 부부 등 가족으로 구성된 세대로 보고 생활실태에 부합하는 과세를 실현하고 세대원 간에 과세대상 부동산의 증여 등으로 소유권을 인위적으로 분산하여 과세기준 금액과 누진세율의 차이에 따라 조세를 회피하는

---

3 헌법 제36조【혼인과 가정생활, 모성보호, 국민보건】
　① 혼인과 가족생활은 개인의 존엄과 양성의 평등을 기초로 성립되고 유지되어야 하며, 국가는 이를 보장한다.

것을 방지하고자 하는 입법목적의 정당성은 수긍할 수 있다.

가족 간의 증여를 통하여 재산의 소유 형태를 형성하였다고 하여 모두 조세회피의 의도가 있었다고 단정할 수 없고, 배우자가 혼인 전부터 소유하고 있던 부동산이나 가족이 세대를 구성하기 전부터 소유하고 있던 부동산 또는 가족이 자신의 자금으로 취득한 부동산 등은 조세회피를 목적으로 명의를 분산한 것이라고 할 수 없으며, 정당한 증여의 의사에 따라 상속세 및 증여세법에 규정된 최고 세율이 50%에 달하는 증여세를 부담하고 부동산 등의 소유권을 배우자 등 가족에게 이전한 경우에도 이러한 법률관계를 형성하는 것 또한 국민의 권리에 속하는 것이다.

결국, 인위적인 자산 분산에 의한 조세회피의 방지라는 입법목적은 주택 등의 공시가격을 세대별 합산하는 방법을 통해서만 달성할 수 있는 것이 아니라 직계존비속에 대한 양도 시의 증여 추정규정 및 취득세, 등록세도 함께 부담하도록 하는 등의 규정을 통해서도 충분히 달성할 수 있으므로 세대별 합산규정은 달성하고자 하는 공익과 침해되는 사익 사이에 적정한 균형 관계가 없어 헌법 제36조 제1항에 위배된다.

이 사건 결정에 대한 간단한 평석

이 사건 결정 내용 중 가장 눈길을 끄는 부분은 세대별 합산과세를 규정한 조항에 대한 위헌결정이다. 세대별 합산 규정에 의하면,

II. 학교와 집 그리고 안락한 삶에 관한 헌법이야기

소득이 있던 미혼의 두 사람이 만나 결혼을 하게 되면 두 사람의 소득을 합산하게 되어 누진세율 적용에 따라 보다 많은 세금을 내게 된다. 세대별 합산 규정은 부부가 하나의 경제공동체라는 현실을 반영한 것이고 그와 같은 경제적 실태의 측면에서는 나름대로 합리성이 있지만 우리 헌법은 혼인과 가족생활의 보호를 헌법상 원칙으로 선언하고 있고(헌법 제36조), 부부가 반드시 하나의 일치된 경제공동체를 이룬다고 단정하기도 어려운 점 등에서 문제점이 있음을 부인하기 어렵다. 반대로 금융소득 합산과세 폐지와 함께 부동산 보유세 합산 규정을 폐지한 현행의 입법에 의할 때, 세금을 염두에 둔 부부 사이의 인위적 재산분할이 성행할 우려를 배제하기 어려운 측면도 있다.

참고로 소득세의 과세 단위에 관하여, 미국은 개인단위과세와 합산분할과세방식(2분2승제)[4]을 함께 채택하여 개인단위과세를 선택하는 기혼자, 합산분할과세를 선택하는 기혼자, 독신자, 독신 세대주 등 4종의 납세의무자에 대하여 각각 다른 세율로 과세하고 있고, 독일은 부부의 경우 개인단위로의 분리과세와 합산분할과세방식(2분2승제) 중 선택하도록 하는 선택적 2분2승제를 채택하고 있다. 이에 반하여 일본은 순수한 개인단위방식을 채택하고 있다. 우리나라는 개인과세주의를 원칙으로 하면서 예외적으로 공동사업소득에 대하여 가족합산과세주의를 채택하고 있다.

다음 주목할 사항은, 주택분 종합부동산세 부과로 인한 재산권

---

4 누진율 적용을 피하기 위해 소득이 있는 어느 한 쪽의 소득을 반으로 나누고 거기에 세율을 곱한 후 다시 2를 곱해서 세금을 내는 방식을 말한다.

침해 부분에 대한 헌법불합치 결정 부분이다. 이 부분은 토지 및 주택의 면적이나 보유수를 기준으로 투기나 투자에 대한 수요로 간주하고 규제를 하는 것은 인정하나 일정 가액 이상의 주택 보유를 투기나 투자의 징표로 삼으면 안 된다는 것인데, 현재 논의되고 있는 다주택소유자나 1가구 고액 주택 소유자에 대한 누진세율 적용과 관련하여 일정한 기준점을 제시해 주고 있다.

이 사건 결정 이후 불과 한 달 만에 종합부동산세법은 2008. 12. 26. 법률 제9273호로 대폭 개정되었다. 그 주요골자는, ① 세대별 합산규정의 삭제, ② 1세대 1주택자에 대한 과세가액 공제 및 세액공제 범위 확대, ③ 주택분 종합소득세율의 인하와 주택분과 종합합산토지분 세액인상 한도 설정, ④ 과세표준산정에 있어서 공정시장가격 개념 도입 등이다. 이를 좀 더 설명하면 다음과 같다.5

우선, 위헌으로 결정된 세대별 합산 규정을 모두 삭제하였다. 납세의무자를 규정하면서 '개인의 경우 세대별로 합산한다'라는 문구를 비롯하여 세대단위 합산을 전제로 한 모든 조항을 삭제하였다(제7, 12조).

다음, 주거목적으로 한 채의 주택만을 보유하고 있는 자로서 일정기간 이상 보유하거나 과세 대상 주택 이외에 별다른 재산이나 수입이 없어 조세지불 능력이 낮거나 거의 없는 자 등에 대하여, ① 주택분 종합부동산세의 세액 산정 기준이 되는 과세표준을 산정할

---

5 위 개정 이후에도 2017. 7. 26. 개정에 이르기까지 여러 차례에 걸쳐 법 개정이 있었으나 세부적인 사항에 그치고 큰 내용의 변화는 없었다.

II. 학교와 집 그리고 안락한 삶에 관한 헌법이야기

때 기본적으로 주택의 공시가격에서 6억 원을 공제해 주는 데 비하여 1세대 1주택자에게는 3억 원을 추가로 공제하여 과세표준을 산정하고(제8조 제1항), ② 과세기준일 현재 만 60세 이상인 1세대 1주택자는 연령에 따라 세액을 10~30% 공제받을 수 있도록 하며(제9조 제6항), ③ 5년 이상 주택을 보유한 1세대 1주택자 역시 보유기간에 따라 세액을 20~40% 공제받을 수 있도록 하는 규정을 신설하였다(제9조 제7항). 다만, ②, ③항이 중복하여 적용되지는 않도록 하였다.

한편, 헌법재판소가 종부세의 높은 세율과 누진세율로 인하여 원본을 잠식하거나 수년 내에 재산을 무상으로 수용하는 결과가 된다는 납세의무자들의 주장을 배척하고 세율에 대하여 합헌 결정을 하기는 하였으나, 세부담을 완화하기 위하여 ① 주택분 종합소득세율을 낮추고(제9조), ② 주택분과 종합합산토지분 당해연도 종합부동산세의 세부담 상한을 전년도에 부과된 종합부동산세 세액의 100분의 300에서 100분의 150으로 하향 조정하였다(제10, 15조).

마지막으로 부동산 가격 변동이 급격할 경우 등에 대비하여 적정 수준의 세부담이 되도록 공정시장가액 개념을 도입하여 과세표준을 낮추었다(제8, 13조).

에필로그

종합부동산세를 부유함에 대한 조세라는 의미로 종부세(從富稅)라고 부르기도 하는 것처럼 종합부동산세는 빈부의 차이를 가장 민감하게 반영하고 그에 따라 조세의 기능 중 하나인 소득의 재분배 기능을 수행하는 데 중요한 역할을 수행함을 부인하기 어렵다. 다른 한편 구체적으로 실현되지 않은 소득에 대한 과세라는 측면에서 납세자의 조세저항 및 계층간 갈등을 야기할 소지가 큰 조세이기도 하다. 서론에서 보았듯이 조세의 두 가지 원리로 효율과 공평이 있는데, 여기서 효율이란 결국 모든 국민의 합심을 이끌어 낼 수 있는 적정한 과세를 말한다고 보아 크게 틀리지 않을 것이다. 종합부동산세에 관하여도 가장 효율적인 지점을 찾아 실질적 공평의 이념을 달성하는 지혜로운 입법과 이에 관한 국민적 합의를 기대해 본다.

Ⅱ. 학교와 집 그리고 안락한 삶에 관한 헌법이야기

국가에 다시 봉사한다는 이유로
연금을 받지 못하는 퇴역 군인
(헌법재판소 2015. 7. 30. 선고 2014헌바371 결정)

정진기 변호사

다른 퇴역군인은 근로소득이나 사업소득이 아무리 많더라도 적어도 퇴역연금의 절반은 보장되는데, 공무원이나 사립학교 교원으로 재취업한 퇴역군인은 그 재직 기간 동안 퇴역연금을 전혀 받을 수 없다니…

군인 퇴역연금이란?

19년 6개월 이상 군에서 복무하고 퇴역한 군인은 일정한 지급제한 요건에 해당하지 않는 한 사망할 때까지 매월 일정 액수의 돈을 지급받는다. 이를 군인연금 중 '퇴역연금'이라고 한다. 이러한 군인 퇴역연금은 장기간 나라와 국민을 위해 위험을 무릅쓰고 헌신한 군인들의 노후를 보장하는 군인용 사회보장제도의 핵심이라고 할 수 있다. 군인 퇴역연금은 군인들이 매월 지불하는, 정확히 말하면 각 군인의 보수에서 공제되어 적립된 금원(이를 '기여금'이라고 한다)과 국고 부담금을 재원으로 하여 지급된다. 공무원 퇴직연금도 이와 구조는 비슷하나 공무원은 10년 이상 재직을 요건으로 하고 65세부터 퇴직연금을 받을 수 있는데 반해, 군인은 19년 6개월 이상 복무를 요건으로 하고 전역한 때부터 바로 수령할 수 있다.

공무원은 60세가 정년이지만 군인은 계급별 정년이 있어서 제 때에 진급을 하지 못하면 당해 계급에 정해진 정년에 따라 이른 시 기에 당연전역을 할 수밖에 없다. 군의 인사체계상 어쩔 수 없이 조 기에 군을 떠나야 하는 것인데, 인생에 있어서 가장 생활비용이 많 이 들어가는 시기에 직장을 잃으면 노후가 막막할 수밖에 없다. 따 라서 군인에 대해서는 이러한 계급별 조기 정년제도에 따른 불가피 한 사회적 위험으로부터 특별히 보호할 필요가 있다. 또한 국가와 국민의 안전을 보장하기 위해 전시는 물론 평시에도 목숨을 걸고 직 무를 수행해야 하는 군 직무의 특수성도 함께 고려하지 않을 수 없 다. 입법자가 군인의 경우에는 공무원과 달리 전역한 때부터 바로 퇴역연금을 받을 수 있도록 정한 것은 바로 이와 같은 그 나름의 이 유가 있기 때문이다.

퇴역연금 지급정지제도란?

퇴역연금의 지급에는 일정한 법적 제한이 있다. 그 중 하나가 퇴역연금 지급정지제도이다. 100세 시대를 맞이한 오늘의 현실에서,

사망할 때까지 지급되는 연금의 성격상 어떤 연금이든지 간에 재원 고갈 위험에 직면할 수밖에 없다. 이러한 재원 고갈 위험을 최소화하기 위해서는 그 지급에 일정한 법률적 제한을 가할 수밖에 없다. 퇴역연금은 임금후불적 성격을 가지고 있으면서 사회보험적 성격도 지니고 있으므로, 퇴역연금 이외에 근로소득이나 사업소득을 얻고 있어 생활에 지장이 없는 퇴역군인이 있다면 그런 사람에게는 사회보험적 관점에서 퇴역연금 지급을 제한할 수 있다.

이때 어떤 경우에 얼마나 퇴역연금을 정지할 것인지는 원칙적으로 입법 영역의 문제이다. 그러나 그 입법 방식에 있어 헌법적 한계를 넘어선다거나 퇴역연금의 본질적 부분을 해할 정도로까지 퇴역연금 지급을 제한한다면 헌법상 기본권인 재산권 침해 시비를 불러올 수 있다. 퇴역연금 지급정지제도에 대해서는 그간 여러 차례 위헌 시비가 있었고, 몇 번의 법률개정을 통한 개선작업을 거쳐 오늘에 이르고 있다.

퇴역연금 중 기여금에 상당한 부분은 봉급연불적(俸給延拂的)인 성질을 갖고 있으므로, 퇴역연금 지급정지 대상기관에 근무하여 그로부터 보수 기타 급여를 지급받고 있는 때에는 퇴역연금의 2분의 1 이내에서 그 지급을 정지하는 것은 입법자의 형성 재량 범위 내에 속하여 정당하나, 퇴역연금의 2분의 1을 초과하여 지급을 정지하는 것은 위헌이라는 취지의 헌법재판소 결정이 있었다(헌법재판소 1994. 6. 30. 선고 92헌가9 결정). 또한 퇴역연금 전액 지급정지의 대상이 되는 재취업기관의 범위를 하위 법령에 포괄적으로 위임한 것을 문제

삼아 수차례 위헌 결정이 선고되기도 하였다(헌법재판소 2003. 9. 25. 선고 2001헌가 22결정, 2005. 12. 22. 선고 2004헌가24 결정, 2009. 3. 26. 선고 2007헌가5,6,7(병합) 결정).

사립대 교수로 재취업하는 경우 퇴역연금은 0원, 대기업 고소득 임원으로 재취업하는 경우 최소한 퇴역연금의 절반 보장이라니요?

이 글에서 소개하는 사례는 퇴역연금의 전액 지급정지에 관한 것이다. 퇴역연금을 지급정지하더라도 기여금에 상당하는 퇴역연금의 1/2은 보장되어야 한다는 취지의 과거 헌법재판소 결정(헌법재판소 1994. 6. 30. 선고 92헌가9 결정 등)이 있었던 터라 공무원이나 사립학교 교원으로 다시 취업한 경우에 퇴역연금의 전액을 지급정지하도록 한 현행 법률규정이 과연 합헌인가 하는 의문을 충분히 가질 수 있다.

예를 들어 보자. 다른 소득 없이 매월 300만 원의 군인 퇴역연금을 받고 있던 사람이 사립대학교 교수로 취업을 하였는데, 그때부터 퇴역연금을 전혀 받지 못하고 있다. 반면, 다른 소득 없이 매월 300만 원의 군인 퇴역연금을 받고 있던 어떤 사람은 모 대기업 임원으로 취업했는데, 취업 이후에도 퇴역연금의 절반(150만 원)을 계속 받고 있다. 사립대학교 교수의 급여는 대기업 임원보다 훨씬 적다. 그런데도 사립대학교 교수로 취업한 퇴역군인은 그간 받던 매월 300만 원의 퇴역연금을 전혀 받지 못하게 되었고, 대기업 임원은 그간 받던 매월 300만 원의 퇴역연금 중 절반은 계속 받고 있는 것이다.

교수로 취업한 경우나 대기업 임원으로 취업한 경우 모두 소득 규모에 차이가 있을 뿐 소득을 얻고 있다는 점에서는 아무런 차이가 없다. 소득이 있으므로 소득이 있는 동안만큼은 퇴역연금 중 일부를 감액하고 지급하겠다는 것이라면 이해가 될 수 있다. 퇴역연금수급권은 전체적으로 재산권적 보호의 대상이기는 하지만, 기본적으로는 그 목적이 퇴직 후의 소득상실보전에 있으므로 그 성격은 사회보장적인 성격이라고 볼 수 있다. 그러므로 퇴역연금수급권자에게 임금 등 소득이 퇴직 후에 생겼다면 이러한 소득과 연계하여 퇴역연금 일부의 지급을 정지하면서 입법자가 그 지급 정도를 사회정책적 측면과 국가의 재정 및 기금의 상황 등 여러 가지 사정을 참작하여 재량으로 축소하는 것은 원칙적으로 가능하다고 할 수 있다(헌법재판소 2003. 9. 25. 선고 2001헌가22, 2005. 12. 22. 선고 2004헌가24 결정 등). 하지만 대기업 임원 등으로 다시 취업하여 고액 연봉을 받거나 사업체를 경영하여 고소득을 얻고 있는 사람은 그 소득이 아무리 많아도 최소한 퇴역연금의 절반은 받는 데 반해, 사립대학교 교수나 공무원으로 다시 취업하면 재직기간 동안 퇴역연금을 한 푼도 받지 못한다니, 사립대학교 교수로 재취업한 사람의 입장에서 보면 당연히 불만일 수밖에 없다. 자신이 군 복무를 하는 동안 월급에서 기여금이 매달 공제되었고 그처럼 공제되어 적립된 기여금은 퇴역연금의 절반 정도인데, 그 기여금의 액수에 해당하는 절반의 퇴역연금조차도 받을 수 없다면　다른 취업자의 경우와 비교해 보더라도 이는 너무나 불합리하고 불공평한 일이라 하지 않을 수 없다.

이러한 현실에 대하여는, 법률로 정해진 이상 어쩔 수 없는 일이라 체념하고 그대로 감내해야 한다는 입장이 있을 수 있는 반면, 법률이 잘못 만들어진 것이니 다투어서라도 권리를 찾아야 한다는 상반된 입장이 있을 수 있다. 이러한 경우 대부분의 사람들은 법률이 그렇게 되어 있으니 어쩔 수 없다고 보고 일찌감치 다투는 것을 포기하거나 그저 그러려니 하고 받아들이고 만다. 그러나 여기에서 소개하는 사건의 청구인들은 권리 위에 잠자지 아니하고 퇴역연금 전액 지급정지제도의 위헌성을 적극적으로 다투기로 결심하였다. 그리고 필자가 일하는 법무법인에게 도움을 요청하였다.

퇴역연금 전액 지급정지 규정은 합헌일까 위헌일까?

퇴역군인들의 위헌소원 제기 경위

청구인들은 20년 이상 군인으로 복무하다 퇴역한 뒤 2005년부터 2013년 사이에 다시 공무원이나 사립학교 교직원으로 임용되어 근무하였다. 그런데 그 임용 기간 동안 퇴역연금이 전액 지급정지되었다. 이에 청구인들은 퇴역연금 수급자가 군인연금법, 공무원연금법 및 사립학교교직원연금법 등 이른바 직역(職域)연금법의 적용을 받는 군인·공무원이나 사립학교 교직원으로 임용된 경우 그 재직기간 중 해당 연금 전부의 지급을 정지하도록 하고 있는 군인연금법 제21조의2 제1항이 위헌이라고 주장하면서, 해당 재직기간 동안의 퇴역연금액 중 1/2에 해당하는 금액의 지급을 청구하는 소송을 제기하였다. 소송 계속 중 위 법률 조항에 대한 위헌법률심판제청을 신청하였다. 그 결과 2014. 7. 22. 퇴직연금 지급청구와 위헌법률심판제청 신청이 제1심 재판부에 의하여 모두 기각되었다. 그러자 청구인들은 2014. 8. 21. 이 사건 헌법소원심판을 청구하였다.

이처럼 법률의 위헌 여부가 재판의 전제가 되는 경우에는 법원에 위헌심판제청 신청을 할 수 있고 위헌심판제청 신청이 기각되었다면 헌법재판소에 헌법소원심판을 청구할 수 있다. 이 헌법소원심판 청구를 '위헌소원'이라 부르기도 한다.

___ 청구인 측 주장

청구인들은 재판 과정에서 다음과 같이 주장하였다.

첫째, 이 사건 심판대상조항인 군인연금법 제21조의2 제1항은 평등원칙에 위배된다.

퇴역연금 수급자가 직역연금법의 적용을 받는 군인·공무원 또는 사립학교 교직원으로 임용되면 법률에 따라 그 재직기간 중 해당 연금 전부의 지급이 정지되는데, 이에 반해 퇴역연금 수급자에게 연금 외 사업소득이나 근로소득이 있고 이러한 연금 외 소득자의 각 소득금액 또는 이를 합산한 소득금액의 월평균금액이 전년도 평균임금월액을 초과한 때에는 군인연금법 제21조의2 제2항에 따라 퇴역연금의 2분의 1을 초과하지 않는 범위 안에서 소득수준에 따라 연금액의 일부만 지급 정지된다.

그런데 2009. 2. 6. 연금연계법이 제정됨에 따라 직역연금법 적용 재취업자와 연금 외 소득자를 차별할 아무런 합리적 이유가 없는데도, 직역연금법 적용 재취업자에 대해 재취업 기간 동안 해당 연금 전부의 지급을 정지하는 이 사건 심판대상조항은 평등원칙에 위배된다.

둘째, 심판대상조항은 재산권을 과도하게 침해한다.

퇴역연금 중 본인의 기여금에 해당하는 부분은 재직 중 근로의 대가로 지급하였어야 할 임금의 후불적 성격이 강하다. 따라서 재산권적 보호가 더 강조되어야 한다.

결국 심판대상조항이 직역연금법 적용 재취업자에 대해 퇴역연금액 중 기여금에 상응하는 부분에 대해서조차 지급을 정지하도록 하고 있는 것은 청구인들의 재산권을 과도하게 침해한다.

_____ 이해관계인 국방부장관의 의견

이에 대하여 상대방 측 이해관계인인 국방부장관을 대리한 정부법무공단은 아래와 같은 취지의 의견서를 제출하였다.

군인연금과 공무원연금 및 사립학교교직원연금은 동일한 사회적 위험에 대비하기 위한 하나의 통일적 제도로서 직역의 이동이 있는 경우 재직기간의 합산이 가능하므로 실질적으로 퇴역연금의 지급사유가 발생한다고 볼 수 없다. 따라서 연금 외 소득자와 달리 퇴역연금의 전부를 지급 정지하더라도 그 차별에는 합리적인 이유가 있고, 재산권을 과도하게 침해한 것이 아니다.

II. 학교와 집 그리고 안락한 삶에 관한 헌법이야기

주요 쟁점별 헌법재판소의 판단결과를 정리해 보면 아래와 같다.

직역연금제도

군인연금 및 공무원연금과 사립학교교직원연금 등 직역연금은 특정한 직역을 대상으로 하여 운영되는 독립적인 제도이다. 그런데 이들은 모두 기본적으로 공적연금으로서 군인·공무원·사립학교교직원 및 그 유족의 생활안정과 복리향상에 기여함을 목적으로 하고(군인연금법 제1조, 공무원연금법 제1조, 사립학교교직원연금법 제1조), 보험사고의 유형이 퇴직·사망 및 업무상 질병·부상·재해 등으로 동일하다(군인연금법 제6조, 공무원연금법 제25조, 사립학교교직원연금법 제33조). 또 복무기간 계산방법(군인연금법 제16조, 공무원연금법 제23조, 사립학교교직원연금법 제31조), 급여의 종류, 급여액 산정방법(군인연금법 제2장, 공무원연금법 제4장, 사립학교교직원연금법 제4장)이 비슷할 뿐만 아니라, 급여비용 중 일부를 사용자인 국가 및 사학기관이 부담한다(군인연금법 제39조, 공무원연금법 제69조, 사립학교교직원 연금법 제46~47조).

한편, 직역연금 퇴역연금 수급자가 다시 군인·공무원 및 사립학교교직원으로 임용되면, 수급자의 선택에 따라 종전 재직기간을 연금계산의 기초가 되는 재직기간에 합산할 수 있고(군인연금법 제16조 제6항, 공무원연금법 제23조 제2항, 사립학교교직원 연금법 제32조 제1항), 이를 위하여 국방부장관(군인연금기금)·공무원연금관리공단·사립학교교직원연금관리공단 사이에 연금액 이체제도를 두고 있다(군인연금법 제40조의2, 공무원연금법 제70조, 사립학교교직원연금법 제52조의2 제1항). 재직기간합산을 신청하는 경우에는 군인·공무원 및 사립학교교직원으로서 퇴직할 때 받은 퇴직급여액에 이자를 합한 금액을 전액 반납하고 최종 퇴직할 직역에서 급여를 수급해야 하는데, 다만 퇴직 시 연금을 받기로 한 사람의 경우에는 이미 수급한 연금액을 반납할 필요가 없다.

이렇듯 직역연금은 보험대상이 서로 달라 각각 독립하여 운영되고 있을 뿐 동일한 사회적 위험에 대비하기 위한 하나의 통일적인 제도라 할 수 있다(헌법재판소 2007. 10. 25. 선고 2005헌바68 결정; 2009. 7. 30. 선고 2007헌바113 결정 등 참조).

재산권 침해 여부

(1) 군인연금법상 퇴역연금수급권은 사회보장수급권과 재산권이라는 두 가지 성격이 불가분적으로 혼화되어, 전체적으로 재산권의 보호 대상이 되면서도 순수한 재산권만이 아닌 특성을 지닌다(헌법재판소 2007. 10. 25. 선고 2005헌바68 결정). 따라서 비록 퇴역연금수급권이 재산권으로서의 성격을 일부 지닌다고 하더라도 사회보장법리에 강하게 영향을 받을 수밖에 없다. 입법자는 퇴역연금수급권의 구체적 내용을 정할 때 재산권보다 사회보장수급권적 요소에 중점을 둘 수 있고 이 점에 관하여 입법형성의 자유가 있다. 따라서 퇴역연금 수급자에게 소득이 있는 경우 어느 범위에서 퇴역연금 수급을 제한할 것인지에 대해서는 국가의 재정능력, 국민 전체 소득 및 생활수준, 그 밖에 여러 가지 사회·경제적 여건 등을 종합하여 합리적 수준에서 결정할 수 있고, 그 결정이 현저히 자의적이거나 사회적 기본권의 최소한 내용마저 보장하지 않은 경우에 한하여 헌법에 위반된다고 할 수 있다(헌법재판소 1999. 4. 29. 선고 97헌마333 결정 참조).

(2) 퇴역군인이 군인·공무원 또는 사립학교교직원으로 재취업하여 보수와 급료를 받고 직역연금법 적용을 받음과 동시에 군인연금법상 퇴역연금까지 받게 되면, 국가 예산으로 '보수'와 '연금'을 모두 받는 이중수혜의 문제가 발생한다. 이는 평균수명이 늘어남에 따른 연금수급자 증가로 인하여 군인연금 고갈과 국민 세부담 증가를 초래할 수 있다.

이에 국고 부담을 줄이고 한정된 재원으로 소득 없는 군인의 경제적 생활안정과 복리향상을 도모하기 위해서는 연금 지급이 필요하지 않은 경우 그 지급을 정지할 필요성이 있으므로, 심판대상조항은 공공복리를 위한 것으로 그 입법목적이 정당하다.

(3) 군인연금 및 공무원연금과 사립학교교직원연금은 보험의 대상이 서로 달라 각각 독립하여 운영되고 있지만 동일한 사회적 위험에 대비하기 위한 하나의 통일적 제도이므로 이들 사이에서 직종을 옮긴다 하더라도 전체 사회보험 관점에서 보면, 적용 법률이 달라질 뿐 퇴직이라는 실업상태가 발생한 것은 아니다. 그러므로 퇴직한 군인으로서 퇴역연금 수급자가 직역연금법 적용기관에 재취업한 경우에는 퇴역연금 지급사유가 발생하지 않은 것으로 볼 수 있다.

또한 심판대상조항으로 인해 직역연금법 적용기관에 재취업한 기간 동안 퇴역연금 지급이 전액 정지되더라도, 퇴직수당 등 다른 급여의 지급이 정지되는 것은 아니고, 수급자의 선택에 따라 종전 재직기간을 연금 계산의 기초가 되는 재직기간에 합산할 수 있다. 특히, 군인연금의 경우 퇴역연금 지급개시연령을 두지 않고 있어 연금 수급을 위한 최소 가입기간 요건만 충족하면 퇴직 후 바로 연금이 지급되고, 계급별 조기 정년제로 인해 기여금 납부기간이 짧은 반면 급여기간은 길어지게 되어 연금 혜택이 다른 직역연금에 비해 높은 점 등에 비추어 보면, 심판대상조항으로 인해 퇴역연금 수급자가 입게 되는 불이익이 크다고 평가하기도 어렵다.

여기에 군인이 납부하는 기여금과 국가 또는 지방자치단체가 부담하는 부담금 등의 재원을 각각 사회보장급여·보험료·후불임금으로 구분하여 명확히 귀속시킬 수 없는 점을 더하여 보면, 심판대상조항이 직역연금법 적용 재취업자에 대해 재취업 기간 동안 퇴역연금 전액의 지급을 정지하도록 하였다 하여, 재산권 제한에 있어 입법형성의 한계를 벗어났다고 볼 수 없다.

국가에 다시 봉사한다는 이유로 연금을 받지 못하는 퇴역 군인

평등원칙 위반 여부

(1) 동일한 퇴역연금 수급자라 하여도 청구인들과 같은 직역연금법 적용 재취업자의 경우에는 심판대상조항에 따라 소득 수준을 불문하고 퇴역연금 전액 지급이 정지되는 반면, 연금 외 소득자의 경우에는 퇴역연금액의 2분의 1을 초과하지 않는 범위 안에서 소득수준에 따라 그 일부만 지급정지 된다는 점에서, 심판대상조항이 평등원칙에 위반되는지 여부가 문제된다. 그런데 군인연금은 기본적으로 보험원리에 사회조정원리를 도입한 사회보장제도의 하나로, 입법자는 퇴역연금 수급권의 내용을 결정할 때 군인연금기금의 재정상황, 국가의 재정부담능력, 전체적 사회보장 수준 등 여러 사정을 고려하여 정할 수 있는 재량을 가지고 있고, 이러한 입법자의 판단은 원칙적으로 존중되어야 한다. 따라서 이는 기본적으로 국가의 입법정책에 달려 있는 영역이며, 헌법에서 특별히 평등을 요구하고 있는 영역이라고 할 수 없으므로, 이를 심사함에 있어서는 입법자의 결정에 합리적 이유가 있는지를 심사하면 충분하다.

(2) 군인연금법상 퇴역연금의 지급정지 사유는 크게 지급사유가 소멸된 경우와 소득이 발생한 경우로 구분되고, 전자의 경우에는 지급사유가 소멸되어 전부 정지되는 반면 후자의 경우에는 소득 수준에 따라 일부만 정지된다. 직역연금법 적용 재취업자의 경우 전자에 해당되는 것으로 보고 전액 지급을 정지하고 연금 외 소득자의 경우 후자에 해당되는 것으로 보고 일부만 정지하고 있다. 입법자의 이러한 판단이 입법형성의 한계를 벗어나지 아니하였음은 위에서 본 것과 같고, 같은 이유에서 입법자의 이러한 결정에는 합리적 이유가 있다고 인정된다.

한편, 2009. 2. 6. 제정된 연금연계법은 연금액을 최종 재직 연금관리기관에서 산정하여 지급하는 현행 직역연금 간 합산제도와는 달리, 가입기간만 연계하고 급여는 각각의 기금에서 각 연금의 가입기간에 기초하여 각각의 연금을 산정하여 지급한다. 따라서 연금연계법에서 말하는

'연계'는 앞서 본 직역연금법 적용 재취업자에게 적용되는 '재직기간 합산'과는 차이가 있다. 따라서 연금연계법의 제정으로 직역연금법 적용 재취업자와 연금 외 소득자를 구별할 이유가 사라졌다고 볼 수 없다.

그렇다면 직역연금법 적용 재취업자의 경우 연금 외 소득자와 달리 퇴역연금 전액 지급을 정지하더라도 이러한 차별에는 합리적 이유가 있으므로, 심판대상조항은 평등원칙에 위배되지 아니한다.

단상(斷想) 그리고 진한 아쉬움

헌법재판소는 헌법에서 특별히 평등을 요구하는 영역이 아니라는 이유로 평등권 침해 여부에 대하여 완화된 심사 기준을 적용하였다. 그리고 직역연금법 적용 재취업자와 연금 외 소득자 사이의 차별 취급 자체에 중점을 두기보다는 연금 재정의 고갈 문제를 완화하려는 입법정책적 고려를 더 중시하였다. 이러한 헌법재판소의 결론에 대해 논리적인 측면에서 볼 때 아쉽다고 느낀 점 몇 가지만 이야기하며 이 글을 마무리하고자 한다.

헌법재판소는 퇴역연금 지급 사유가 소멸된 경우와 소득이 발생한 경우로 크게 나누었다. 그런데 그와 같이 나누는 기준이 무엇인지 왜 그와 같이 나누어야 하는 것인지에 대해서는 이렇다 할 설명이 없고, 그와 같은 구분 자체가 논증의 근거가 될 수 있는지도 의문이다. 그리고 이 사건은 직역연금법 적용 재취업자와 연금 외 소득자 사이의 차별 취급 문제에 관한 것인데, 헌법재판소는 군인연금 수급권자와 다른 직역연금 수급권자를 비교하였다. 또한, 헌법재판소는 군인이 납부하는 기여금과 국가 또는 지방자치단체가 부담하는 부담금 등의 재원을 각각 사회보장급여·보험료·후불임금으로 구분하여 명확히 귀속시킬 수 없다고 하였는데, 헌법재판소 1994. 6. 30. 선고 92헌가9 결정에서 기여금에 상당하는 부분은 퇴역연금의 2분의 1임을 전제로 퇴역연금의 2분의 1을 초과하여 지급 정지하는 것은 청구인의 재산권을 침해하는 것이라는 취지로 결정한 바 있다.

마지막으로, 헌법재판소는 직역연금법 적용 기관 재취업자의 경우에 퇴역연금 지급 사유가 소멸된 것으로 볼 수 있는 근거 중 하나로 재직기간 합산의 가능성을 들고 있다. 그런데 청구인들의 경우는 실제 재직기간을 합산하지 않았거나 이미 재직기간이 법정 상한(33년)에 달하여 합산 자체가 애당초 불가능하였다. 이와 같은 경우에도 과연 퇴역연금 지급 사유가 소멸되었다고 볼 수 있을까? 청구인들의 이러한 주장에 대해 헌법재판소는 아쉽게도 침묵하였다.

III

법률제도와 정치에 관한
헌법이야기

도지사님의 업무일지를
마음대로 가져가도 되나요?

(대법원 2007. 11. 15. 선고 2007도3061 전원합의체 판결)

김재춘 변호사

상황 재연

장면 #1)   도지사 정책특보실

A 검사와 B 수사관은 압수·수색영장에 적혀있는 대로 도지사 정책특보실의 책상과 서랍을 뒤지면서 지난 지방선거 과정에서 행해진 도지사의 선거법 위반 범행사실을 뒷받침할 수 있는 증거서류를 열심히 찾고 있다. 그런데 갑자기 도지사의 비서관인 C가 도지사의 업무일지 등을 옆구리에 낀 채 정책특보실과는 칸막이로 구획되어 있는 비서실장실의 출입문을 열고 들어온다. 이에 A 검사는 수색을 중단하고 C에게 다가가 도지사의 업무일지를 비롯하여 소지하고 있는 물품을 압수할 테니 넘겨달라고 요구한다. C가 거부하자 A 검사는 '내가 누군지 아느냐, 나는 제주지검 A 검사다. 검찰에 가서 조사를 받고서야 서류를 내 주겠느냐'라는 취지의 말로 C를 제압하고 그로부터 빼앗다시피 업무일지 등 물품을 압수한 후 돌아간다.

장면 #2)   ○○지방법원 제203호 형사법정

　　공직선거법위반죄로 재판을 받는 D 도지사가 법정에 출석해 피
고인석에 앉아 있고, 필자가 근무하는 법무법인 소속 E 변호사는 그
옆에 서서 '검사가 D에 대한 공직선거법 위반사건의 증거로 제출한
업무일지 등은 영장주의에 위반하여 위법하게 수집한 증거이므로 증
거가치가 없고, 이 업무일지 등에 기해서 얻어낸 관계자 F의 진술
등도 2차증거로서 증거능력이 없다. 그렇다면 D의 공직선거법위반
공소사실에 대하여는 이를 뒷받침할 증거가 없으므로 D에 대하여
무죄를 선고해 달라'고 피고인을 위해 변론하고 있다.
　　이 사건에서 만약 여러분이 재판장이라면 E 변호사의 주장에
대하여 어떤 결론을 내리겠습니까?

적법한 절차에 따르지 않고 수집한 증거도 증거가치가 있을까요?

　　이 사건의 핵심 쟁점은 검사가 압수한 업무일지 등을 증거로 쓸
수 있는지 여부입니다. 이것이 문제되는 이유는, 사람의 진술이 강요
나 불법적 절차에 의하여 이루어지는 때에는 그 진술의 내용이 진실
과 다르게 왜곡될 위험성이 있으나, 물건은 비록 그 획득절차가 불
법적이었다 할지라도 물건 자체의 성질이나 형상 등이 변하는 것은
아니므로 증거가치에는 변함이 없다고 생각할 수 있기 때문입니다.
　　더구나 진술증거, 특히 자백에 대해서는 헌법 제12조 제7항과

형사소송법 제309조에 '고문, 폭행, 협박 등으로 인하여 임의로 진술한 것이 아니라고 의심할 만한 이유가 있는 때에는 증거로 할 수 없다'는 명문의 규정을 두었으나, 비진술증거인 증거물에 대해서는 이 사건 재판 당시 이러한 명문의 규정이 없었기 때문에 논란의 소지가 더욱 충분하였던 것입니다.

이야기를 시작하기에 앞서 압수·수색영장에는 무엇을 기재하는지 먼저 살펴볼 필요가 있습니다. 압수·수색영장에는 압수·수색할 물건을 구체적, 개별적으로 표시하여 기재하고 압수·수색할 장소 역시 특정하여 기재합니다. 따라서 압수·수색영장에 압수·수색할 장소로 기재되지 않은 곳에서 압수·수색하거나 압수할 물건으로 기재되지 아니한 물건을 제3자로부터 강제로 압수하는 것이 과연 가능한가, 그리고 이렇게 압수한 압수물을 유죄의 증거로 사용할 수 있는가라는 문제가 쟁점으로 떠오르는 것입니다.

법원은 어떤 판단을 해왔는가요?

종래 우리 대법원은, 사법경찰관이 압수·수색영장 없이 이적표현물을 압수한 사안에서 압수물은 압수절차가 위법하다 하더라도 그 물건 자체의 성질, 형상에 변경을 가져오는 것은 아니어서 그 형상 등에 관한 증거가치에는 변함이 없으므로 증거능력이 있다고 일관하여 판단해 왔습니다. 이러한 대법원의 판단은 ① 증거수집절차의 위법은 그 증거의 실질적 가치에 영향을 미치지 않는다, ② 압수물의 증거능력을 절차위반을 이유로 배제하는 것은 실체적 진실발견을 어렵게 하여 사법에 대한 일반인의 신뢰를 손상시킨다, ③ 위법행위에 대해서는 별도의 제재와 구제수단을 강구하면 충분하다, ④ 진술증거와는 달리 증거물은 반환하여도 다시 압수할 수 있으므로 무용의 절차를 반복할 필요가 없다는 점 등을 논거로 하고 있습니다.

이에 대하여는 그동안 많은 비판이 있었습니다. 즉, 헌법이 보장하는 적법절차원리를 진술증거와 비진술증거에 대하여 달리 취급할 이유가 없고, 위법하게 수집한 압수물을 그대로 증거로 쓸 수 있다고 한다면 이는 기본권보호의무를 부담하는 법원이 오히려 수사기관으로 하여금 불법압수의 유혹을 이겨내지 못하도록 만들어 불법을 조장하는 결과를 초래할 뿐 아니라 이미 미국 등 선진국에서는 진술증거와 비진술증거를 구분하고 있지 않다는 것이 비판의 주된 내용입니다. 이러한 비판론과 함께 특히 미국에서는 위법하게 수집한 증거물의 증거능력을 부정한 이후 압수·수색영장 사용이 증가하는 등 수사과정에서 경찰과 검찰의 확연한 절차 변화가 감지되고, 각 수사관들의 개인적 의식에도 상당한 변화가 찾아왔다는 실증적 연구결과가 제시되기도 하였습니다.

결국 우리 대법원도 D 도지사 사건에서 종래의 입장을 변경[1]하였습니다. 대법원은 판결문에서 그 이유에 대하여 '기본적 인권 보장

---

1 이처럼 대법원이 이 사건에서 종래의 입장을 변경하였기 때문에 이 사건 판결번호 말미에 전원합의체 판결이라고 표시되어 있습니다. 대법원이 종전 판례를 변경하고자 할 때에는 대법관 전원이 참석하는 전원합의체 판결로써 변경하도록 법령에 규정되어 있습니다.

을 위하여 압수·수색에 관한 적법절차와 영장주의의 근간을 선언한 헌법과 이를 이어받아 실체적 진실 규명과 개인의 권리보호 이념을 조화롭게 실현할 수 있도록 압수·수색절차에 관한 구체적 기준을 마련하고 있는 형사소송법의 규범력은 확고히 유지되어야 한다. 헌법과 형사소송법이 정한 절차에 따르지 아니하고 수집한 증거는 기본적 인권 보장을 위해 마련된 적법한 절차에 따르지 않은 것으로서 원칙적으로 유죄 인정의 증거로 삼을 수 없다. 그 이유는 수사기관의 위법한 압수·수색을 억제하고 재발을 방지하는 가장 효과적이고 확실한 대응책은 이를 통하여 수집한 증거는 물론 이를 기초로 하여 획득한 2차적 증거를 유죄 인정의 증거로 삼을 수 없도록 하는 데 있기 때문이다'라고 설명하였습니다.[2]

그러면서도 대법원은 '다만, 법이 정한 절차에 따르지 아니하고 수집한 압수물의 증거능력 인정 여부를 최종적으로 판단함에 있어서는 실체적 진실 규명을 통한 정당한 형벌권의 실현도 헌법과 형사소송법이 형사소송 절차를 통하여 달성하려는 중요한 목표이자 이념이므로, 형식적으로 보아 정해진 절차에 따르지 아니하고 수집한 증거라는 이유만을 내세워 획일적으로 그 증거의 증거능력을 부정하는 것 역시 헌법과 형사소송법이 형사소송에 관한 절차 조항을 마련한 취지에 맞는다고 볼 수 없다. 따라서 수사기관의 증거 수집 과정에서 이루어진 절차 위반행위와 관련된 모든 사정 즉, 절차 조항의 취

---

2 형사소송법 제308조의2(2007. 6. 1. 신설, 2008. 1. 1.부터 시행): 적법한 절차에 따르지 아니하고 수집한 증거는 증거로 할 수 없다.

도지사님의 업무일지를 마음대로 가져가도 되나요?

지와 그 위반의 내용 및 정도, 구체적인 위반 경위와 회피가능성, 절차 조항이 보호하고자 하는 권리 또는 법익의 성질과 침해 정도 및 피고인과의 관련성, 절차 위반행위와 증거수집 사이의 인과관계 등 관련성의 정도, 수사기관의 인식과 의도 등을 전체적·종합적으로 살펴볼 때 수사기관의 절차 위반행위가 적법절차의 실질적인 내용을 침해하는 경우에 해당하지 아니하고, 오히려 그 증거의 증거능력을 배제하는 것이 헌법과 형사소송법이 형사소송에 관한 절차 조항을 마련하여 적법절차의 원칙과 실체적 진실 규명의 조화를 도모하고 이를 통하여 형사 사법 정의를 실현하려 한 취지에 반하는 결과를 초래하는 것으로 평가되는 예외적인 경우라면, 법원은 그 증거를 유죄 인정의 증거로 사용할 수 있다고 보아야 한다. 이는 적법한 절차에 따르지 아니하고 수집한 증거를 기초로 하여 획득한 2차적 증거의 경우에도 마찬가지여서, 절차에 따르지 아니한 증거 수집과 2차적 증거 수집 사이 인과관계의 희석 또는 단절 여부를 중심으로 2차적 증거 수집과 관련된 모든 사정을 전체적·종합적으로 고려하여 예외적인 경우에는 유죄 인정의 증거로 사용할 수 있다'는 판단을 다수의견으로 내놓았습니다.

이러한 다수의견에 대하여 3명의 대법관은 '법이 정한 절차에 따르지 아니하고 수집한 압수물의 증거능력 유무를 판단함에 있어서는 적법절차의 요청과 실체적 진실규명의 요청을 조화시키는 균형이 유지되어야 한다. 그런데 다수의견이 제시하는 기준은 그 취지가 분명하지 아니할 뿐 아니라 지나치게 엄격한 기준으로 위법수집증거의 배제원칙을 선언함으로써 자칫 실체적 진실 규명을 통한 형벌권의 적정한 행사라는 형사 사법의 또 다른 목표의 달성을 불가능하게 하거나 지나치게 어렵게 만들 우려가 있다. 그러므로 수집절차에 위법이 있는 압수물의 증거능력은 법원이 그 증거수집 절차와 관련된 모든 사정 즉, 절차조항의 취지와 그 위반의 내용 및 정도, 구체적인 위반 경위와 회피가능성, 절차 조항이 보호하고자 하는 권리 또는 법익의 성질과 침해 정도, 수사기관의 인식과 의도 등을 전체적·종합적으로 고려하여 볼 때 그 증거수집 절차의 위법사유가 영장주의의 정신과 취지를 몰각하는 것으로서 그 증거의 증거능력을 부정해야 할 만큼 중대한 것이라고 인정될 경우에는 그 증거능력을 부정하여야 하고, 그 위법 사유가 이 정도에 이르지 아니하는 경우에는 그 압수물의 증거능력을 부정하여서는 아니 된다'는 별개의견을 제시하였습니다.

그렇다면 위법수집증거 배제법칙은 헌법상 원칙인가요?

바로 이 점 때문에 이 사건은 헌법재판소 결정이 아니라 대법원 판결로 종결된 형사사건임에도 불구하고 헌법재판 사건들을 다룬 이 책에서 함께 소개하는 것입니다.

헌법 제12조 제7항은 '피고인의 자백이 고문, 폭행, 협박, 구속의 부당한 장기화 또는 기망 기타의 방법에 의하여 임의로 진술된 것이 아니라고 인정될 때에는 이를 유죄의 증거로 삼을 수 없다'라고 규정하여 진술증거의 경우 임의성이 의심될 만한 사정이 있는 때에는 증거능력을 배제하도록 명시하였습니다. 또한, 헌법은 제헌 당시부터 '법률에 의하지 아니하고는 체포·구금·압수·수색 등을 당하지 않는다'는 적법절차 원리를 명문의 규정으로 두어 오다가, 1962년 개정헌법에서 임의성 없는 자백의 증거능력 배제 규정을 최초로 도입하였습니다. 그 후 1972년 개정헌법(일명 유신헌법)에서는 이 규정이 삭제되었으나 1980년 개정헌법에서 다시 부활하였습니다.

이러한 제·개정 연혁을 고려해 볼 때, 우리 헌법은 범죄 수사 과정에서 유죄의 증거를 얻기 위해 신체의 자유 등 인권을 침해하는 강압적 방법이 사용될 위험성과 실제로도 이러한 인권침해 수사방법이 사용되고 있다는 사실에 대한 깊은 인식을 바탕으로, 이 같은 불법적 방법으로 획득한 증거를 유죄의 증거로 사용하지 못하도록 함으로써 불법적인 수사관행을 척결하고 인권을 보장하기 위해 위와 같은 적법절차에 대한 규정을 특별히 마련하였음을 알 수 있습니다. 그렇다면 증거의 위법수집 행위에 대한 제재효과로 위법수집증거의 증거능력을 배제하는 것 역시 우리의 헌법적 결단이라고 말할 수 있습니다. 그러므로 이 사건에 대한 판결은 비록 대법원에서 선고되었지만 헌법재판소에 의한 헌법재판 결정과 그 궤를 같이 하고 있다고 볼 수 있습니다.

위법하게 수집한 증거의 증거능력을 배제하는 구체적 근거는 무엇인가요? - 영장주의 위반

▬▬ 제3자에 대한 압수·수색금지위반

형사소송법 제114조 제1항은 '압수·수색영장에는 피고인(또는 피의자)의 성명, 죄명, 압수할 물건, 수색할 장소, 신체, 물건, 발부연월일, 유효기간과 그 기간을 경과하면 집행에 착수하지 못하며 영장을 반환하여야 한다는 취지 기타 대법원규칙으로 정한 사항을 기재하고 재판장 또는 수명법관이 기명날인하여야 한다'라고 규정합니다. 이에 따라 영장에는 '피고인(또는 피의자)의 성명'과 '수색할 신체'가 특정되어 있어야 합니다. 만약 제3자가 압수·수색장소에 우연히 있었을 뿐 압수·수색영장에 전혀 기재된 바 없다면 피의자에 대한 압수·수색영장에 의하여 집행되는 압수·수색이 피의자가 아닌 제3자에게까지 확대되어 이루어질 수는 없습니다.

이 사건의 압수·수색영장에는 비서관인 C가 피의자나 피내사자로 기재되어 있지 않았습니다. 이에 대하여 검사는 공판 과정에서 '압수·수색 장소에 있는 사람이라면 사건과 관계없는 사람이라도 소지품을 전부 압수할 수 있다'는 취지의 주장을 하였으나, 이는 영장주의에 반하는 주장이므로 채택되지 않았습니다. 또한, 당시 영장에는 압수·수색·검증할 수 있는 신체에 관하여는 아무런 기재가 되어 있지 아니하였고, 압수·수색·검증할 물건과 장소만 기재되어 있었습니다. 따라서 영장주의 원칙상 이 영장에 의한 검사의 압수·수색

대상은 영장에 기재된 압수·수색장소에 보관되어 있는 물건에 국한한다고 봄이 당연합니다. 이처럼 영장 집행대상의 범위를 제한적으로 해석하지 않는다면 압수·수색장소에 있는 사람이라면 누구나 신체수색과 압수를 당할 수 있다는 결과가 되어 영장주의 원칙은 유명무실화될 수밖에 없습니다. 따라서 검사의 C에 대한 압수·수색은 영장에 기하지 않은 위헌적 행위라는 결론에 이르는 것입니다.

▦ 압수·수색 장소의 불특정

한편, 이 사건의 압수·수색영장은 압수수색할 장소를 "제주도청 내 피내사자들 사무실 및 제주도청 환경도시국, 보건복지여성국, 특별자치도 추진기획단, 국제주유도시관광국, 재정경제국, 정책개발담당관실 사무실…(이하 생략)"로 명확하게 특정하고 있었습니다. 그런데 A 검사의 C 비서관에 대한 압수·수색은 압수·수색영장에 기재되지도 않은 비서실장실에서 이루어졌습니다. 당시 비서실장과 정책특보는 칸막이로 나누어진 각자의 공간을 사용하면서 각기 독립적인 업무를 담당하고 있었습니다. 따라서 C에 대한 압수·수색은 영장에 기재되지 않은 장소에서 이루어졌으므로 위법하였던 것입니다.

관계자 F의 자백은 증거로 쓸 수 있나요?

이 사건에서 변호사는 '제출한 업무일지 등은 영장주의에 위반하여 위법하게 수집한 증거이므로 증거가치가 없고, 이 업무일지 등에 기해서 얻어낸 관계자 F의 진술 등도 2차 증거로서 증거능력이 없다'고 변론하였습니다. 이러한 변호사의 주장은 타당한 것일까요? 즉, 이 질문은 최초 증거가 위법하게 수집된 것이라면 그 증거를 근거로 하여 수집된 2차 증거도 당연히 증거능력이 부정되어야 하는가를 묻는 것입니다.

　　유전법칙이 적용되는 생물체에서 장애는 선천적인 것과 후천적인 것으로 구분될 수 있고, 유전적 장애가 아니라면 선대의 장애가 후대에게 바로 이어지지는 않습니다. 그런데 만약 독이 든 나무에 과일이 열렸다면 그 과일에는 모두 독이 들어 있을까요? 그렇다고 보는 견해가 이른바 독수독과이론(毒樹毒果理論, the 'fruits of the poisonous tree' doctrine)입니다. 즉, 위법하게 수집된 증거(毒樹)에 의하여 취득된 제2차 증거(毒果)의 증거능력도 마찬가지로 배제하여야 한다는 이론입니다. 이는 위법하게 수집한 제1차 증거물 또는 자백의 증거능력을 배제하더라도 이로부터 파생된 제2차 증거의 증거능력을 인정한다면 제1차적 증거를 배제하는 근본취지가 약해지므로, 이러한 제2차적 증거의 증거능력 역시 배제함으로써 위법수집증거 배제법칙의 실효성을 확보하기 위하여 탄생한 이론입니다.

　　1769년 영국 제1대 맨스필드 백작이자 대법관이 었던 윌리엄 머리(William Murray, 1st Earl of Mansfield) 는 '민사소송에서는 법원이 원고와 피고에게 그들의 의사에 반하는 증거를 도출하도록 강제할 수 있으나, 형사소송에서는 피고인의 의사에 반하여 이뤄지는 어

떤 증거의 도출도 강제할 수 없다', '피고인에게서 갈취한 어떤 증거나 자백도 공판에서 피고인에게 해를 끼칠 수 없다'고 판시함으로써 위법수집증거 배제법칙을 세계 최초로 주장한 법률가로 알려져 있습니다.

그로부터 오랜 시일이 흐른 1920년경에 이르러 미국에서는 한 걸음 더 나아가 독수독과이론에 입각한 판결이 나오기 시작했습니다. 그 시초는 연방대법원의 유명한 'Silver-thorne Lumber v. U.S., 251 U.S. 385(1920)' 판결입니다. 이 판결에서 미국 연방대법원은 '법원의 소환장은 불법한 압수로 획득한 문서의 내용에 기초하여 발부되었으므로 유효하지 않다'는 입장을 취함으로써 독수독과이론의 기본골격을 제시하였습니다. 이를 시발로 미 연방대법원은 위법하게 압수·수색한 증거를 제시하여 얻은 자백[Fahy v. Connecticut, 375 U.S. 85(1963)], 위법하게 도청된 대화로부터 얻은 증거[Katz v. Unites States, 388 U.S. 347(1967)], 변호권을 침해하여 얻은 진술을 기초로 하여 얻은 증거[Escobedo v. Illinois, 378 U.S. 478(1964)] 등의 증거능력을 부정하는 판결을 잇달아 내놓았습니다. 그 후 연방대법원은 '제거된 오염의 예외(the purged taint exception)', '독립출처의 예외(the independence source exception)', '가정적 상황에 기초한 불가피한 발견의 예외(inevitable discovery exception)' 등 독수독과이론의 예외를 판례로 만들어내기도 하였으나 독수독과이론을 기본원칙으로 삼고 있음에는 변함이 없습니다.

이러한 미국의 독수독과이론은 역으로 영국에 수출되어 수용되었습니다. 'R. v. McGovern(1991) 92 Cr. App. R. 228' 판결이 대표적 예입니다. 이 사건에서 영국 법원은 첫 번째 자백은 변호인접견이 거부된 상태에서 획득된 것이므로 증거능력을 배제하여야 하고, 두 번째 자백은 첫 번째 신문에서 경찰관의 위법행위로 오염되었으므로 증거능력을 배제하여야 한다고 판단하였습니다.

일본에서는 독수독과이론을 전면적으로 채용한 최고재판소의 판결은 아직 없으나 학자들은 대부분 이 이론의 적용을 찬성하고 있습니다. 일본 판례는 대체로 자백 획득의 수단으로 고문을 사용하는 등 인권침해의 정도가 큰 경우에는 위법성 역시 대단히 크기 때문에 증거배제의 요청이 강하지만, 그 외의 적정절차 위반의 경우에는 위법성이 비교적 작으므로 위법성의 정도, 범죄사실의 해명이라는 공공의 이익, 증거의 중요성, 위법수사가 제2차 증거획득을 위한 것이었는지 여부 등을 형량(衡量)하여 결정해야 한다는 입장을 취하고 있는 것으로 볼 수 있습니다.

우리나라는 대법원에서 일찍부터 독수독과이론을 적용하여 판결해 오고 있습니다. 대법원은 살인죄로 기소된 피고인이 기소 전 수사기관에서 피의자로 조사를 받던 중 나뭇가지로 발바닥을 맞는 등 수사관으로부터 가혹행위를 당한 사건에서 수사 당시 이루어진 피고인 자백의 임의성이 의심스러우므로 증거에서 배제되어야 한다고 판단하면서, '압수된 망치, 국방색 작업복과 야전잠바 등은 피고인의 증거능력 없는 자백에 의하여 획득된 것이므로 증거능력이 없다'고 판시하였습니다(대법원 1977. 4. 26. 선고 77도210 판결). 다만 이 판결은 증거물의 성질·형상불변론을 토대로 하여 제2차적 증거의 증거능력을 인정한 그 이후의 판결들 때문에 더 이상 큰 빛을 발하지 못하고 있었습니다. 그러던 중 D 도지사 사건에서 '수사기관의 위법한 압수수색을 억제하고 재발을 방지하는 가장 효과적이고 확실한 대응책은 이를 통하여 수집한 증거는 물론 이를 기초로 하여 획득한 2차적 증거를 유죄 인정의 증거로 삼을 수 없도록 하는 것'이라는 전원합의체 판결을 선고하여 독수독과이론을 전면적으로 채용하였습니다. 바로 이러한 이유로 이 사건에서는 관계자 F의 자백 역시 증거로 쓸 수 없게 되었던 것이지요.

피고인인 도지사는 어떻게 되었을까요?

앞에서 살펴본 바와 같이, 대법원은 위법하게 수집한 증거의 증거능력은 배제되어야 하고 이를 기초로 수집된 2차적 증거도 증거능력이 없다는 독수독과이론을 토대로 하여 '원심으로서는 검사가 이 사건 압수물을 수집하는 과정에서 실제로 피고인이 주장하는 바와 같은 헌법 및 형사소송법이 정한 절차 조항을 위반한 위법이 있는지를 확인해 보았어야 할 것이고, 특히 주장된 구체적 위법사유 중 영장에 압수할 물건으로 기재되지 않은 물건의 압수, 영장 제시 절차의 누락, 압수목록 작성교부 절차의 현저한 지연 등으로 적법절차의 실질적인 내용을 침해한 점이 있는지 여부 등을 심리해 보았어야 할 것이다. 그럼에도 불구하고, 원심이 이 점에 관하여 충분히 심리하지 아니한 채 그냥 압수절차가 위법하더라도 압수물의 증거능력은 인정된다는 이유만으로 이 사건 압수물의 증거능력을 인정하고 이를 유죄 인정의 유력한 증거로 채택하여 위 피고인들에 대한 이 사건 공소사실 중 유죄 부분에 대하여 죄책을 인정한 것은, 적법한 절차에 따르지 아니하고 수집한 증거의 증거능력에 관한 법리오해, 채증법칙 위반 등의 위법을 범한 것으로, 이는 판결에 영향을 미쳤음이 분명하다. 그러므로 피고인들의 나머지 상고이유에 대하여 더 나아가 살필 필요 없이, 원심판결 중 피고인에 대한 유죄 부분은 모두 그대로 유지될 수 없다'고 판시하며 원심을 파기하고 사건을 원심법원인 광주고등법원으로 환송하였습니다.

파기환송심에서는 이 대법원 판결에 따라 D 도지사의 업무일지 등이 증거로 사용되지 못하였고 이를 기초로 한 다른 2차적 증거들 역시 모두 증거로 사용되지 못함으로써 결국 D 도지사는 무죄가 확정되어 남은 임기를 무사히 마치게 되었답니다.

D 도지사를 무죄로 만든 위법수집증거 배제법칙의 인정근거는 바로 적법절차의 원칙(due process of law)입니다. 이러한 적법절차의 원칙은 모든 국가 작용이 절차상의 적법성을 갖추어야 할 뿐만 아니라 공권력 행사의 근거가 되는 법률의 실체적 내용도 합리성과 정당성을 갖추어야 한다는 헌법원리로서(헌법 제12조 제1항, 제3항), 모든 문명국가에서 인정되는 원칙입니다. 그렇기에 우리 사회에서도 적법한 절차에 따르지 아니한 수사에 의하여 증거가 수집되고 그러한 증거에 기하여 피고인이 유죄판결을 받는 사례는 이제 더 이상 없어야 할 것입니다.

법률 없으면 범죄 없다!

(헌법재판소 2016. 11. 24. 선고 2015헌가29 결정)

석동우 변호사

법률이 먼저냐, 범죄가 먼저냐

닭이 먼저일까요? 달걀이 먼저일까요? 고대 철학자가 품었던 이 의문은 동물을 복제하고 우주여행이 가능할 정도로 발전한 현대과학기술로도 아직 자신있게 해답을 제시할 수 없는 난제입니다.

그렇다면, 법률이 먼저일까요? 범죄가 먼저일까요? 적어도 이에 대한 해답은 현대사회기술(?)이 찾아낸 것 같습니다. 정답은 '법률'이 먼저입니다. 그것도 '그냥' 법률이 아닌 '적정한' 법률이어야 합니다.

우리 헌법 제12조 제1항과 형법 제1조 제1항에서는 죄형법정주의를 천명하고 있는데요, 죄형법정주의란 '어떤 행위를 범죄로 취급하고 그 범죄에 대하여 어떤 종류의 형벌을 어느 범위에서 부과할 것인가'라는 질문에 충분히 대답할 수 있도록 우리나라에서 범죄로 인정되는 행위와 그 범죄행위에 대하여 부과되는 형벌을 미리 성문의 법률로 규정해두어야 한다는 원칙을 의미합니다. 나아가 여기에서 말하는 법률은 형식적 의미의 법률로는 부족하고 실질적 정의에 합치하는 법률이어야만 합니다. 그래야만 국가의 자의적 형벌권 발동으로부터 국민의 자유를 제대로 보장할 수 있기 때문입니다.

선거운동의 자유

현대 사회에는 불가피한 사유로 국민의 자유로운 행위를 제한하는 수많은 법률이 제정되어 있습니다. 법률로 제한하는 행위 중에는 살인, 강도와 같이 시대와 장소를 막론하고 오래전부터 범죄로 취급되어 온 것도 있는 반면, 판매나 사용이 금지되는 마약에 해당하는 약품의 종류처럼 시대나 장소에 따라 범죄 성립 여부가 달라지는 것도 있습니다.

그렇다면 선거운동은 어떨까요? 선거운동이라 함은 선거에 임하여 특정 후보자를 당선되게 하거나 당선되지 못하게 하기 위하여 행하는 일체의 행위를 의미합니다. 아주 먼 옛날에는 선거라는 제도 자체가 없었으므로 선거운동이 문제될 여지도 없었습니다. 그리고 처음 선거제도가 생겨난 직후에는 금품 제공이나 폭력 행사 등 선거운동 과정에서 벌어질 수 있는 지극히 예외적 일탈 행위만을 문제로

삼았습니다. 그러나 사회가 점차 복잡해지고 각종 기술이 급속도로 발전하면서 대단히 다양한 선거운동 방법이 시시각각 출현하게 되었습니다. 원칙적으로 선거운동의 자유는 인간의 기본권인 표현의 자유의 하나로 헌법상 보장되고 있습니다.

하지만 이를 무제한으로 허용할 경우에는 선거의 공정을 확보하기 어려우므로 일정 범위의 선거운동에 대하여는 제한을 가할 필요성이 생기게 된 것입니다.

몇 년 전 중소기업중앙회의 회원이던 K씨는 중소기업중앙회장의 독단적인 운영과 그를 둘러싼 각종 비리 의혹에 염증을 느끼고 다가오는 중소기업중앙회장 선거에서는 능력과 인품을 두루 겸비하였다고 생각하는 L씨를 적극 지지하겠다고 결심하였습니다. 그렇다면 K씨는 아무 제한을 받지 않고 선거권을 가진 선거인들을 자유롭게 개별적으로 접촉하여 L씨를 지지해달라고 호소할 수 있을까요?

중소기업협동조합법에 따른 선거운동의 제한

K씨는 오로지 중소기업중앙회의 발전을 바라는 마음에서 L씨의 회장 당선이라는 목표 달성을 위해 불철주야 열심히 선거운동을 하였습니다. 그런데 K씨는 뜻밖에도 '선거운동을 위한 조직을 구성하고, 선거조직원들을 이용해 선거인들을 개별적으로 접촉하며 L씨를 지지하여 줄 것을 호소하는 등 선거운동방법을 위반한 선거운동을 하였다'는 중소기업협동조합법위반의 공소사실로 기소되어 법원에서 재판을 받게 되었습니다. 당시 K씨에게 적용된 법률규정은 아래와 같습니다.

> **구 중소기업협동조합법(2015. 2. 3. 법률 제13159호로 개정되기 전의 것)**
>
> **제53조(선거운동의 제한)** ⑤ 누구든지 임원 선거와 관련하여 정관으로 정하는 선전 벽보의 부착, 선거 공보와 인쇄물의 배부 및 합동연설회 또는 공개 토론회 개최 외의 행위를 할 수 없다.
>
> **제137조(벌칙)**
>
> ② 제53조 제3항부터 제5항까지의 규정(제85조, 제96조 또는 제125조에서 준용하는 경우를 포함한다)을 위반한 자는 1년 이하의 징역 또는 1천만 원 이하의 벌금에 처한다.

당시의 중소기업협동조합법은 '정관으로 정하는 선전 벽보의 부착, 선거 공보와 인쇄물의 배부 및 합동연설회 또는 공개토론회 개최 외의 선거운동은 할 수 없다'고 하면서 위반 시 처벌한다는 벌칙 규정을 두었습니다. 그렇다면 과연 K씨는 이 법률에 따라 처벌을 받을 수밖에 없었을까요?

결론부터 먼저 말씀드리건대 K씨는 아무런 처벌을 받지 않았습니다. K씨에게 적용되었던 중소기업협동조합법의 위 조항은 국회에서 제정한 법률 조항이기는 하지만 그 내용이 실질적 정의에 합치하는 법률로 볼 수 없다고 헌법재판소가 결정하였기 때문입니다.

위헌법률심판제청 신청

당시 필자의 법무법인은 K씨의 의뢰에 따라 이 사건에 대한 변호에 나섰습니다. 필자를 포함한 담당변호사들은 사건을 꼼꼼히 검토한 끝에 K씨에게 적용된 중소기업협동조합법의 규정이 ① 금지되는 선거운동방법을 법률이 아닌 정관에서 정하도록 위임하였고, ② 선거운동방법 중 허용하는 방법과 금지하는 방법이 무엇인지 불분명하게 규정하여 국민의 선거운동자유를 과도하게 제한하고 있으므로 실질적 정의에 합치하는 적정한 법률이라고 볼 수 없다는 결론에 도달하였습니다. 나아가 우리의 의뢰인인 K씨가 이와 같이 적정하지 않은 법률에 따라 형사처벌을 받는 것은 형사정의에 부합하지 않는 일이라고 생각하였습니다.

이에 필자가 일하는 법무법인은 문제의 법률조항에 대한 위헌법률심판을 헌법재판소에 제청해 달라고 법원에 신청하였고, 법원이 이를 받아들여 헌법재판소에 위헌법률심판을 제청하였습니다.

헌법재판소의 위헌 결정

법원의 위헌심판제청에 따라 이 사건 법률조항이 헌법에 위반되는지 여부를 재판하게 된 헌법재판소는 이 사건 법률조항이 아래와 같이 헌법상 죄형법정주의의 법률주의 및 명확성 원칙을 위반하였으므로 위헌이라고 결정하였습니다.

▬ 죄형법정주의의 법률주의 위반

이 사건 선거운동제한조항은 누구든지 임원 선거와 관련하여 '정관으로 정하는 … 외의 행위'를 한 경우에 이를 형사처벌하도록 규정하고 있다. 이 사건 선거운동제한조항은 중앙회 회원에 한하지 않고 모든 국민을 수범자로 하며, 단순한 중앙회 내부 규율 위반에 대한 회원 간의 벌칙이나 제재를 넘는 형벌부과를 목적으로 하는 형벌조항이다.

그럼에도 불구하고 이 사건 선거운동제한조항은 처벌되는 범죄구성요건의 가장 중요한 부분인 금지되고 허용되는 선거운동이 무엇인지, 즉 금지의 실질을 법률에서 직접 규정하지 아니하고 중앙회의 정관으로 정하도록 위임하고 있어 범죄와 형벌에 관하여는 입법부가 제정한 형식적 의미의 법률로써 정하여야 한다는 죄형법정주의에 위배된다.

죄형법정주의의 명확성 원칙 위반

이 사건 선거운동제한조항의 '정관으로 정하는' 부분이 수식하는 범위가 불명확하여 그 의미가 여러 가지로 해석될 가능성이 있어, 위 규정만으로는 선거운동이 어느 범위에서 금지되는지에 관하여 구체적으로 알 수 없을 뿐만 아니라, 임원 선거의 과열 방지 및 선거의 공정성 확보라는 심판대상조항의 입법목적이나 입법취지, 입법연혁, 관련 법규범의 체계적 구조 등을 모두 종합하여도 이 사건 선거운동제한조항의 의미를 합리적으로 파악할 수 있는 해석기준을 얻기 어렵다.

나아가 이 사건 선거운동제한조항은 중앙회의 정회원뿐만 아니라 정관 내용에 대한 인식 또는 숙지를 기대하기 곤란한 일반 국민까지 그 수범자에 포함시키고 있는데, 설령 일반 국민이 정관의 구체적인 내용을 직접 열람함으로써 금지되거나 허용되는 선거운동이 무엇인지 확인할 수 있는 길이 열려 있다고 하더라도, 죄형법정주의에서 말하는 예측가능성은 법률규정만을 보고서 판단할 수 있어야 하는 것인바, 이 사건 선거운동제한조항만으로는 수범자인 일반 국민이 허용되거나 금지되는 선거운동이 구체적으로 무엇인지를 예측하기 어렵다.

III. 법률제도와 정치에 관한 헌법이야기

결국 이 사건 선거운동제한조항은 법을 해석·집행하는 기관에게 합리적인 해석기준을 제시하지 못하여 자의적인 법해석이나 법집행 가능성을 초래할 우려가 있으며, 건전한 상식과 통상적인 법감정을 가진 일반인이 이 사건 선거운동제한조항에 의해 금지되는 행위가 무엇인지를 예측하기 어려우므로, 죄형법정주의의 명확성 원칙에 위배된다.

K씨의 해방

형벌에 관한 법률조항이 헌법재판소에 의해 위헌으로 결정된 경우 그 법률조항은 소급하여 효력을 상실하게 됩니다. K씨에 대한 처벌규정이 헌법재판소의 위헌결정으로 효력을 상실하여 K씨를 처벌할 근거가 사라지게 되었습니다. K씨에 대한 처벌근거가 사라지자 K씨를 기소한 검사도 곧바로 공소를 취소하였습니다. 공소가 취소되자 재판부는 K씨에게 공소기각 결정을 하여 K씨는 비로소 형사소송절차에서 완전히 해방될 수 있었습니다. 즉, 법률이 없어지는 바람에 K씨가 저질렀다는 범죄 자체도 사라져버린 것입니다.

형사소송절차에 편입된 피고인이 얻을 수 있는 최상의 결과는 그 절차에서 해방되는 것입니다. 법원이 우리 변호인들의 위헌법률심판제청 신청을 받아들임에 따라 K씨에 대한 형사공판절차는 헌법재판소 결정 시까지 그대로 정지되었고, 헌법재판소의 위헌 결정에 따라 마침내 K씨는 형사재판에서 완전히 해방될 수 있었습니다.

헌법상 죄형법정주의

　　죄형법정주의에서 파생되는 명확성의 원칙은 법률이 처벌하고
자 하는 범죄행위가 무엇인지를 누구나 예견할 수 있도록 그리고 그
에 따라 자신의 행위를 결정할 수 있도록 범죄구성요건을 법률로 명
확히 정하여야 한다는 원칙을 말합니다. 범죄구성요건이 명확하지
않은 탓에 법률이 처벌하고자 하는 행위가 무엇인지 예견할 수 없다
면 국민들의 일반적 행동자유권은 위축될 수밖에 없습니다. 결국 헌
법이 보장하고 있는 죄형법정주의는 국민의 기본권을 철저히 보장하
기 위한 기본 원칙인 것입니다.

　　일반적으로 헌법은 추상적, 선언적, 이념적으로만 이해되어 국
민들이 가까이 있다고 느끼기 어렵습니다. 그러나 헌법은 눈에 보이
지 않지만 늘 우리와 함께 있습니다.

　　법률이 먼저냐? 범죄가 먼저냐?

　　이에 대한 해답은 분명합니다. 법률이 먼저입니다. 실질적 정의
에 합치하는 법률에 위반되지 않는 한 범죄 자체가 성립할 수 없으
니까요.

비례대표 국회의원 자리가 비었는데도
이를 채워서는 안 된다고요?

〔헌법재판소 2009. 10. 29. 선고 2009헌마350, 386(병합) 결정〕

박수현 변호사

비례대표제

대의제도란 국민이 직접 정치적 의사 결정에 참여하는 것이 아니라 그 대표를 통하는 간접적인 방법으로 참여하는 것을 말한다. 비례대표 선거제도는 이 같은 국민의 대표를 선출함에 있어 정당의 득표수에 비례하여 당선인 수를 배정하는 방식을 채용한 선거제도를 말한다.

우리나라에서는 1963년 실시된 제6대 국회의원 선거에서 비례대표제가 처음 도입되었는데, 당시의 비례대표제는 유권자가 지역구 국회의원 후보자 개인에게만 투표하면 각 정당에 소속된 후보들이 얻은 득표수를 정당별로 합산한 다음 미리 의석수가 정해져 있는 비례대표 국회의원의 의석을 정당별로 합산한 총투표수에 따라 각 정당에게 배분하는 방식을 채용하였다. 그런데 헌법재판소는 2001년 이 같은 '1인 1투표 제도를 통한 비례대표 국회의원 의석배분 방식

이 위헌'이라고 결정하였다. 이 결정에 따라 국회는 유권자가 자신이 지지하는 후보자 개인과는 별도로 지지하는 정당에 대하여도 투표할 수 있도록 선거법을 개정하고 정당 투표용 투표용지를 새로이 마련하였다.

비례대표 국회의원에 궐원이 생긴 때에 그 궐원 의석의 승계방법에 대한 법률의 규정

비례대표 국회의원에 궐원이 생긴 때에 그 궐원된 의석의 승계에 관하여 구 공직선거법(2005. 8. 4. 법률 제7681호로 일부 개정된 것을 말한다)은 원칙적으로 비례대표 국회의원 후보자명부에 기재된 순위에 따라 궐원된 의석을 승계할 사람을 결정하도록 규정하고, 단서 조항을 두어 그 예외를 인정하였다. 구 공직선거법의 해당 조항을 아래에 옮겨본다.

제200조【보궐선거】

② 비례대표 국회의원 및 비례대표 지방의회의원에 궐원이 생긴 때에는 선거구선거관리위원회는 궐원통지를 받은 후 10일 이내에 그 궐원된 의원이 그 선거 당시에 소속한 정당의 비례대표 국회의원후보자명부 및 비례대표 지방의회의원후보자명부에 기재된 순위에 따라 궐원된 국회의원 및 지방의회의원의 의석을 승계할 자를 결정하여야 한다. 다만, 제264조(당선인의 선거범죄로 인한 당선무효)의 규정에 의하여 당선이 무효로 되거나 그 정당이 해산된 때 또는 임기만료일 전 180일 이내에 궐원이 생긴 때에는 그러하지 아니하다.

Ⅲ. 법률제도와 정치에 관한 헌법이야기

헌법소원심판 청구의 발단

 2008. 4. 9. 제18대 국회의원 선거 결과 18대 국회의 지역구 국회의원과 비례대표 국회의원의 의석 수는 아래와 같았다. 그 중 친박연대에서는 비례대표 국회의원후보자명부에 8순위로 등록된 사람까지 비례대표 국회의원으로 당선되었다.

제18대 국회의원 의석수

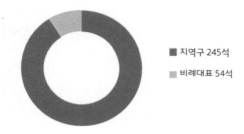

■ 지역구 245석
■ 비례대표 54석

 그러나 그 후 1순위 당선자였던 A 의원은 징역 10월의 형에 2년의 집행유예를, 2순위 당선자였던 B 의원은 징역 1년 6월의 형을, 3순위 당선자였던 C 의원은 징역 1년의 형을 각 공직선거법위반죄 등으로 선고받고 그 판결이 2009. 5. 14. 확정되어 모두 비례대표 국회의원직을 상실하게 되었다. 이에 따라 후보자명부에 9 내지 11순위로 등록된 사람들이 3석의 궐원된 친박연대 소속 비례대표 국회의원 의석을 승계하려고 기다리고 있었다.

 그런데 승계할 비례대표 국회의원을 최종 결정할 권한을 가진 중앙선거관리위원회는 친박연대 소속 비례대표 국회의원 3명의 의원직 상실이 구 공직선거법 제200조 제2항 단서가 규정한 승계의 예외

비례대표 국회의원 자리가 비었는데도 이를 채워서는 안 된다고요?

사유, 즉 '당선인의 선거범죄로 인하여 당선이 무효로 된 때'에 해당된다는 이유로 궐원된 의석이 승계될 수 없다고 판단하였다. 이에 친박연대 비례대표 국회의원후보자명부상의 9 내지 11 순위로 등록되어 의석 승계를 학수고대하고 있던 3명의 차순위 후보자들은 필자가 근무하는 법무법인을 찾아와 헌법소원심판청구를 하여 구 공직선거법 제200조 제2항 단서 조항의 위헌성을 밝혀달라고 의뢰하였다.

헌법재판소는 그 무렵인 2009. 6. 25. 비례대표 지방의회의원 당선인의 선거범죄로 인하여 그 당선이 무효로 된 때에 정당의 후보자명부에 의한 승계가 허용될 수 없도록 한 구 공직선거법 제200조 제2항 단서에 대하여 위헌 결정을 선고하였다. 그러나 그 위헌 결정은 비례대표 지방의회의원에 대한 결정이었으므로 비례대표 국회의원의 경우에까지 결정의 효력을 미치지는 못하였다.

재판진행 상황

법률 규정이 국민의 기본권을 직접 침해한다면 그 법률 규정 자체가 헌법소원심판의 대상이 될 수 있다(헌법재판소 1991. 3. 11. 선고 90헌마28 결정). 이 사건에서 청구인들은 구 공직선거법 제200조 제2항 단서 조항으로 인하여 궐원된 비례대표 국회의원 의석을 승계하지 못하게 되었으므로, 이는 법률 규정이 직접 청구인들의 공무담임권을 침해하는 때에 해당하여 헌법소원심판의 대상이 된다고 볼 수 있었다.

III. 법률제도와 정치에 관한 헌법이야기

이에 청구인들을 대리한 필자의 법무법인은 이 사건 심판대상
조항과 관련하여 헌법소원심판을 청구하며 다음과 같이 주장하였다.

① 구 공직선거법은 비례대표 국회의원선거에 있어 정당의 비례대표
국회의원후보자명부상의 순위가 처음부터 정당에 의하여 고정적으로
결정되는 이른바 고정명부식 비례대표제를 택하고 있고(제50조 제1항),
투표의 방식에 관해서도 국회의원선거에 있어서는 지역구 의원선거 및
비례대표 의원선거마다 1인 1표를 행사하도록 하고 있으며(제146조 제
2항), 비례대표 국회의원선거에 있어서는 투표용지에 후보자를 추천한
정당의 기호와 정당명을 표시하고(제150조 제1항), 의석의 할당은 원칙
적으로 당해 선거에서 얻은 정당의 득표비율에 따라 이루어지고 중앙선
거관리위원회는 제출된 정당별 비례대표 국회의원후보자 명부에 기재
된 순위에 따라 당선인으로 결정하도록 규정하고 있으므로(제189조),
결국 선거에 참여한 선거권자들의 정치적 의사표명에 의하여 직접 결정
되는 것은, 비례대표 국회의원의석을 할당받을 정당에 배분되는 비례대
표국회의원의 의석수라고 할 수 있다.

그런데 심판대상조항은 선거범죄를 범한 비례대표 국회의원 당선인
본인의 의원직 박탈로 그치지 아니하고 그로 인하여 궐원된 비례대표
국회의원 의석에 대하여 소속 정당의 비례대표 국회의원후보자명부에
의한 의석 승계를 인정하지 아니함으로써 결과적으로 그 정당에 비례대
표 국회의원 의석을 할당 받도록 한 선거권자들의 정치적 의사표명을
무시하고 왜곡하는 결과가 되고, 이는 우리 헌법의 기본원리인 국민주
권의 원리 내지 대의제 민주주의에 위반된다.

② 자기책임의 원리에 반하는 제재는 그 자체로서 헌법위반을 구성
한다고 할 것인데, 정당 또는 비례대표 국회의원후보자명부상의 차순위
후보자에 대한 불이익을 규정한 이 사건 심판대상조항은 헌법이 구현하

비례대표 국회의원 자리가 비었는데도 이를 채워서는 안 된다고요?

고 있는 자기책임의 범위를 벗어나는 제재로서 헌법에 위반된다고 할 것이다.

③ 헌법 제25조는 "모든 국민은 법률이 정하는 바에 의하여 공무담임권을 가진다."라고 규정하여 국회의원을 비롯한 각종 선거직공무원과 기타 국가기관의 공직에 취임하여 이를 수행할 권리를 기본권으로 보장하고 있는바, 공무담임권은 각종 선거에 입후보하여 당선될 수 있는 피선거권과 공직에 임명될 수 있는 공직취임권을 포괄하고 있고(헌법재판소 1996. 6. 26. 선고 96헌마200 결정), 그 보호영역에는 공직취임 기회의 자의적인 배제가 포함된다(헌법재판소 2005. 12. 22. 선고 2004헌마947 결정).

이 사건 심판대상조항의 입법취지는 비례대표 국회의원 당선인이 선거범죄로 인하여 당선무효로 되는 경우 그 소속 정당에 책임을 물어 선거범죄를 예방하고 깨끗한 선거풍토를 확립하기 위한 목적이라고 볼 수 있는데, 이와 같이 심판대상조항을 통하여 달성하려는 입법목적은 매우 추상적일 뿐만 아니라 그 실효성도 의심되는 것인 반면, 이로 인하여 비례대표 국회의원 후보자명부상의 차순위 후보자인 청구인들은 궐원된 비례대표 국회의원의 의석 승계를 통한 공직취임의 기회 자체를 박탈당하게 된 것이므로, 심판대상조항은 기본권 제한을 통하여 얻는 공익적 성과와 효과가 합리적인 비례관계를 벗어나고 있다. 따라서, 심판대상조항은 과잉금지 원칙에 위배하여 청구인들의 헌법상 공무담임권을 침해한 것이다.

이에 대하여 법무부장관은 아래와 같은 요지의 반대의견을 표명하였다.

Ⅲ. 법률제도와 정치에 관한 헌법이야기

비례대표선거제에 있어서 정당은 주도적이고 직접적인 역할을 수행하는 점, 심판대상조항의 입법취지가 왜곡된 선거의사를 바로잡고 선거범죄를 예방하여 공정한 선거풍토를 정착시키고자 하는 데 있는 점 등을 종합해 볼 때, 심판대상조항은 정당의 책임을 강조하여 선거부정방지를 도모하고자 하는 입법자의 입법재량에 따른 것으로서, 대의제 민주주의 원리 및 자기책임의 원리에 반하지 않고, 청구인들의 공무담임권을 과잉침해한 것이라고 볼 수도 없다.

또한 이 사건 비례대표국회의원 당선인의 선거범죄는 비례대표지방의회의원의 선거범죄와는 달리 정당의 실질적인 감독·통제가 가능하고, 비례대표국회의원의 정수도 54명에 이르는 만큼, 그 의석승계를 인정하지 않는다고 하여 비례대표선거제의 취지가 퇴색될 가능성도 없다.

헌법재판소의 결정

헌법재판소는 2009. 10. 29. 재판관 8 : 1의 다수의견에 따라, 공직선거법 제200조 제2항 단서 중 '비례대표 국회의원 당선인이 제264조(당선인의 선거범죄로 인한 당선무효)의 규정에 의하여 당선이 무효로 된 때'라는 규정 부분은 청구인들의 공무담임권을 침해하는 것으로서 헌법에 위반된다고 결정하였다. 헌법재판소가 밝힌 결정의 요지는 아래와 같다.

① 현행 비례대표 국회의원 선거에서 선거권자들의 정치적 의사표명에 의하여 직접 결정되는 것은, 특정의 비례대표 국회의원후보자를 비례대표 국회의원으로 선출하는 것이 아니라, 비례대표 국회의원후보자

명부를 제시한 정당별로 할당될 비례대표 국회의원의 수를 배정하는 것이라고 할 수 있다.

그런데 심판대상조항은 선거범죄를 범한 비례대표 국회의원 당선인 본인의 의원직 박탈로 그치지 아니하고 그로 인하여 궐원된 의석의 승계를 인정하지 아니함으로써 결과적으로 그 정당에 비례대표 국회의원 의석을 할당받도록 한 선거권자들의 정치적 의사표명을 무시하고 왜곡하는 결과가 된다.

또한, 당선인의 선거범죄로 당선이 무효로 된 경우를 일반적 궐원 사유인 당선인의 사직 또는 퇴직 등의 경우와 달리 취급하여야 할 합리적인 이유가 있다고 보기도 어렵다. 따라서 심판대상조항은 선거권자의 의사를 무시하고 왜곡하는 결과를 초래한다는 점에서 헌법의 기본원리인 대의제 민주주의 원리에 부합되지 않는다.

② 심판대상조항이 정하고 있는 정당의 비례대표 국회의원후보자명부에 의한 승계원칙의 예외사유는, 궐원된 비례대표 국회의원의 의석 승계가 허용되지 아니함으로써 불이익을 입게 되는 소속 정당이나 후보자명부상의 차순위 후보자의 귀책사유에서 비롯된 것이 아니라, 당선이 무효로 된 비례대표 국회의원 당선인의 선거범죄에서 비롯된 것이다.

그런데도 심판대상조항은 당선인의 선거범죄에 그 소속 정당이나 차순위 후보자가 개입 내지 관여하였는지 여부를 전혀 묻지 않고, 당선인의 선거범죄가 비례대표 국회의원선거에 있어 정당에 대한 투표결과에 영향을 미치기 위한 것이었는지, 또 실제로 그러한 결과를 초래하였는지에 대해서도 전혀 고려하지 아니하며, 나아가 정당이 비례대표 국회의원후보자의 선거범죄를 미리 예방하기 위한 감독·통제를 게을리 하였는지 여부도 따지지 않고 있다. 이와 같은 점을 종합하여 보면, 비례대표 국회의원당선자의 선거범죄를 이유로 정당 또는 비례대표 국회의

원 후보자명부상의 차순위 후보자에게 불이익을 주는 심판대상조항은 자기책임의 범위를 벗어나는 제재라고 하지 않을 수 없다.

③ 심판대상조항이 비례대표 국회의원후보자의 선거범죄에 대한 엄정한 제재를 통하여 선거의 공정성을 확보하기 위한 것이라고 하더라도, 선거범죄를 저지른 국회의원 당선자를 처벌하고 당선을 무효로 하는 것만으로도 충분한 제재 효과를 거둘 수 있다고 할 것이므로, 더 나아가 비례대표 국회의원후보자명부상의 차순위 후보자의 승계까지 부인함으로써 선거를 통하여 표출된 선거권자들의 정치적 의사표명을 무시·왜곡하는 결과를 초래하고 선거범죄에 관하여 귀책사유도 없는 정당이나 차순위 후보자에게 불이익을 주는 것은 필요 이상의 지나친 제재를 규정한 것이라고 보지 않을 수 없다.

따라서 심판대상조항은 과잉금지 원칙에 위배하여 청구인들의 공무담임권을 침해한 것이라고 보지 않을 수 없다.

다만, 위와 같은 다수의견에 대하여 재판관 1인은 아래와 같은 반대의견을 개진하였다.

① 이 사건 심판대상조항은, 비례대표 국회의원선거에 있어서 당선인이 선거범죄로 당선무효가 된 경우에는 그러한 선거범죄로 인하여 선거인들의 선거의사는 크게 왜곡된 것이므로, 선거운동의 주체로서 선거의사의 왜곡에 주도적 책임이 있고 당선인과 불가분의 일체를 이루고 있는 정당에 대해서도 그에 대한 연대책임을 물어 그 의석 승계를 금지함으로써 왜곡된 선거인들의 선거의사를 바로잡고 선거범죄를 예방하여 깨끗하고 공정한 선거 풍토를 정착시키고자 하는 것이다. 즉 이 사건 심판대상조항은 의석의 자동승계를 금지함으로써 선거인들의 선거의사를 왜곡하는 것이 아니라, 오히려 왜곡된 선거인들의 선거의사를

비례대표 국회의원 자리가 비었는데도 이를 채워서는 안 된다고요?

바로잡기 위한 것이므로, 대의제 민주주의 원리에 반하는 것이라고 볼 수 없다.

특히, 비례대표 지방의회의원의 경우에는 상당수의 자치구·시·군의회의 비례대표 지방의회의원 정수가 1인에 불과하여, 그 의석승계를 인정하지 않는다면 자치구·시·군의회에 따라서는 비례대표 지방의회의원이 존재하지 않는 경우도 있을 수 있지만, 비례대표 국회의원의 경우에는 제18대 비례대표 국회의원 당선인의 수만 해도 54인에 이르므로, 그 의석 승계를 금지한다고 하여도 비례대표 지방의회의 경우와 같은 문제는 발생하지 않을 것이다.

② 또한, 앞에서 본 바와 같은 비례대표 국회의원선거에서의 정당의 주도적이고 총체적인 역할과 기능, 정당과 후보자와의 불가분적 관계 등을 종합적으로 고려하여 보면, 이 사건 심판대상조항은 후보자 추천과 등록, 선거운동과정 전반에 걸친 정당의 책임을 강조하여 선거부정 방지를 도모하고자 하는 입법자의 입법재량에 따른 것이고, 그 판단이 현저히 잘못되었거나 부당하다고 보기도 어려운 이상, 이 사건 심판대상조항이 자기책임의 원리에 반하는 것이라고 할 수도 없다.

③ 한편, 정당이나 차순위 후보자는 이 사건 심판대상조항에 의하더라도 당선인의 선거범죄로 당선이 무효로 된 경우에만 의석승계의 기회를 얻지 못하게 되는 것일 뿐이므로, 심판대상조항을 통하여 달성하려는 선거의 공정성 확보와 정치문화의 선진화라는 공익에 비하여 기본권 제한의 정도가 상대적으로 크다고 볼 수도 없다. 따라서 이 사건 심판대상조항이 입법재량을 현저히 일탈하여 청구인들의 공무담임권을 과잉침해한 것이라고 볼 수 없다.

헌법재판소 결정의 의의

이 사건 결정은 '비례대표 국회의원에 궐원이 생긴 때에 그 궐원된 의석의 승계를 어떤 방법으로 정할 것인지는 원칙적으로 입법형성권의 범위 내에 속하지만, 대의제 민주주의 원리 및 자기책임 원리에 부합되지 않고 헌법상 보장되는 기본권인 공무담임권을 침해하는 때에는 합리적인 입법재량의 범위 내에 있는 것으로 볼 수 없어 헌법에 위반된다'고 판시하여 비례대표 선거제도에 있어 입법형성권의 한계를 명백히 하였다는 데 그 의의가 있다.

헌법재판소는 심판대상조항이 선거범죄를 범한 비례대표 국회의원 당선인 본인의 의원직 박탈에 그치지 아니하고, 그로 인하여 궐원된 의석의 승계까지도 인정하지 아니함으로써 결과적으로 선거권자의 의사를 무시하고 왜곡하는 결과를 낳을 수 있다는 점에서 헌법의 기본원리인 대의제 민주주의원리에 부합하지 않을 뿐만 아니라 자기책임의 범위를 벗어난 부당한 제재라고 보았다. 또한 심판대상조항은 필요 이상의 지나친 규제를 정하고 있어 헌법상 과잉금지 원칙에 위배하여 청구인의 공무담임권을 침해한다고 판단하였다.

비례대표 국회의원당선인의 선거범죄로 인하여 당선이 무효로된 때에 정당의 후보자명부에 의한 승계가 허용될 수 없도록 한 심판대상조항에 대하여 위헌결정이 선고됨에 따라, 비례대표 국회의원 당선인의 선거범죄로 인하여 그 당선이 무효로 된 때에도 비례대표 국회의원후보자명부에 의한 승계의 길이 열리게 되었다.

아울러 이 위헌 결정에 따라 공직선거법이 개정되어, 현 공직선거법 제200조 제2항은 "비례대표 국회의원 및 비례대표 지방의회의원에 궐원이 생긴 때에는 선거구선거관리위원회는 궐원통지를 받은 후 10일 이내에 그 궐원된 의원이 그 선거 당시에 소속한 정당의 비례대표 국회의원후보자명부 및 비례대표 지방의회의원후보자명부에 기재된 순위에 따라 궐원된 국회의원 및 지방의회의원의 의석을 승계할 자를 결정하여야 한다. 다만, 그 정당이 해산되거나 임기만료일 전 120일 이내에 궐원이 생긴 때에는 그러하지 아니하다."라고 규정하고 있다.

경국대전(經國大典)은 찾아봤니?
-수도 이전 헌법소원 사건-

(헌법재판소 2004. 10. 21. 선고 2004헌마554 결정)

이희창 변호사

배 경

제16대 대통령 선거를 앞두고 당시 새천년민주당 대통령후보 노무현은 '수도권 집중 억제와 낙후된 지역경제를 해결하기 위하여 청와대와 정부부처를 충청권으로 옮기겠다'는 선거 공약을 발표하였습니다. 그 후 실시된 대통령 선거에서 노무현 후보는 한나라당 이회창 후보를 물리치고 대통령에 당선됩니다. 그리고 대통령 취임 후 2003년 10월 선거 공약을 이행하기 위하여 '신행정수도의 건설을 위한 특별조치법(이하 '특별조치법'이라 함)'이라는 법률안을 국회에 제출하고, 논란이 전혀 없지는 않았으나 국회는 2003. 12. 29. 재석의원 194명 중 167명 찬성이라는 압도적 다수의 지지로 이 법안을 통과시킵니다.

그런데 이 법률이 시행된 지 불과 3개월여 만에 서울특별시 소속 공무원, 서울특별시의회 의원, 서울특별시에 주소를 둔 시민 등이 헌법소원심판을 청구하게 됩니다. 특별조치법이 헌법 개정 등의 절차를 거치지 않은 채 수도 이전을 추진하는 것이므로 헌법에 위배되고, 이로 인하여 자신들에게 주어진 헌법상 권리인 ① 국민투표권, ② 납세자로서의 권리와 재산권, ③ 청문권, ④ 공무담임권과 직업선택의 자유, ⑤ 평등권, ⑥ 직업수행의 자유, 거주이전의 자유와 행복추구권, ⑦ 그리고 기본권을 제한하는 법률을 제정할 때 법률 상호간에 모순이 없어야 한다는 체계정당성의 원리 등 헌법원칙을 침해하였다는 것이 그들의 주된 청구이유였습니다.

　헌법재판소법 제68조 제1항 본문은, '공권력의 행사 또는 불행사로 인하여 헌법상 보장된 기본권을 침해받은 자는 헌법재판소에 헌법소원심판을 청구할 수 있다'라고 규정하고 있습니다. 이는 공권력의 행사 또는 불행사로 인하여 헌법상 보장된 자기의 기본권을 '현재', '직접적'으로 침해당한 사람만이 헌법소원심판을 청구할 수 있다는 의미입니다. 따라서 이 사건에서처럼 법률로 인한 기본권 침해를 이유로 헌법소원을 제기하려면 그 법률의 구체적인 집행 행위를 기다리지 않고 법률 그 자체가 현재 직접적으로 헌법상 보장된 청구인의 기본권을 침해하는 때에 해당하여야 합니다(헌법재판소 1990. 6. 25. 선고 89헌마220 결정, 1995. 4. 20. 선고 90헌마162 결정 등). 그렇기 때문에 이 사건 청구인들은 서울에 사는 사람으로서, 또는 서울에서 공무원으로 재직하거나 공무원 채용시험을 준비하고 있는 사람으로서 수도 이전으로 인하여 침해받을 수 있는 헌법상 기본권들이라며 앞에서 본 것처럼 다양한 권리들을 열거한 것입니다.

　필자가 근무하는 법무법인에서는 청구인들의 상대방 측인 국토교통부를 대리하게 되어 이 사건에 뛰어들었습니다. 당시 필자의 법무법인은 '청구인들이 특별조치법에 의하여 침해되었다고 하는 기본권들은 헌법상 보장된 기본권에 해당하지 않거나(① 국가 중요정책에 대한 국민투표권, ② 납세자로서의 권리, ⑦ 체계정당성의 원리) 그 침해의 자기관련성이나 직접성 또는 현재성이 인정될 수 없기도 하고(① 국가 중요정책에 대한 국민투표권, ② 납세자로서의 권리 및 재산권, ③ 청문권, ④ 공무담임권 및 직업선택의 자유, ⑤ 평등권), 단순한 반사적 이익에 불과하기도 하므로(⑥ 직업수행의 자유, 거주이전의 자유 및 행복추구권) 이 사건 청구는 각하되어야 한다고 주장하였습니다.

헌법재판소의 결정 – 위헌결정

약 6개월 간의 치열한 서면 공방[1]을 벌인 끝에 헌법재판소 전원재판부는 2014. 10. 21. '수도의 이전을 내용으로 하는 특별조치법은 서울이 우리나라의 수도라는 관습헌법을 헌법개정절차 없이 의회의 법률로 변경함으로써 청구인들의 헌법개정 국민투표권을 침해하였다'는 취지로 위헌결정을 하였습니다. 즉, 헌법재판소는 우리나라의 수도가 서울이라는 인식은 600년 이상 다수 국민에게 강제력 있는 규범으로 인식된 '관습헌법'에 해당하며, 이러한 '관습헌법'에 배치되는 수도 이전은 헌법개정을 통해서만 가능한데도 헌법개정 없이 법

---

1 피청구인 측은 공개변론을 적극 요구하였으나 수용되지 않은 채 변론 없이 곧바로 선고기일이 지정되었습니다.

률로 수도 이전을 도모한 것이기 때문에, 이는 헌법 제130조에 규정된 헌법개정안에 대한 청구인들의 국민투표권을 침해한 것으로 보아야 한다고 판단했습니다.

당시 헌법재판소가 이 결정을 선고하는 장면은 텔레비전 생방송으로 전국에 중계되었는데, 필자를 포함하여 국토교통부를 대리하였던 필자의 법무법인 소속 변호사들 모두 회의실에 모여 긴장 속에서 이를 지켜보았습니다. 그런데 특별조치법이 위헌이라는 선고 결과를 떠나서 헌법재판소가 위헌결정의 주된 논거로 내세운 청구인들의 국민투표권 침해라는 사유는 피청구인 측 변호사들은 물론 청구인 측도 짐작하기 어려웠던 것이 사실입니다. 그런데도 이 점에 대하여 9명의 재판관 중 무려 7명의 의견이 일치하였다는 사실이 선뜻 믿기지 않았습니다. 그간의 재판 과정에서는 '관습헌법'이 큰 쟁점으로 부각된 적은 없었기 때문입니다.

실제 재판에서는 수도 이전 문제가 헌법 제72조2에 규정된 국민투표 부의(附議)대상인지 여부와 청구인들이 침해받았다고 주장하는 기본권들이 헌법상 보장된 권리인지 여부 그리고 그러한 기본권들이 특별조치법에 의하여 '현재' 또는 '직접적'으로 침해되는 것인지 여부를 둘러싸고 양 당사자 간 공방의 대부분이 이루어졌습니다. 그때까지만 하여도 '관습헌법'과 관련한 내용은 헌법재판소는 물론 대법원의 판결이나 결정에서도 언급된 사례가 전혀 없고, 헌법학계에

---

2 헌법 제72조: 대통령은 필요하다고 인정할 때에는 외교·국방·통일 기타 국가안위에 관한 중요정책을 국민투표에 붙일 수 있다.

서조차도 제대로 된 논의가 이루어진 바 없는 형편이었습니다. 당시 필자의 법무법인은 '그러한 관습헌법이 존재한다고 볼 수 없고, 설령 존재한다고 하더라도 성문(成文)헌법체제를 취하고 있는 우리 헌법상 성문헌법을 개정하는 데 적용되는 헌법개정조항이 관습헌법에까지 적용된다고 볼 수 없다'는 정도의 내용만을 의견서에 담아 재판부에 제출한 바 있는데, 당시까지만 하더라도 관습헌법과 관련해서는 이러한 정도의 인식이 학계에서 별다른 이견 없이 통용되고 있던 상황이었습니다.

헌법재판소의 판단을 요약해 정리해보면 아래와 같습니다.

1. 일반적으로 한 나라의 수도는 국가권력의 핵심적 사항을 수행하는 국가기관들이 집중 소재하여 정치·행정의 중추적 기능을 실현하고 대외적으로 그 국가를 상징하는 곳을 의미한다.

2. 특별조치법은 국가의 정치·행정의 중추적 기능을 수행하는 국가기관의 소재지로서 헌법상의 수도개념에 포함되는 국가의 수도를 이전하는 내용을 가진다.

3. 우리나라는 성문헌법을 가진 나라이지만, 성문헌법이라고 하여도 그 속에 모든 헌법사항을 빠짐 없이 완전히 규율하는 것은 불가능하기 때문에 이를 불문헌법 내지 관습헌법으로 인정할 소지가 있고, 이러한 관습헌법은 성문헌법과 동일한 효력을 가진다.

4. 관습헌법이 성립하기 위하여서는, ① 기본적 헌법사항에 관하여 어떠한 관행 내지 관례가 존재하고, ② 그 관행은 국민이 그 존재를 인식하고 사라지지 않을 관행이라고 인정할 만큼 충분한 기간 동안 반복 내지 계속되어야 하며(반복·계속성), ③ 관행은 지속성을 가져야 하는 것으로서 그 중간에 반대되는 관행이 이루어져서는 아니 되고(항

상성), ④ 관행은 여러 가지 해석이 가능할 정도로 모호한 것이 아닌 명확한 내용을 가진 것이어야 하며(명료성), ⑤ 이러한 관행이 헌법 관습으로서 국민들의 승인 내지 확신 또는 폭넓은 컨센서스를 얻어 국민이 강제력을 가진다고 믿고 있어야 한다(국민적 합의).

5. 헌법기관의 소재지, 특히 대통령과 의회의 소재지를 정하는 문제는 국가의 정체성을 표현하는 실질적인 헌법사항의 하나이다.

6. 우리 헌법전상으로는 '수도가 서울'이라는 명문의 조항이 존재하지 않지만, 서울이 수도인 것은 국가생활의 오랜 전통과 관습에서 확고하게 형성된 자명한 사실 또는 전제된 사실로서 모든 국민이 우리나라의 국가구성에 관한 강제력 있는 법규범으로 인식하고 있는 것이다.

7. 서울이 우리나라의 수도인 것은 조선시대 이래 600여 년 간 우리나라의 국가생활에 관한 당연한 규범적 사실이 되어 왔으므로 우리나라의 국가생활에 있어서 전통적으로 형성되어 있는 계속적 관행이라고 평가할 수 있고(계속성), 이러한 관행은 변함없이 오랜 기간 실효적으로 지속되어 중간에 깨어진 일이 없으며(항상성), 서울이 수도라는 사실은 우리나라의 국민이라면 개인적 견해 차이를 보일 수 없는 명확한 내용을 가진 것이며(명료성), 나아가 이러한 관행은 오랜 세월간 굳어져 와서 국민들의 승인과 폭넓은 컨센서스를 얻어(국민적 합의) 국민이 실효성과 강제력을 가진다고 믿고 있는 국가생활의 기본사항이라고 할 것이다. 따라서 서울이 수도라는 점은 관습헌법으로서 불문헌법에 해당한다.

8. 관습헌법도 헌법의 일부로서 성문헌법의 경우와 동일한 효력을 가지기 때문에 그 법규범은 최소한 헌법 제130조에 의거한 헌법개정의 방법에 의하여만 개정될 수 있다.

9. 서울이 우리나라의 수도인 점은 불문의 관습헌법이므로 헌법개정절차를 거치지 않고 수도를 충청권의 일부 지역으로 이전하는 것을 내

Ⅲ. 법률제도와 정치에 관한 헌법이야기

용으로 한 특별조치법을 제정하는 것은 헌법 제130조에 따라 헌법개
정에 있어서 국민이 가지는 국민투표권의 행사를 배제한 것이므로 헌
법에 위반된다.

소회(所懷)

이 결정은 정치권은 물론 법조계와 학계에 커다란 반향을 불러
일으켰습니다. 법조계나 학계에서 이전까지 거의 논의가 없다시피
하였던 '관습헌법'이라는 개념이 헌법재판소 결정을 계기로 비로소
본격적인 연구주제로 등장할 정도였으니, 이 결정이 당시 모든 법률
가들의 의표를 얼마나 강하게 찔렀는지 충분히 느낄 수 있습니다.

정치적, 사회적으로도 많은 논란을 불러일으키고 헌법학의 연구
주제로 크게 부상한 결정이지만, 여기에서는 정치적 측면은 배제하
고 헌법적 관점에 국한하여 소회를 적어 봅니다.[3]

---

3 이 사건 헌법재판소 결정에서 김영일 재판관은 별개의견으로, '① 수도이전에 관한
의사결정은 헌법 제72조 국민투표 대상이고, ② 대통령의 국민투표 부의행위는 자유
재량행위이지만, 수도이전에 관한 의사결정을 국민투표에 붙이지 아니하는 것은 재
량권을 일탈·남용하는 것으로서 재량권이 부여된 근거되는 법규범인 헌법 제72조에
위반된다, ③ 그리하여 대통령이 재량권을 적법하게 행사한다면 이를 국민투표에 붙
일 의무가 있으며 이에 따라 국민은 이를 국민투표에 붙이도록 요구할 권리가 있고
대통령이 현실적으로 부의하기 전이라도 이에 관한 구체적 국민투표권을 가진다, ④
특별조치법은 수도이전에 관한 국가의사를 결정함에 있어 국민투표를 확정적으로 배
제하는 내용이므로 청구인들은 특별조치법의 제정·시행으로 헌법 제72조의 국민투표
권을 침해당하였다'는 의견을 내었습니다. 이에 대해서는, 헌법 제72조는 대통령에게
'국가안위에 관한 중요정책'에 대한 국민투표를 실시할 것인지 여부에 관하여 재량을
주고 있는데, 이러한 재량은 헌법이 직접 부여한 것으로서 행정법상의 재량권 일탈·남
용의 법리가 적용될 여지가 없을 뿐만 아니라, 어떠한 사안을 국민투표에 붙일 것인
지 여부가 대통령의 재량에 맡겨져 있고 아직 투표에 부의하지도 않은 상황에서 국

_____ 성문헌법을 가진 나라에서 '관습헌법'이 가능한가?

다들 알고 계시겠지만, 우리나라는 성문헌법을 가진 나라입니다. 우리는 "대한민국은 민주공화국이다, 대한민국의 주권은 국민에게 있고 모든 권력은 국민으로부터 나온다."라고 규정한 제1조를 시작으로 하여 헌법개정 절차를 규정한 제130조로 끝나는 '헌법전'을 가지고 있습니다. 개인의 자유를 보장하고 국가권력의 남용을 막기 위하여 국민의 권리가 무엇이고 국가권력의 범위와 한계가 어디까지인지를 명확하게 성문의 법규범으로 정하여 두자는 것이 성문헌법체제의 기본 정신입니다. 글자로 명시해 두지 않으면 무엇이 보장되는지 모르고 그 범위를 알 수도 없을 테니 확실하게 명문화하여 두자는 것이지요.

물론 성문헌법도 완전무결할 수는 없고, '정치타협의 산물'이라는 헌법의 특성상 헌법 조문에서는 추상적인 표현이 사용되는 때도 많습니다. 그렇기 때문에 상황에 따라서는 성문으로 되어 있지 않은 헌법, 즉 '관습헌법'이나 이와 유사한 개념을 가진 사실상의 헌법이 자리잡을 여지가 있다는 점 자체에 대해서는 법률가들 사이에 큰 이견이 없다고 볼 수 있습니다. 하지만 이러한 사실상의 헌법은 어디까지나 국민의 자유와 권리 또는 국가기관의 권한행사 등과 관련하여 헌법에 아무런 규정이 없는 때 또는 규정의 모호성을 보충하거나

민투표권이 직접 침해된 것으로 볼 수는 없다는 비판이 제기되었습니다(여기에서 이에 관한 상세한 설명은 생략하겠습니다).

Ⅲ. 법률제도와 정치에 관한 헌법이야기

상호 모순 또는 저촉 문제를 해결할 필요가 있는 때에 한하여 보충적으로만 인정되어야 하므로, 그러한 점에서 볼 때 '관습헌법'이 형성될 수 있는 영역은 국민의 기본권 보장 또는 국가권력의 제한이나 통제와 관련 있는 사항에 한정되어야 한다는 유력한 비판론이 헌법재판소 결정을 대상으로 제기되기도 하였습니다. 이러한 비판론에 따르면 국가의 수도를 정하는 것이 국민의 기본권이나 국가권력의 제한 등에 관련한 문제가 아닐 테니, 애초부터 이는 '관습헌법'의 대상이 될 수 없다는 결론에 도달하게 되는 셈입니다.

게다가 성문헌법이 불완전하다는 말은 어디까지나 헌법제정권자가 의도하지 않은 공백이 성문헌법에 존재한다는 의미가 아니라, '정치적 타협의 산물'이라는 헌법 자체의 특수성으로 인하여 성문헌법에는 세부사항에 대하여 불완전한 부분이 있을 수도 있으니 이러한 부분이 있다면 이를 입법자로 하여금 보완하도록 하자는 의미에 지나지 않습니다(이와 같이 입법자에 의하여 형성된 헌법사항을 '실질적 의미의 헌법'이라고도 합니다). 다시 말해, 예를 들어 국가기관의 권한과 행사에 관한 모든 사항을 빠짐없이 헌법에 담아 규정할 수는 없으므로 이와 관련한 세부사항은 국회법, 헌법재판소법, 법원조직법 등 각 개별법률에 나누어 담아 규율한다는 것을 의미합니다.

이와 같이 성문헌법체제가 헌법사항을 모두 헌법전에 규정해 두는 것이 아니고 법률로도 보완할 수 있다는 점을 전제로 하고 있다면, 서울의 법적 지위를 이미 지방자치법과 서울특별시 행정특례에 관한 법률 등에서 명시적으로 규율하고 있는 상황4에서, 헌법재판소가 '성문헌법이라고 하여도 그 속에 모든 헌법사항을 빠짐없이 완전히 규율하기가 불가능하기 때문에 이를 관습헌법으로 인정할 소지가 있다'는 전제에서 출발하여 곧바로 '이러한 관습헌법은 성문헌법과 동일한 효력을 가진다'라는 결론을 도출한 것은 법리적으로 상당한 문제를 안고 있다고 생각합니다. 어떠한 헌법사항이 특별한 사정에 의하여 법률로 규정하고 있다고 해서 이를 개정할 때 일반적인 법률개정 절차가 아닌 헌법개정 절차에 의해야 한다고 볼 수는 없기 때문입니다.

____ 국가의 '정체성'을 표현하는 것들은 모두 헌법사항인가?

수도가 국가의 정체성을 표현하는 것이라는 이유로 이를 헌법사항에 해당한다고 본 헌법재판소의 견해에 대하여도 비판이 뒤따랐습니다. 국가의 정체성을 나타내는 것 모두 헌법사항이라고 볼 수도 없거니와 국가의 '정체성'이라는 개념의 정의 자체가 모호하기 이를 데 없다는 것이 그 이유입니다.

헌법재판소는 국명을 정하는 것, 우리말을 국어로 하고 우리글을 한글로 하는 것, 영토를 확정하고 국가주권의 소재를 밝히는 것 등을 국가 '정체성' 표현의 예로 들고 있는데, 이런 것들이 과연 국

---

4 지방자치법 제174조 제1항: 서울특별시의 지위·조직 및 운영에 대하여는 수도로서의 특수성을 고려하여 법률로 정하는 바에 따라 특례를 둘 수 있다.
서울특별시 행정특례에 관한 법률 제2조: 서울특별시는 정부의 직할로 두되, 이 법에서 정하는 범위에서 수도로서의 특수한 지위를 가진다.

가의 '정체성'을 나타내는 것으로 볼 수 있는지 여부를 떠나, 이런 것들과 대한민국 수도가 서울이라는 것을 동일 선상에 놓고 평가할 수 있는 것인지 우선 의문스럽습니다. 예를 들어 우리나라 국화(國花)를 무궁화로 정한 것, 우리나라 국가(國歌)를 애국가로 정한 것은 어떻게 보아야 할까요? 필자 개인적으로는 우리나라 수도가 서울이라는 것보다 오히려 우리나라 국화나 국가가 훨씬 더 뚜렷하게 국가의 정체성을 표현하는 상징물이라는 생각이 듭니다. 그렇지만 만약 국화나 국가를 무궁화나 애국가가 아닌 다른 것으로 바꾸자고 할 때 그것이 '관습헌법'에 해당하기 때문에 국민투표를 거쳐야 한다고 하면 웃음거리가 되지는 않을까요?

▬▬ 경국대전(經國大典)에 서울이 조선의 수도라고 처음으로 명시되었다는데…

'관습헌법'이라는 개념이 일반적으로 인정될 수 있고 한 나라의 수도에 관한 사항이 헌법사항에 해당한다고 가정하더라도 우리나라 수도가 서울이라는 사실이 '관습헌법'의 성립요건을 충족하였다고 본 헌법재판소의 판단에 대해서도 반론의 여지가 충분합니다.

일례로 (헌법재판소가 판시한 성립요건에 의할 때) '관습헌법'이 인정되기 위해서는 어떠한 관행이 충분한 기간 동안 반복되거나 계속되어야 하는데, 헌법재판소는 서울이 조선시대 이후 지속적으로 수도로서의 지위를 가지고 있었다고 하면서 경국대전에 이러한 내용이 명문화되어 있다고 강조하였습니다. 경국대전이라니요? '한국사 개념

사전'을 찾아보니, 경국대전을 '조선시대에 나라를 다스리는 기준이 된 최고의 법전, 세조 때 최항, 노사신, 강희맹 등이 집필을 시작하여 성종 7년(1476년)에 완성하고 16년(1485년)에 펴냈음'이라고 설명해 놓았네요. 필자가 당시 텔레비전으로 헌법재판소의 선고 장면을 지켜보다가 헌법재판소장이 낭독하는 결정문에서 '경국대전'이라는 단어가 언급되는 순간 제 귀를 의심했던 기억이 납니다.

엄연히 성문으로 된 헌법전을 가지고 있는 나라에서 헌법 위반 여부를 판단하는데(좀 더 정확히 말하면 헌법소원심판 사건이었으니 기본권 침해 여부를 판단하는 것이라 하겠습니다), 21세기에 재판을 하면서 600여 년 전 조선시대의 사회상을 엿볼 수 있는 사료(史料)라는 역사적 가치만을 지니고 있는 조선시대 유물(遺物)을 근거로 관습헌법 성립을 인정하여 법률적 결론을 내린다는 것 자체가 그 결론의 무리함을 드

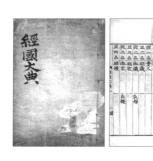

러내는 일이라고 볼 수 있지는 않을까요? 이 결정을 접한 후 변호사들 사이에서 헌법과 관련한 문제가 생길 때마다 '경국대전에는 어떻게 되어 있어?', '함무라비법전도 찾아 봐야지'라는 우스개 소리를 하기도 하였던 기억이 떠오릅니다.

───── 서울이 수도라는 사실은 국민들의 합의가 있는 사항인가?

'관습헌법'의 인정 요건과 관련하여, '서울이 대한민국의 수도이다'라는 명제가 과연 국민들의 확신 또는 폭넓은 동의와 지지를 받

아왔고, 따라서 국민적 합의를 얻은 것이라고 볼 수 있는지도 문제입니다.

'서울이 대한민국의 수도이다'라는 것은 말 그대로 '사실'에 지나지 않습니다. 법률적으로 풀어 이야기하자면 입증(立證)이 필요 없는 '현저한 사실' 정도가 아닐까 생각합니다(민사소송법 제288조). 한성(漢城, 지금의 서울)이 조선의 도읍지였고, 그 지위가 지금까지 이어져왔다는 사실 역시 이와 다르지는 않다고 생각합니다. 이 또한 그저 역사적인 '사실'인 것이지요. 이는 국민적인 합의를 필요로 하는 지점이 아닙니다. 단순히 존재하는 혹은 존재해 왔던 '사실'에 지나지 않기 때문입니다. 결국, 그것이 이른바 '규범력(누군가를 법적으로 구속하는 힘)'을 가지기 위해서는, 따라서 '헌법'이라는 우리나라 최상위법으로 규율하여야 할 사항이 되기 위해서는, 예를 들어 단순히 '서울이 대한민국의 수도이다'가 아니라, '서울이 대한민국의 수도이어야 한다'가 되어야 하고, 여기에 국민적인 합의가 필요한 것입니다.

이러한 관점에서, 지난 대통령선거 당시 신행정수도의 건설을 주요 공약으로 내건 후보가 대통령에 당선된 사실 그리고 그에 이어진 총선에서도 여야를 막론하고 각 정당이 행정수도 이전사업을 성실히 이행하겠다고 다짐하였으며 행정수도를 이전하기 위한 법률안이 실제로 국회에서 재석의원 194명 중 167명의 압도적인 찬성으로 통과되기까지 하였던 사실 등을 고려하여 본다면, '서울이 대한민국의 수도이어야 한다'는 것이 국민들의 합의를 얻어 '관습헌법'의 지위를 얻을 수 있는 상태에까지 이르렀다고는 도저히 볼 수 없는 것이 아닐까 생각합니다. 오히려 상대적으로 '대한민국 수도를 서울이 아닌 다른 곳으로 이전하여야 한다'는 것이 국민들의 합의에 더 가까웠던 것으로 보아야 하지 않을까요?

일부 학자는 이와 관련하여, '일정한 관습이 법규범이 되기 위해서는 적어도 그것이 법규범으로 존재한다고 믿는 보편적인 법적 확신을 요구한다. 서울＝수도라고 하는 사실명제는 우리나라 초등학생들도 그리고 인문지리에 관심이 있는 다른 나라의 사람들도 익히 알고 있는 사실이지만, 그러한 사실명제가 헌법적 사항으로서 규범적 효력을 지니고 있다고 확신한 사람은 금번 헌법재판소의 위헌결정이 나오기 전까지는 거의 없었으리라고 여겨진다. (중략) 이러한 사실은 헌법재판소가 밝히고 있는 법적 확신과는 달리 그간 역대 정권들에게서 간헐적으로 수도이전문제가 잠시나마 공론화되었던 적이 여러 차례 있었고, 이러한 가운데 그것이 관습헌법적 규범임을 지적한 전례가 없었다는 점과 관습헌법을 설명하고 있는 헌법교과서들에서도 또한 이러한 사실을 언급하지 않았다는 점을 지적하는 것으로 충분하다고 보인다'라고 비판하기도 하였는데, 이는 충분히 설득력 있는 지적이라고 생각합니다.

헌법이 규정하는 헌법개정절차는 성문헌법의 개정을 전제로 한 것인데…

헌법에 규정된 헌법개정 절차(제128조 내지 제130조)는 헌법에 들어있는 조항들을 개정하는 절차입니다. 성문헌법을 택하고 있는 나라에서는 거의 예외 없이 경성(硬性)헌법체계를 따르고 있는데(즉 헌법의 개정절차를 일반 법률의 개정절차보다 까다롭게 규정하고 있다는 의미입니다), 우리나라도 마찬가지입니다. 이러한 이유에서 헌법을 개정할 때에는 법률개정 절차와는 달리 국민투표를 거쳐야 한다는 것을 최종적 절차요건으로 두고 있는 것입니다.

그런데 헌법재판소는 이러한 헌법의 개정절차가 성문의 헌법조항뿐만 아니라 '관습헌법'의 경우에도 적용된다고 보았습니다. '관습헌법'의 내용과는 다른 내용의 효력을 인정하기 위해서는 헌법개정절차가 필요하다는 것입니다. 하지만 이는 헌법을 일반 법률보다 까다로운 절차에 의하여 개정하도록 한 경성헌법체계가 성문헌법의 개정을 전제로 하는 개념이라는 점을 간과한 판단입니다. 게다가 애초부터 '관습헌법'의 성립을 인정한 불문헌법 국가에서도 '관습헌법'은 국회가 제정한 법률에 의해서 변경될 수 있다고 보고 있는데, 오히려 '관습헌법'의 성립이 훨씬 제한적으로 인정되는 성문헌법 국가에서 국회가 제정한 법률에 의하여 '관습헌법'을 변경할 수 없다는 것은 이해하기 어렵습니다.

___ 헌법 제130조가 규정한 헌법개정 국민투표권 침해의
'현재성' 여부에 대한 문제는?

앞서 잠깐 언급했듯이, 법률에 대한 헌법소원청구가 가능하기 위해서는 해당 법률에 의하여 국민 '자신'의 기본권이 '현재' 그리고

'직접적'으로 침해되어야 합니다. 여기에서 헌법재판소가 특별조치법에 의하여 침해되었다고 본 청구인들의 기본권은 헌법 제130조가 규정하는 헌법개정 국민투표권입니다.

　그런데 헌법 제130조의 헌법개정 국민투표권 그 자체만으로는 이를 현재 당장 행사할 수 있는 권리로 보기 어렵다는 문제가 있습니다. 즉, 헌법개정 국민투표권은 헌법개정에 대한 공론화 등의 정치적 행위에 이어 헌법개정안의 제안, 공고, 의결 등 헌법개정 작업이 진행되는 정도에 따라 비로소 현재화되는 기본권인 것입니다. 이러한 관점에서 적어도 대통령이 국회의 의결을 거친 헌법개정안을 공고한 이후에야 국민투표권이 구체적으로 현재화되는 것으로 보아야 하지 않을까요?

　그렇기 때문에 예를 들어 헌법개정안이 국회에 제출되었으나 필요한 정족수를 채우지 못하여 폐기되는 경우, 그 헌법개정안에 찬성하는 입장을 취하고 있는 사람이 이러한 폐기행위가 자신의 국민투표권을 침해하였다면서 헌법소원을 제기하는 일은 허용될 수 없다고 보아야 합니다. 폐기절차가 헌법에 위배되었다는 사정이 있다고 해도 마찬가지입니다. 그 때까지는 헌법 제130조상의 헌법개정 국민투표권이 현재화되었다고 볼 수 없기 때문입니다. 결국 단지 특별조치법이 제정·시행되었음에 불과한 상태에서 헌법 제130조의 헌법개정 국민투표권이 침해되었다고 본 헌법재판소의 결정은 해당 권리침해의 현재성 문제를 가볍게 취급하여 정밀하게 들여다 보지 못했다는 비판에서 자유로울 수 없을 것입니다.

재판관 1인의 반대의견

앞서 살펴본 바와 같이, 이 사건 헌법재판소 결정은 논리적으로나 법리적으로 많은 문제점을 지녔다고 생각합니다. 그렇기 때문에 헌법재판소 결정 당시 재판관 한 사람이 제시한 반대의견은 더욱 경청할 만한 가치가 있다고 생각합니다. 반대의견의 일부를 아래에 옮겨 봅니다.

1. 역사적으로 수도의 소재지는 국가 정체성에 관한 중요한 사항이었으나, 자유민주주의와 입헌주의를 주된 가치로 하는 우리 헌법은, 국가권력의 통제와 합리화를 통하여 국민의 자유와 권리를 최대한 실현하려는 것이 그 목적이며, 수도의 소재지가 어디냐는 그 목적을 위한 '도구'에 불과하다. 그러므로 헌법상 수도의 위치가 반드시 헌법제정권자나 헌법개정권자가 직접 결정해야 할 사항이라 할 수 없다.

2. 서울이 수도라는 사실이 오랫동안 우리 민족에게 자명하게 인식되어 온 관행에 속한다 하더라도, 우리 국민이 그것을 강제력 있는 규범으로 확신하고 있었다고 인정하기 어렵다. 수도 이전의 문제는 이 사건 심판청구 무렵에야 우리 사회의 주된 쟁점이 되었고, 여야 국회의원들은 수도이전 사안이 국민의 헌법적 확신을 지니는 헌법사항이라든가 헌법개정절차를 통하여야 하므로 입법권의 대상이 될 수 없다든가 하는 점에 관한 인식을 전혀 드러내지 않았다.

3. 성문헌법을 지닌 법체제에서, 관습헌법을 성문헌법과 '동일한' 혹은 '특정 성문헌법 조항을 무력화시킬 수 있는' 효력을 가진 것으로 볼 수 없다. 관습헌법은 성문헌법으로부터 동떨어져 성립하거나 존속할

수 없고 항상 성문헌법의 여러 원리와 조화를 이룸으로써만 성립하고 존속하는 '보완적 효력'만을 지닌다.

4. 헌법의 개정은 '형식적 의미의 헌법', 즉 성문헌법과 관련된 개념이므로, 관습헌법의 변경은 헌법의 개정에 속하지 않으며 헌법이 마련한 대의민주주의 절차인 법률의 제정, 개정을 통하여 다루어질 수 있다.

5. '서울이 수도'라는 관습헌법의 변경을 헌법개정에 의해야 한다면, 이는 관습헌법에 대하여 헌법이 부여한 국회의 입법권보다 우월적인 힘을 인정하는 것이 된다. 수도이전과 같은 헌법관습 변경의 경우에도, 별도로 이를 제한하는 헌법규정이 없으므로, 국회의 입법으로 가능하다. 특별조치법은 국회의원들의 압도적 다수로 통과되었는데, 그러한 입법이 국민의 민의를 제대로 반영하지 못하였다는, 혹은 민의를 배신하였다는 정치적 비난을 받을 수 있는 것은 별도로 하고, 헌법적 측면에서 그것이 '국회의원의 권한이 아니다'고 단정할 수 없는 것이다.

6. 이러한 이유에서 특별조치법이 헌법 제130조 제2항의 국민투표권을 침해할 가능성은 없다.

결정 이후 – 결론을 대신하여

논거가 어찌되었거나 헌법재판소가 이 사건에서 행정수도 이전은 위헌이라고 결정함에 따라 정부와 국회는 행정수도 이전을 포기하고, 청와대와 국회 등을 제외한 국무총리 포함 총 49개 기관을 연기·공주 지역으로 이전하기로 하고, 이를 위하여 '행정중심복합도시 건설을 위한 특별법'을 제정·시행하였습니다.

이 법률에 대해서도 비슷한 취지의 위헌확인 소송이 제기되었으나, 대통령과 국회의원이 하나의 도시에 소재하여야 한다는 '관습 헌법'이 존재한다고 볼 수 없다는 등의 이유로 기각이 되었습니다(자세한 내용은 생략하겠습니다).[5] 이러한 과정을 거쳐서 지금의 세종특별 자치시가 생기게 된 것이지요.[6]

이제 와서 다시 돌이켜 보아도, '서울이 대한민국의 수도이다'라는 단순한 사실에 어떻게 헌법적 효력이 인정될 수 있는 것인지, 대통령이 거주하는 청와대와 국회의원들이 일을 하는 국회의사당을 지방으로 이전하는 일이 국민투표까지 거쳐야 할 사항인지 잘 이해가 되지 않습니다. 하지만 헌법재판소는 위와 같은 '사실'에 헌법적인 지위를 부여하였고, 그 때문에 대통령과 국회의원들이 수도권 과밀화를 해소하자고 나서서 청와대와 국회의사당을 지방으로 옮기겠다고 자청하더라도 국민투표 없이는 옮길 수 없게 되어 버렸습니다.

결국 헌법재판소는 '관습헌법'을 매개로 하여 헌법전에 없는 '서울이 대한민국의 수도이다'라는 새로운 헌법 조항 한 개를 만들어

---

5 그 이외에도, 헌법재판소는 ① 행정중심복합도시로 이전하는 기관은 국무총리를 비롯한 총 49개 기관이며 이전기관들의 직무범위가 대부분 경제, 복지, 문화 분야에 한정되어 있어서 해당 법률에 의하여 행정중심복합도시가 수도로서의 지위를 획득하는 것으로 평가할 수 없다, ② 해당 법률에 의하면 행정중심복합도시가 건설된다고 하더라도 국회와 대통령은 여전히 서울에 소재한다, ③ 해당 법률은 행정중심복합도시의 건설과 중앙행정기관의 이전 및 그 절차를 규정한 것으로서 이로 인하여 대통령을 중심으로 국무총리와 국무위원 그리고 각부 장관 등으로 구성되는 행정부의 기본적인 구조에 어떠한 변화가 발생하지 않는다는 점 등을 기각 이유로 들었습니다.

6 이러한 헌법재판소 결정을 의식하여 최근 현 정부가 발의하였던 헌법개정안에는 아예 수도에 관한 사항을 포함하였던 것입니다.

낸 것으로도 볼 수 있는데, 법리를 떠나 이것이 헌법을 제정하고 개
정할 수 있는 최종적인 권한을 국민들에게 유보해 둔 우리나라 헌법
의 기본정신에 맞는 일인지 대단히 의문스럽습니다. 헌법을 제정 혹
은 창조할 수 있는 권한이 국민에게만 부여된 것이 아니라 헌법재판
소에게도 부여된 권한이라고는 그 누구도 인정하기 어려울 것이기
때문입니다.

Ⅲ. 법률제도와 정치에 관한 헌법이야기

"이 사건 심판청구를 기각한다."
-노무현 대통령 탄핵 사건-
(헌법재판소 2004. 5. 14. 선고 2004헌나1 결정)

김철호 변호사

그날(탄핵안 가결) 밤부터 잠을 잤다. 식사 시간에 나타나지 않으면 직원들이 계속 기다리기 때문에 세 끼 밥은 제때 먹어야 했다. 그 시간 빼고는 계속 잤다. 자도 자도 잠이 끝없이 밀려왔다. 일주일을 자고 나니 정신이 들고 기운이 났다. 책을 읽었다. 그것 말고는 할 일이 없었다. 내가 거실에서 책을 읽으면 아내는 안방에서 읽었고, 내가 탁자에서 읽으면 아내는 소파에서 읽었다. 자리를 바꾸어 가며 낮에는 책만 읽었다. 오후 6시가 넘어 부속실 직원이 퇴근하면 그제서야 관저 마당으로 나갔다. 관저 인수문 밖으로 나간 일은 거의 없었다. 오찬 모임을 가끔 했던 상춘재에 갈 때도 앞뜰에는 나가지 않고 사잇문을 통해 뒤뜰에만 갔다. 툇마루에 앉아 뒤뜰을 보면서 시간을 보냈다. 아내와 둘이 거기 앉아 옛날이야기도 하고 책 이야기도 나누었다. 아주 가끔 몇 사람의 참모들과 뒷산에 올라간 것 말고는 63일 동안 관저를 한 번도 벗어나지 않았다.

-노무현, 운명이다-

머리말

　2004년 3월 12일 국회는 대통령(노무현) 탄핵소추안을 재적의원 271인 중 193인의 찬성으로 가결하였다. 이 날 대통령의 직무가 정지되었다. 노무현 전(前)대통령이 취임한 지 1년 남짓 지났을 때 일이다. 국회의 탄핵소추안 의결 과정은 생방송으로 전국에 중계되었다. 대통령 탄핵소추안이 가결된 것은 헌정사상 최초의 일이다. 그 전까지는 이 나라에서 대통령은 물론 그 어떤 공직자도 탄핵소추를 당한 적이 없었으니, 이 날의 탄핵소추안 가결은 단지 국민에게 생소하다는 느낌을 넘어 큰 충격을 안겨주며 헌정사에 길이 남을 만한 대사건으로 자리를 잡았다.

　그로부터 2개월 가량 지난 2004년 5월 14일 헌법재판소는 국회의 탄핵심판청구를 기각하는 결정을 선고하였다. 헌법재판소의 선고 장면 역시 생방송으로 전국에 중계되었다. 이 결정과 동시에 대통령의 정지되었던 직무수행 권한은 회복되었다.

　헌법은 제65조 제1항에서 '대통령 … 기타 법률이 정한 공무원이 그 직무집행에 있어서 헌법이나 법률을 위배한 때에는 국회는 탄핵의 소추를 의결할 수 있다'라고 규정한다. 대통령에 대한 탄핵소추는 국회재적의원 과반수의 발의와 국회재적의원 3분의 2 이상의 찬성이 있어야 한다(헌법 제65조 제2항). 탄핵소추의 의결을 받으면 탄핵심판이 있을 때까지 권한행사가 정지된다(헌법 제65조 제3항). 탄핵 심판은 헌법재판소가 관장하고, 탄핵의 결정을 할 때에는 재판관 6인

이상의 찬성이 있어야 한다(헌법 제111조 제1항, 제3항).

이처럼 탄핵은 헌법 자신이 규정해 놓고 있는 제도이므로 탄핵 사건은 엄연히 헌법질서 안에서 이루어진 사건이다. 그러나 국민이 직접 선출한 국민의 최고 대표기관을 다른 국가기관의 결정으로 파면한다는 것 자체가 매우 비상적(非常的)인 사태임은 분명이다. 이러한 탄핵제도의 본질에 대하여 헌법재판소는 '행정부와 사법부의 고위공직자에 의한 헌법침해로부터 헌법을 수호하고 유지하기 위한 제도'라고 설명한다.

노무현 전 대통령 탄핵사건은 법률절차에 따라 진행된 헌법재판 사건이기는 하지만 정치적 격랑 끝에 발생한 정치색 짙은 사건임에 틀림없다. 직접적인 발단은 제17대 국회의원 총선거를 앞둔 시점에 노무현 전 대통령이 당시 여당인 열린우리당을 지지하는 취지로 발언하여 헌법과 공직선거법상 공무원의 중립의무를 위반하였다는 법률적 문제에서 비롯된 것이지만, 그 배경에는 대통령 당선 이후 여당의 분당(열린우리당과 새천년민주당), 극단적 여소야대 정국(여당 47석, 야당 224석), 여당과 야당, 대통령과 야당, 대통령과 언론, 보수와 진보 사이의 격한 충돌 등 일련의 거센 정치적 갈등이 자리잡고 있었다.

여기에서는 이러한 탄핵사건의 배경이나 당시의 사회 분위기, 국민 반응 등 정치적·사회적 내용은 가급적 거론하지 않고, 헌법재판이라는 법률적 측면을 위주로 사건을 회고하고자 한다. 이 사건이 있은 지 13년 만에 우리는 또 다른 대통령 탄핵사건을 경험한 시점

"이 사건 심판청구를 기각한다."

에서 우리나라 최초의 대통령 탄핵사건인 이 사건의 핵심적 내용을 정확하게 파악할 수 있도록 변호사의 법률적 시각으로 사건의 발단으로부터 헌법재판소의 최종결정에 이르기까지의 전 과정을 객관적으로 정리해 보는 일도 나름 의미가 있다고 생각하기 때문이다. 지금부터 이 사건의 주요 진행경과, 국회의 탄핵소추사유, 헌법재판소의 판단 순으로 이야기를 해보고자 한다.

사건 진행경과

　　노무현 전 대통령 탄핵소추안 발의에서부터 헌법재판소 결정에 이르기까지 탄핵사건의 주요 진행경과를 일지 형식으로 정리해보면 다음과 같다.

2004. 3. 9.	**국회, 탄핵소추안 발의** • 유용태 · 홍사덕 의원 외 157인이 발의
3. 12.	**국회, 탄핵소추 의결** • 재적의원 271인 중 193인의 찬성으로 가결 헌법재판소, 탄핵심판청구 접수통지 • 당시 헌법재판소 재판관은 윤영철(소장), 김영일, 권성, 김효종, 김경일, 송인준, 주선회(주심),7 전효숙, 이상경(총 9인)
3. 17.	피청구인, 절차에 관한 의견서 제출 • 신속한 심판절차 진행 요청, 대통령 출석 문제, 탄핵소추사유의 추가 및 변경의 불가함, 증거조사절차 문제 등에 대한 의견 개진

---

7 노무현 전 대통령은 부산에서 변호사로 활동하던 1987년 당시 대우조선 노동자 사망사건과 관련하여 제3자개입 혐의로 구속기소된 바 있다. 그 사건 담당부서인 부산지방검찰청 공안부의 부장검사가 후일 탄핵사건 주심인 주선회 재판관이다.

Ⅲ. 법률제도와 정치에 관한 헌법이야기

	• 피청구인의 대리인단은 유현석, 한승헌, 이용훈, 하경철, 양삼승, 강보현, 조대현, 이종왕, 문재인,[8] 박시환, 윤용섭, 김덕현 변호사 총 12명으로 구성 • 서면 작성, 변론자료 준비 등 실무 작업은 양삼승, 강보현, 조대현 변호사가 소속한 법무법인 화우에서 담당
3. 18.	헌법재판소, 양측에 변론기일 출석통지
3. 22.	피청구인, 1차 답변서 제출
3. 23.	피청구인, 2차 답변서 제출
3. 23.	대한변호사협회, 토론회 개최
3. 24.	법무부장관(강금실), 의견서 제출 • 탄핵심판청구를 기각해야 한다는 의견 개진
	국회(국회의장), 의견서 제출
3. 25.	소추위원, 절차에 관한 의견서 제출 • 대통령의 재판 출석을 요구하는 의견 개진 • 소추위원은 당시 국회 법제사법위원회 위원장인 김기춘이고, 소추위원 대리인은 변호사 강재섭 외 66인
3. 26.	대한변호사협회, 의견서 제출 • 탄핵사유에 해당하지 않는다는 의견 개진
3. 27.	피청구인, 변론기일 불출석 신고
	피청구인, 절차에 관한 의견서 제출 • 소추위원의 대리인 선임 및 대리인에 의한 변론 관여는 불가하다는 의견 개진
3. 29.	소추위원, 의견서 제출
	국회(국회의장), 추가의견서 제출
	민주사회를 위한 변호사 모임, 의견서 제출
3. 30.	제1회 변론기일 • 피청구인이 불출석하여 다음 재판기일(4. 2.) 지정
	소추위원, 변론기일 변경신청서 제출 • 소추위원 김기춘의 총선 선거운동을 위하여 제2회 변론기일을 다른 날로 변경해 달라고 신청

---

8 문재인 변호사는 2003년 노무현정부 초대 민정수석비서관을 역임했다. 2004년 사직한 후 히말라야 산악지대로 트래킹을 떠났으나, 도중에 노무현 전 대통령의 탄핵소추 소식을 듣고 즉시 귀국하여 변호인단에서 간사로 활약하였다.

"이 사건 심판청구를 기각한다."

4. 1.	소추위원, 변론을 위한 준비서면 제출 • 탄핵사유의 상당성과 중대성은 이미 국회가 판단해서 결론 내렸으므로, 헌법재판소는 형식적 심사만 하면 된다는 의견 개진
	피청구인, 증거조사에 대한 의견서 제출 • 증거조사의 범위와 방법을 제한해 달라고 재판부에 요청, 당사자 본인신문은 불가하다는 의견 개진
4. 2.	제2회 변론기일 • 재판부는 증거에 대한 채부 결정을 다음 기일에 하겠다고 고지
	소추위원, 증거신청서 제출 • 당사자 본인신문, 문서제출요구, 문서송부촉탁, 형사기록 등 검증 신청, 증인 29명 신청
	피청구인, 증거조사신청에 대한 추가의견 제출 • 당사자 본인신문 불가 의견과 소추위원 측 증거신청의 부당성을 지적하는 의견 개진
4. 7.	소추위원, 증거신청 보충 및 관련의견서 제출
	피청구인, 증거신청에 관한 의견서 제출 • 소추위원 측 의견에 대한 반박, 다툼 없는 사실 정리, 서증 인부에 대한 의견 개진
4. 8.	피청구인, 3차 답변서 제출
4. 9.	법학교수 132인 의견서 제출 • 탄핵 반대의견 개진
4. 9.	제3회 변론기일 • 일부 증인 채택(최도술, 안희정, 여택수, 신동인), 일부 사실조회, 문서송부촉탁 채택, 일부 증인 채택 보류(문병욱, 이광재, 홍성근, 김성래, 강민섭) • 피청구인 본인신문에 대한 증거결정 보류
4. 17.	대한변호사협회, 보충의견서 제출
4. 20.	소추위원, 의견서(2) 제출
4. 20.	제4회 변론기일 • 안희정에 대한 증인신문 실시, 증인 최도술은 증언 거부 • 재판장은 지난 기일에서 명했음에도 불구하고 소추위원 측이 증인신문사항을 미리 제출하지 않은 데 대하여 유감 표명
4. 23.	제5회 변론기일 • 여택수에 대한 증인신문 실시, 증인 신동인 불출석(재판장이 증인결정 취소) • 소추위원 측의 당사자 본인신문신청 기각 • 소추위원 측의 일부 증인(문병욱, 이광재, 홍성근, 김성래, 강민섭) 신청 기각
4. 27.	피청구인, 4차 답변서 제출 • 선거법위반, 측근비리, 국정파탄 및 경제실정 등과 관련한 의견 개진

III. 법률제도와 정치에 관한 헌법이야기

	피청구인, 최종변론서 제출
4. 27.	제6회 변론기일
4. 30.	피청구인, 5차 답변서 제출 • 소추위원 측의 4. 30.자 변론서에 대한 반박
	소추위원, 변론서 및 대리인 의견서 제출
4. 30.	제7회 변론기일 • 소취위원 측의 추가 증거신청 기각 • 양측 최종 변론 • 재판장은 소추위원 측 대리인의 '망가' 발언에 대하여 유감 표명 • 변론 종결
5. 3.	민주사회를 위한 변호사 모임, 추가의견서 제출
5. 6.	소추위원, 의견서 제출
5. 14.	**헌법재판소 결정** • 탄핵심판청구를 기각

이처럼 노무현 전 대통령 탄핵사건은 국회 탄핵소추안 발의를
시작으로 2개월 동안 숨가쁘게 진행되어 5월 14일 헌법재판소의 선
고를 끝으로 막을 내렸다. 2개월 동안 내달린 장정의 대미를 장식한
최종 변론기일의 모습을 노무현사료관은 이렇게 기록하고 있다.9

헌법재판소는 30일에 최종 변론을 열었다. 최종 변론에서 소추위원
쪽은 주어진 시간 30분을 넘겨 2시간 가까이 노 대통령의 발언과 통치
행위 전반에 대한 정치공세로 탄핵의 필요성을 강조했다. 김기춘 소추
위원은 '대한민국 호의 선장이 바뀌어야 한다'며 '이대로 내버려 두었다
가 이미 기울기 시작한 배가 어디로 표류할지 모른다'고 주장했다.

반면, 대통령 변호인단은 국회의 탄핵 소추의 절차와 내용 하자를 재
차 강조했다. 하경철 변호사는 '탄핵 소추 의결에서 국회 관행이라는 이
유로 적법 절차를 위반했기에 절차적 하자만으로도 각하되거나 기각됨

9 노무현재단, 노무현사료관

"이 사건 심판청구를 기각한다."

이 마땅하다'고 주장했다. 양삼승 변호사는 '대통령은 공무원임과 동시에 정치인으로서 선거법의 정치적 중립 의무를 지켜야 하는 공무원에 해당되지 않고, 설사 해당된다고 해도 기자회견에서의 발언은 선거에 부당한 영향력을 미치는 행위가 아니다'라며 탄핵 사유의 부당함을 변론했다. 마지막에 나선 한승헌 변호사는 '국회가 뒤집어 놓은 옳고 그름의 기준을 바로 세우고 국회도 헌법과 법률을 준수하여야 한다는 상식을 일깨워주어야 한다'며, '거대 야당의 횡포로 비롯된 진통을 헌정을 바로 인식시키고 새로운 정치문화를 탄생시키는 계기로 승화시켜야 한다'고 재판부에 호소했다.

대통령 변호인단의 최후 변론이 끝나자 소추위원 쪽 대리인인 한병채 변호사가 예정에 없던 추가 변론을 신청하여 '헌재 재판이 최종 변론시간을 30분으로 제한해 재판을 망가(만화의 일본말)로 만들었다'는 막말로 물의를 빚었다. 이에 대통령 변호인단 측 양삼승 변호사는 '헌재 재판부의 소송지휘로 피청구인에게 주어졌던 마지막 발언권을 빼앗아간 것은 위법행위'라고 비판했다. 이에 윤영철 재판장은 '한병채 변호사의 망가 발언은 유감'이라고 지적한 뒤 변론을 종결했다.

국회가 내세운 탄핵소추사유

국회는 탄핵소추사유를 크게 세 가지로 나누어 주장하였다. '① 국법질서 문란 ② 권력형 부정부패 ③ 국정파탄'이라는 사유였다. 이 세 가지 사유 안에 다시 여러 가지 이유들을 담아 탄핵소추사유를 구체화하였다. 그 중 주요 탄핵소추사유를 골라 그 요지를 정리해보면 다음과 같다.

Ⅲ. 법률제도와 정치에 관한 헌법이야기

국법질서 문란

■ 특정 정당을 지지

- 제17대 국회의원 총선거를 앞둔 2004. 2. 18. 경인지역 6개 언론사와의 합동기자회견에서, '개헌저지선까지 무너지면 그 뒤에 어떤 일이 생길지는 나도 정말 말씀드릴 수가 없다'고 발언

- 같은 달 24. 방송기자클럽 초청 기자회견에서, '앞으로 4년 제대로 하게 해 줄 것인지 못 견뎌서 내려오게 할 것인지 국민이 분명하게 해줄 것', '국민들이 총선에서 열린우리당을 압도적으로 지지해 줄 것을 기대한다', '대통령이 뭘 잘 해서 우리당이 표를 얻을 수만 있다면 합법적인 모든 것을 다하고 싶다'고 발언

- 2003. 12. 19. 노사모가 주최한 '리멤버 1219' 행사에 참석하여 '시민혁명은 계속되고 있다. 다시 한 번 나서달라'고 발언

- 2004. 2. 27.자 중앙일보 보도에 의하면 '17대 총선 열린우리당 전략기획'이라는 문건에는 총선후보 영입을 위해 '당, 정부, 청와대가 함께 참여하는 컨트롤 타워 구성'이 필요하다고 되어 있고, '先당, 中청, 後정'이라는 총선 위주의 국정운영 순위를 매겨놓고 있음[10]

- 2004. 1. 14. 연두기자회견에서, '개혁을 지지한 사람과 개혁이 불안해 지지하지 않은 사람들이 있어서 갈라졌고, 대통령선거 때 날 지지한 사람들이 열린우리당을 하고 있어 함께 하고 싶다'고 발언

- 2003. 12. 24. 측근들과의 회동에서 '민주당을 찍으면 한나라당을 돕는다'고 발언

---

10 이로써 청와대 측의 조직적인 선거개입 사실을 확인할 수 있다는 것이 소추위원 측 주장임

■ 헌법기관을 경시

• 2003. 4. 25. 국회인사청문회의 부적격 의견을 묵살하고 고영구 후보자를 국가정보원장으로 임명

• 2003. 5. 8. 대국민 인터넷 서신을 통하여 현직 국회의원들을 '뽑아버려야 할 잡초'라는 의미로 표현

• 2003. 9. 3. 김두관 행정자치부장관에 대한 국회의 해임건의안 의결 수용을 게을리하며 이를 거부하는 듯한 자세를 취함

• 2004. 3. 4. 선거중립의무 준수를 요청하는 중앙선거관리위원회의 결정에 대하여 청와대 홍보수석을 통해 유감을 표명하고, 같은 날 현행 선거관련법에 대해 '관권선거시대의 유물'이라고 폄하하며, 같은 달 8. 자신의 공직선거법 제9조 위반행위를 '경미한 것', '미약하고 모호한 것'이라고 평가절하함

• 2004. 3. 8. 국회의 탄핵 추진에 대하여 '부당한 횡포'라고 발언

• 2003. 10. 10. 기자회견에서 최도술[11]의 SK그룹 비자금 수수 의혹과 관련하여 '수사가 끝나면 무엇이든 간에 이 문제를 포함해 그 동안 축적된 국민 불신에 대해서 국민에게 재신임을 묻겠다'고 발언하고, 같은 달 13. 국회에서 행한 시정연설에서 '국민투표는 법리상 논쟁이 없는 것은 아니지만 정치적 합의가 이뤄지면 현행법으로도 가능할 것', '정책과 결부시키는 방법이 논의되고 있지만 그렇게 안 하는 것이 좋겠고 어떤 조건도 붙이지 않겠다', '재신임을 받을 경우 연내에 내각과 청와대를 개편하고 국정쇄신을 단행할 계획'이라고 발언

---

11 최도술은 노무현 전 대통령의 변호사 활동 시절 사무장으로 일하였는데, 대통령 당선 이후에는 청와대 총무비서관에 임명되어 재직하다가 삼성그룹 등으로부터 4천 7백만 원을 받았다는 이유로 구속기소되었다. 이러한 측근 비리는 노무현 전 대통령이 국민 앞에 재신임을 묻겠다고 선언하게 된 하나의 계기가 되었다.

III. 법률제도와 정치에 관한 헌법이야기

<h1>권력형 부정부패</h1>

■ 썬앤문그룹 관련 불법정치자금 수수

- 2002. 6. 안희정[12]으로 하여금 국세청에게 썬앤문그룹에 대한 감세 청탁을 하도록 하여 썬앤문의 세금 171억 원을 23억 원으로 감액시켜줌

- 2002. 11. 9. 서울 리츠칼튼호텔 일식당에서 이광재의 주선으로 썬앤문그룹 회장 문병욱과의 조찬자리에 참석하였고, 조찬을 마치고 나간 직후 이광재는 문병욱으로부터 1억 원을 수수

- 2002. 7. 7. 김해관광호텔에서 문병욱으로부터 돈뭉치 2개(1억 원 정도로 추정)를 받아 수행비서 여택수에게 건네줌

■ 대선캠프 관련 불법정치자금 수수

- 노무현 후보 대선캠프의 정대철 공동선거대책위원장은 9억 원, 이상수 총무위원장은 7억 원, 이재정 유세본부장은 10억 원의 불법정치자금을 각각 수수, 이를 대선캠프에 전달함

■ 측근비리 연루

- 최도술 관련 비리

  최도술은 ① 2002. 5. 생수회사인 장수천과 관련한 피청구인(노무현 전 대통령)의 채무변제를 위해 새천년민주당 부산지역 선거대책위원회 예금계좌에 남아있던 지방선거 잔금 중 2억 5천만 원을 횡령하여 장수천 대표 선봉술에게 전달하였고, ② 2002. 12.부터 2003. 2. 6. 사이에 장수천 채무변제

---

12 안희정은 당시 새천년민주당 노무현 대통령후보 선거캠프에서 정무팀장으로 활약했는데, 삼성그룹 등 여러 기업으로부터 이른바 대선 자금을 받은 혐의로 노무현 후보의 대통령 당선 이후인 2003년 12월 구속기소되었다. 구속상태에서 노무현 전 대통령 탄핵심판 사건의 증인으로 헌법재판소에 출석하여 증언한 바 있다.

"이 사건 심판청구를 기각한다."

를 위해 불법자금 5억 원을 모아 선봉술에게 전달하였으며, ③ 2002. 3.부터 같은 해 4. 사이에 대통령후보 경선자금을 마련하기 위해 차명계좌를 통해 1억 원의 불법자금을 수수하였고, ④ 대통령선거 이후 넥센타이어 등으로부터 2억 9,650만 원의 불법자금을 수수하였으며, ⑤ 청와대 총무비서관으로 재직하는 동안 삼성그룹 등으로부터 4,700만 원을 수수하였고, ⑥ 대통령선거 직후 SK그룹으로부터 11억 원 가량의 양도성예금증서를 받았는바, 이러한 최도술의 행위는 피청구인의 지시나 묵인이 없으면 불가능함

- 안희정 등 관련 비리

  피청구인의 후원자인 강금원은 ① 2002. 8. 29.부터 2003. 2. 사이에 후원회장 이기명 소유의 땅을 위장 매매하는 방식으로 19억 원의 불법자금을 제공하였고, ② 안희정은 2002. 9.부터 같은 해 12.까지 7억 9,000만 원의 불법자금을 모아 선봉술 등에게 전달하였으며, ③ 안희정은 대통령후보 경선 당시 5천만 원, 대통령선거 당시 삼성그룹으로부터 30억 원, 2003. 3.부터 같은 해 8. 사이에 10억 원의 불법자금을 수수하였는데, 피청구인은 이를 지시·방조함

- 여택수 관련 비리

  여택수는 청와대 행정관 재직 시 롯데그룹으로부터 3억 원의 불법자금을 수수하여 그 가운데 2억 원을 열린우리당에 창당자금으로 제공하였는데, 피청구인은 이 과정에 관여함

- 양길승 관련 비리

  청와대 부속실장이던 양길승은 2003. 6. 조세포탈 등의 혐의로 수사를 받고 있던 이원호로부터 향응을 제공받고 수사무마 청탁 등을 하였다는 혐의로 구속됨

- 정계은퇴 공언

  2003. 12. 14. 청와대 정당대표 회동에서 피청구인 측의 불법정치자금 규모가 한나라당 측의 10분의 1을 넘으면 정계를 은퇴할 것이라고 공언하였고, 2004. 3. 8. 현재 검찰수사 결과 7분의 1 수준에 이르고 있는데도 은퇴공약을 불이행함

III. 법률제도와 정치에 관한 헌법이야기

국정파탄

• 피청구인은 국가원수이자 국정의 최고책임자로서 국민을 통합시키고 국가발전과 경제성장에 모든 역량을 결집시킴으로써 국민의 행복추구권 보장과 복리증진을 위하여 성실히 노력하여야 할 헌법상의 책무를 저버린 채, 성장과 분배간의 정책목표에 일관성이 없고, 노사간의 권리의무관계에 대하여는 뚜렷한 정책방향 없이 흔들려 산업현장의 불확실성을 가중시켰으며, 정책당국자간의 혼선과 이념적 갈등을 야기하여 경제 불안을 가중시켜왔고, 대통령으로서의 모든 권한과 노력을 특정 정당의 총선 승리를 위하여 쏟아 붓는 등 불성실하게 직무를 수행하여 왔으며, '대통령 못 해 먹겠다'는 발언을 하거나 재신임국민투표를 제안하고, 정계은퇴를 공언하는 등으로 무책임하고 경솔한 국정운영을 함으로써 국민을 분열시키고 경제를 파탄에 이르게 함

이처럼 국회는 얼핏 보아도 탄핵사유가 될 수 없거나 대통령 취임 전에 있었던 일, 대통령의 관여 여부가 확인되지 않은 사안 등 그간 논란을 유발하거나 세인의 관심을 끌었던 사안들을 총 망라하여 이를 탄핵소추사유로 제시하였다. 이는 국회가 진정으로 이 모든 사안들이 탄핵소추사유에 해당한다고 판단하였다기보다는 탄핵소추의 정당성을 강조하기 위하여 소추사유의 부피와 중량을 늘리기 위한 것으로 볼 수 있다.

이처럼 다양하게 열거한 각종 탄핵소추사유 가운데 법률적 견지에서 가장 큰 의미를 지닌 사유는 노무현 전 대통령이 제17대 국회의원 총선거를 앞둔 시점에서 열린우리당을 지지하는 내용의 발언

"이 사건 심판청구를 기각한다."

을 하였다는 사유, 즉 대통령이 특정 정당을 공개적으로 지지함으로써 공무원의 정치적 중립의무를 위반하였다는 사유이다.

헌법재판소의 결정

▨ 결정 당일에 대한 노무현사료관의 기록

헌법재판소가 결정을 선고한 2004년 5월 14일의 모습을 노무현 사료관은 다음과 같이 기록하고 있다.[13]

> **오전 10시 4분 헌재 대심판정**
>
> 노무현 대통령 탄핵 심판에 대한 선고가 열렸다. 이날 선고는 TV를 통해 생중계됐다. 윤영철 헌재소장은 개정 직후 곧바로 결정문을 읽어 내려갔다. 노 대통령의 변호인단과 소추위원 대리인단, 방청객 모두는 상기된 표정으로 윤 소장이 낭독하는 결정문 자구 하나하나에 촉각을 곤두세웠다.
>
> 윤 소장은 '국회의 탄핵 소추 절차가 적법절차에 위배되었고, 탄핵소추가 부적합하다는 주장은 국회의 재량 사항이라 이유 없다'고 하고, '대통령이 직위를 이용해 특정 정당을 지지하는 발언을 한 것은 선거에서 공무원의 중립의무를 위반한 것이며, 중앙선관위의 선거법 위반 결정에 유감을 표명하면서 현행 선거법을 관건선거 시대의 유물로 폄하한 것은 헌법 수호 의무를 위반했다'고 소추위원 측의 손을 들어주자 법정이 술렁였다.

---

13 노무현재단, 노무현사료관

Ⅲ. 법률제도와 정치에 관한 헌법이야기

이어 결론에 이르러 '대통령을 파면할지 여부에 대해 판단하겠다'고 말하는 순간 모두의 긴장은 극에 달했다. 윤 소장이 '직무행위로 인한 모든 사소한 법 위반을 이유로 파면해야 한다면, 이는 피청구인의 책임에 상응하는 법익 형량의 원칙에 위반된다'고 운을 떼자 기각 주문을 확신한 대통령 변호인단에서는 안도가 흘러나왔고, 소추위원 대리인단의 낯빛은 흑색으로 변했다.

윤 소장은 계속 '대통령에 대한 파면 결정은 국민이 선거를 통해 부여한 민주적 정당성 박탈 효과와 국정공백과 국론분열 등 중대한 국가적 손실을 초래하므로 파면 결정을 정당화하는 사유도 이에 상응하는 중대성을 가져야 한다'며, '대통령의 구체적인 법 위반 행위가 헌법 수호 관점에서 중대한 의미를 가진다고 볼 수 없고, 국민의 신임을 저버린 경우에 해당한다고도 볼 수 없으므로 파면 결정을 정당화하는 사유가 존재하지 않는다'고 말을 맺었다.

헌재에서 탄핵 심판 선고에 걸린 시간은 25분여. 헌재의 선고로 63일 동안의 초유의 국정 공백 사태는 끝이 났다. 대통령에게는 그 시간이 긴 암흑의 시간이었다. 결정 선고 후 대통령 대리인단 문재인 변호사는 기뻐하면서 '일부 인용된 부분은 겸허히 수용한다'고 말했다. 반면, 김기춘 법사위원장은 '새로운 대통령으로 태어나길 바란다'며 소회를 밝혔으나, 일부 소추위원 대리인은 '헌재의 판단이 손바닥으로 하늘을 가리는 것'이라고 반발했다.

헌재 앞에서 선고 전날 밤부터 결과를 기다린 시민들은 환호했다. 각 지역마다 탄핵 기각을 반기는 축하행사와 참여정부의 성공을 기원하는 잔치가 벌어졌다. 인터넷에서는 탄핵 표결에 참여한 국회의원들을 상대로 피해보상 소송을 벌이자는 제안도 나왔다. 시민사회단체들과 지방자치단체장들도 성명을 내고 '대통령의 복귀는 국민의 승리'라고 밝혔다.

"이 사건 심판청구를 기각한다."

___ 탄핵심판청구를 기각함

헌법재판소는 국회의 탄핵심판청구를 기각하였다. 헌법재판소 결정 주문은 12개의 글자로 이루어진 간단한 1문장이었다.

"이 사건 심판청구를 기각한다"

이 결론을 내리는 데 헌법재판관 9인의 의견이 일치하였는지 아니면 나뉘었는지에 대하여는 알려진 바 없다. 다만, 결정문은 '이 심판청구는 헌법재판소법 제23조 제2항에서 요구하는 탄핵결정에 필요한 재판관 수의 찬성을 얻지 못하였으므로 이를 기각한다'고 설시하였다. 이에 비추어 주문과는 다른 의견, 즉 탄핵심판청구를 인용해야 한다거나 각하해야 한다는 일부 재판관의 의견도 있었던 것으로 짐작할 수 있을 뿐이다. 이러한 반대의견을 결정문에 표시해야 하는지에 대해서도 다수의견과 다른 의견을 결정문에 표시할 수 있다는 견해가 있는 등 논란이 있었으나, 헌법재판소는 재판관 개개인의 개별적 의견 및 그 의견의 수를 결정문에 표시할 수는 없는 것으로 보았다.

___ 기각 결정의 이유

헌법재판소는 2단계로 나누어 순서대로 탄핵 여부를 판단하였다. 먼저 첫 번째 단계에서 피청구인이 직무집행에 있어서 헌법이나 법률에 위반했는지 여부에 대하여 판단하였다. 그 다음 두 번째 단

III. 법률제도와 정치에 관한 헌법이야기

계에서 헌법이나 법률을 위반했다면 피청구인을 파면할 것인지 여부에 대하여 판단하였다.

㉠ 피청구인이 직무집행에 있어서 헌법이나 법률을 위반했는지 여부

헌법재판소는 국회 탄핵소추의결서에 기재된 소추사유를 그 항목과 순서 그대로 판단하지 않고, 이를 유형별로 다시 정리한 후 그 정리한 유형별로 헌법이나 법률의 위반 여부를 판단하였다.

결론부터 말하면, 헌법재판소는 국회가 주장한 탄핵소추사유 중 두 가지에 있어서는 대통령의 행위가 헌법이나 법률을 위반한 행위에 해당한다고 인정하였다. 그 첫 번째는 대통령이 제17대 국회의원 총선거 무렵인 2004. 2. 18. 경인지역 6개 언론사 대상으로 기자회견을 하며 발언한 행위와 2004. 2. 24. 한국방송기자클럽 초청 대통령 기자회견에서 발언한 행위가 공직선거법 제9조가 정한 공무원의 중립의무를 위반한 행위에 해당한다는 것이다. 그리고 두 번째는 대통령의 발언이 선거법을 위반하였다는 중앙선거관리위원회의 결정에 대한 2004. 3. 4. 대통령의 비판 발언이 법치국가이념에 위배되는 것으로서 대통령의 헌법수호의무를 위반한 행위에 해당하고, 2003. 10. 13. 대통령의 재신임 국민투표 제안 발언이 헌법 제72조에 반하여 헌법수호의무를 위반한 행위에 해당한다는 것이다. 이를 제외한 나머지 소추사유에 대해서는 헌법이나 법률 위반에 해당하지 않거나 아예 탄핵소추사유에 해당하지 않는다고 판단하였다. 헌법재판소의 판단 요지를 탄핵소추사유별로 살펴보면 다음과 같다.

"이 사건 심판청구를 기각한다."

1

기자회견에서 특정 정당을 지지하는 발언을 한 행위(2004. 2. 18. 경인지역 6개 언론사와의 기자회견, 2004. 2. 24. 한국방송기자클럽 초청 기자회견에서의 발언) ⇒ 헌법 및 공직선거법상 요구되는 공무원의 정치적 중립의무 위반에 해당함

- 노무현 전 대통령이 2004. 2. 18. 청와대에서 가진 경인지역 6개 언론사와의 기자회견에서 '…개헌저지선까지 무너지면 그 뒤에 어떤 일이 생길지는 저도 정말 말씀드릴 수가 없다'고 발언하였고, 2004. 2. 24. 전국에 중계된 한국방송기자클럽 초청 대통령 기자회견에서, '정동영 의장은 100석 정도를 목표로 제시했는데 기대와 달리 소수당으로 남게 된다면 어떻게 정국을 운영할 것인지' 등 총선 전망을 묻는 기자의 질문에 대하여, '국민들이 압도적으로 지지를 해 주실 것으로 기대한다', '대통령이 뭘 잘 해서 열린우리당에 표를 줄 수 있는 길이 있으면, 정말 합법적인 모든 것을 다 하고 싶다', '대통령을 노무현 뽑았으면 나머지 4년 일 제대로 하게 해 줄 거냐 아니면 흔들어서 못 견뎌서 내려오게 할 거냐라는 선택을 우리 국민들이 분명히 해 주실 것이다'는 등의 발언을 한 사실이 인정된다.
- 선거에서 공무원의 정치적 중립의무는 헌법상 요청이다.
- 공직선거법은 제9조에서 '공무원 기타 정치적 중립을 지켜야 하는 자는 선거에 대한 부당한 영향력의 행사 기타 선거결과에 영향을 미치는 행위를 하여서는 아니 된다'고 '선거에서의 공무원의 중립의무'를 규정하고 있다.

- 대통령도 여기에서의 '공무원'에 해당한다. 대통령은 '정치적 헌법기관'이지만 그렇더라도 선거에서의 정치적 중립의무를 부인할 수 없다. 또한, 대통령도 헌법상 기본권의 주체로서 '정치적 의견표명의 자유'를 갖지만, 국가의 원수 및 행정부 수반으로서의 지위에서 직무를 수행하는 때에는 원칙적으로 정당정치적 의견표명을 삼가야 하며, 나아가 대통령이 정당인이나 정치인으로서가 아니라 국가기관인 대통령의 신분에서 선거관련 발언을 하는 경우에는 선거에서의 정치적 중립의무의 구속을 받는다.

- 선거에 임박한 시기이기 때문에 공무원의 정치적 중립성이 어느 때보다도 요청되는 때에 공정한 선거관리의 궁극적 책임을 지는 대통령이 기자회견에서 전 국민을 상대로 대통령직의 정치적 비중과 영향력을 이용하여 특정 정당을 지지하는 발언을 한 것은 대통령의 지위를 이용하여 선거에 대한 부당한 영향력을 행사하고 이로써 선거의 결과에 영향을 미치는 행위를 한 것이므로, 선거에서의 중립의무를 위반하였다.

2

그 밖의 총선과 관련하여 발언한 행위
⇒ 선거에서의 중립의무나 선거운동금지에 위반하지 않음

■ 2003. 12. 19. 리멤버 1219 행사에서의 발언

- 대통령이 2003. 12. 19. 노사모 등 개혁네티즌연대가 주최한 '리멤버 1219' 행사에 참석하여 '여러분의 혁명은 아직 끝나지 않았다.

"이 사건 심판청구를 기각한다."

시민혁명은 지금도 계속되고 있다', '존경하는 우리 노사모 회원 여러분, 그리고 시민 여러분, 다시 한 번 나서달라'고 발언한 사실이 인정된다.

- 위 발언은, 대통령이 대선 당시 자신을 지지하였던 노사모 등의 단체가 당선 1주년을 축하하기 위하여 피청구인을 초청하여 축하행사를 하던 자리에서 행한 발언으로서, 문제된 발언의 내용을 연설 전체의 맥락에서 살펴보면 행사의 참석자에게 선거개혁('돈 안 드는 공명선거')이나 정치개혁에 동참해 줄 것을 호소하는 발언이거나 단지 '포괄적으로 자신에 대한 지지를 요청'하는 발언으로, 선거와 관련하여 특정 정당에 대한 지지를 호소하거나 시민단체의 불법적 선거운동을 권유하는 발언으로 보기 어렵다. 따라서 대통령의 위 발언은 허용되는 정치적 의견표명의 범주를 벗어나지 않는 것으로서 선거에서의 정치적 중립의무에 위반되거나 사전선거운동에 해당된다고 할 수 없다.
- 다만, 대통령의 특정 시민단체에 대한 편파적 행동은 대통령을 지지하는 국민의 집단과 그를 지지하지 않는 국민의 집단으로 나라가 양분되는 현상을 초래함으로써, 모든 국민의 대통령으로서 국가공동체를 통합시켜야 할 책무와도 부합하지 않으며, 나아가 정부 전반에 대한 국민의 불신으로 이어질 수 있다.

■ 2003. 12. 24. 전직 비서관과의 청와대 오찬에서의 발언

- 대통령이 2003. 12. 24. 국회의원선거에 입후보하기 위하여 퇴임

한 전직 비서관 등 9명과의 청와대 오찬에서 '내년 총선은 한나라당을 하나의 세력으로 하고 대통령과 열린우리당을 한 축으로 하는 구도로 가게 될 것이다', '내년 총선에서 민주당을 찍는 것은 한나라당을 도와주는 것으로 인식될 것'이라는 등의 발언을 한 사실이 인정된다.

- 대통령 부부가 9명의 전직 청와대 비서관·행정관들과 가진 청와대 오찬의 경우, 우선 모임의 성격이 대통령의 지위에서 가진 모임이라기보다는 사적인 모임의 성격이 짙고, 위 발언의 내용에 있어서도 대통령이 공직상 부여되는 정치적 영향력을 이용하여 선거에 부당한 영향을 미치고자 하는 의도가 있는 것으로 보기 어렵다. 대통령의 위 발언은 발언의 상대방, 그 경위와 동기 등을 종합하여 볼 때 정치적 의견표명의 자유를 행사한 것으로서 헌법상 표현의 자유에 의하여 정당화되는 행위이며, 정치적 공무원에게 허용되는 정치적 활동의 한계를 넘지 않은 것이다.

- 2004. 1. 14. 연두기자회견에서의 발언

- 2004. 1. 14. 연두기자회견에서 대통령이 '개혁을 지지한 사람과 개혁이 불안해 지지하지 않은 사람들이 있어서 갈라졌고, 대선 때 날 지지한 사람들이 열린우리당을 하고 있어 함께 하고 싶다'고 발언한 사실이 인정된다.

- 위 발언은 '대통령의 열린우리당 입당시기'를 묻는 기자의 질문에 대한 답변으로서, 법적으로 정당가입이 허용된 대통령이 자신이

지지하는 정당을 밝히고 그 정당에의 가입 여부 및 그 시기에 관하여 자신의 입장을 밝힌 것에 지나지 않는다. 따라서 대통령이 위 발언을 통하여 선거와 관련하여 특정 정당을 지지하고 이로써 선거에 영향을 미치고자 한 것이 아니므로, 선거에서의 공무원의 중립의무를 위반하였거나 선거운동을 한 것으로 볼 수 없다.

■ 2004. 2. 5. 강원지역 언론인 간담회에서의 발언

• 대통령이 2004. 2. 5. 강원지역 언론인 간담회에서 '국참 0415 같은 사람들의 정치참여를 법적으로나 정치적으로 허용하고 장려해주어야 한다'고 발언한 사실이 인정된다.

• 위 발언은 '당선운동을 표명하고 나선 국민참여 0415의 경우 불법선거 개입의 논란 여지가 있는데 이에 대하여 어떻게 생각하는가'라는 질문에 대한 발언으로서, '선거문화를 한 단계 발전시키기 위해서는 시민들의 자발적인 참여와 활동이 장려되어야 하고, 이를 위해서는 국민의 정치참여가 법적으로 되도록 넓게 허용되어야 하며, 적어도 법에 저촉되지 않는 범위 내에서 법적 해석을 관대하게 해야 한다'는 취지로 이해된다. 따라서 위 발언은 단지 국민의 정치참여 현상에 관한 자신의 견해를 밝힌 것에 지나지 않으므로, 선거에서의 중립의무나 선거운동금지에 위반한 것으로 볼 수 없다.

■ 2004. 2. 27.자 중앙일보에 보도된 '17대 총선 열린우리당 전략 기획'

• 2004. 2. 27.자 중앙일보에 '17대 총선 열린우리당 전략 기획'이라

는 대외비 문건에 관하여 보도되었고, 이로써 청와대의 조직적 선거개입의 의혹이 제기되었으나, 이 사건의 변론과정에서 드러난 모든 증거에 의하더라도 피청구인이 열린우리당의 선거전략을 지휘하거나 그에 관여한 사실이 인정되지 않으므로, 이 부분 소추사유는 이유 없다.

3

헌법을 준수하고 수호해야 할 의무와 관련하여 문제되는 행위
⇒ 대통령의 일부 행위는 헌법을 준수하고 수호할 의무를 위반함

- 헌법을 준수하고 수호해야 할 대통령의 의무
- 헌법 제66조 제2항 및 제69조는 대통령의 '헌법을 준수하고 수호해야 할 의무'를 규정하고 있다.

- 중앙선거관리위원회의 선거법위반 결정에 대한 대통령의 행위
- 2004. 3. 4. 노무현 대통령은 이병완 청와대 홍보수석을 통하여 자신의 선거개입을 경고하는 중앙선거관리위원회의 결정에 대하여, '이번 선관위의 결정은 납득하기 어렵다는 점을 분명히 밝혀두고자 한다', '이제 우리도 선진민주사회에 걸맞게 제도와 관행이 바뀌어야 한다', '과거 대통령이 권력기관을 … 동원하던 시절의 선거관련법은 이제 합리적으로 개혁되어야 한다', '선거법의 해석과 결정도 이러한 달라진 권력문화와 새로운 시대흐름에 맞게 맞춰져야 한다'고 청와대의 입장을 밝힌 사실이 인정된다.

"이 사건 심판청구를 기각한다."

- 위 발언의 취지는, 중앙선거관리위원회의 결정에 대하여 유감을 표명하면서, 현행 선거법을 '관권선거시대의 유물'로 폄하한 것이라 할 수 있다.

- 대통령이 현행법을 '관권선거시대의 유물'로 폄하하고 법률의 합헌성과 정당성에 대하여 대통령의 지위에서 공개적으로 의문을 제기하는 것은 헌법과 법률을 준수해야 할 의무와 부합하지 않는다. 대통령이 국회에서 의결된 법률안에 대하여 위헌의 의심이나 개선의 여지가 있다면, 법률안을 국회로 환부하여 재의를 요구해야 하며(헌법 제53조 제2항), 대통령이 현행 법률의 합헌성에 대하여 의문을 가진다면, 정부로 하여금 당해 법률의 위헌성 여부를 검토케 하고 그 결과에 따라 합헌적인 내용의 법률개정안을 제출하도록 하거나 또는 국회의 지지를 얻어 합헌적으로 법률을 개정하는 방법(헌법 제52조) 등을 통하여 헌법을 실현해야 할 의무를 이행해야지, 국민 앞에서 법률의 유효성 자체를 문제 삼는 것은 헌법을 수호해야 할 의무를 위반하는 행위이다.

■ 2003. 10. 13. 재신임 국민투표를 제안한 행위

- 대통령이 2003. 10. 13. 국회에서 행한 '2004년도 예산안 시정연설'에서 '저는 지난주에 국민의 재신임을 받겠다는 선언을 했다.… 제가 결정할 수 있는 일은 아니지만, 국민투표가 옳다고 생각한다. 법리상 논쟁이 없는 것은 아니지만 정치적 합의가 이루어지면 현행법으로도 국가안보에 관한 사항을 좀 더 폭넓게 해석함으로써

Ⅲ. 법률제도와 정치에 관한 헌법이야기

가능할 것으로 생각한다'라고 발언하여, 같은 해 12월 중 재신임 국민투표를 실시할 것을 제안하였고, 이로 인하여 재신임 국민투표의 헌법적 허용여부에 관한 논란이 야기되었다.

- 헌법 제72조는 '대통령은 필요하다고 인정할 때에는 외교·국방·통일 기타 국가안위에 관한 중요정책을 국민투표에 붙일 수 있다'고 규정하여 대통령에게 국민투표 부의권을 부여하고 있다. 그러나 헌법 제72조의 국민투표의 대상인 '중요정책'에는 대통령에 대한 '국민의 신임'이 포함되지 않는다.

- 대통령이 이미 지난 대통령선거를 통하여 획득한 자신에 대한 신임을 국민투표의 형식으로 재확인하고자 하는 것은, 헌법 제72조의 국민투표제를 헌법이 허용하지 않는 방법으로 위헌적으로 사용하는 것이다. 물론, 대통령이 위헌적인 재신임 국민투표를 단지 제안만 하였을 뿐 강행하지는 않았으나, 헌법상 허용되지 않는 재신임 국민투표를 국민들에게 제안한 것은 그 자체로서 헌법 제72조에 반하는 것으로 헌법을 실현하고 수호해야 할 대통령의 의무를 위반한 것이다.

- 국회의 견해를 수용하지 않은 행위

- 대통령이 2003. 4. 25. 국회 인사청문회가 고영구 국가정보원장에 대하여 부적격 판정을 하였음에도 이를 수용하지 아니한 사실, 2003. 9. 3. 국회가 행정자치부장관 해임결의안을 의결하였음에도 이를 즉시 수용하지 아니한 사실이 인정된다.

"이 사건 심판청구를 기각한다."

- 국가정보원장의 임명행위는 헌법상 대통령의 고유권한으로서 법적으로 국회 인사청문회의 견해를 수용해야 할 의무를 지지는 않는다. 국회는 국무총리나 국무위원의 해임을 건의할 수 있으나(헌법 제63조), 국회의 해임건의는 대통령을 기속하는 해임결의권이 아니라, 아무런 법적 구속력이 없는 단순한 해임건의에 불과하다.
- 결국, 대통령이 국회인사청문회의 결정이나 국회의 해임건의를 수용할 것인지의 문제는 대의기관인 국회의 결정을 정치적으로 존중할 것인지의 문제이지 법적인 문제가 아니다. 따라서 대통령의 이러한 행위는 헌법이 규정하는 권력분립구조 내에서의 대통령의 정당한 권한행사에 해당하거나 또는 헌법규범에 부합하는 것으로서 헌법이나 법률에 위반되지 아니한다.

■ 국회에 대한 비하 발언 등

- 대통령이 2003. 5. 8. 대(對)국민 인터넷 서신에서 '농부는 김매기 때가 되면 밭에서 잡초를 뽑아냅니다 … 사리사욕과 잘못된 집단 이기주의에 빠지는 일부 정치인 … 개혁하라는 국민 대다수의 뜻은 무시하고 개혁의 발목을 잡고 나라의 앞날을 막으려 하는 일부 정치인…'이라는 표현을 한 사실, 2004. 3. 8. 국회의 탄핵 추진을 '부당한 횡포'로 표현한 사실이 인정된다.
- 위 발언들은 정치적 헌법기관으로서 대통령에게 허용되는 정치적 견해의 표명으로서, 정치적 비난의 대상이 될 수는 있을지언정 헌법이나 법률에 위반한 것은 아니다.

Ⅲ. 법률제도와 정치에 관한 헌법이야기

4

대통령 측근의 권력형 부정부패
⇒ 탄핵사유에 해당하지 않음

- **■** 썬앤문 및 대선캠프 관련 불법정치자금 수수 등

- 이 부분 소추사유들은 피청구인이 2003. 2. 25. 대통령으로 취임하기 전에 일어난 사실에 바탕을 두고 있는 것이어서 대통령으로서의 직무집행과 무관함이 명백하므로, 피청구인이 그러한 불법자금 수수 등에 관여한 사실이 있는지 여부를 나아가 살필 것 없이 탄핵사유에 해당하지 않는다.

- **■** 측근비리

- 이 부분 소추사유 중 피청구인이 대통령으로 취임한 후에 일어난 사실에 바탕을 두고 있는 것은, 최도술이 청와대 총무비서관으로 재직하는 동안 삼성 등으로부터 4천 7백만 원을 수수하였다는 부분, 안희정이 2003. 3.부터 같은 해 8.까지 10억 원의 불법자금을 수수하였다는 부분, 여택수 및 양길승에 관한 부분이다. 그러나 피청구인이 위 최도술 등의 불법자금 수수 등의 행위를 지시·방조하였다거나 기타 불법적으로 관여하였다는 사실이 인정되지 않으므로 이를 전제로 한 이 부분 소추사유는 이유 없다.

- 그 밖의 나머지 소추사유들은 피청구인이 대통령으로 취임하기 전에 일어난 사실에 바탕을 두고 있는 것이어서 대통령으로서의 직무집행과 무관함이 명백하므로 나아가 피청구인이 그러한 불법자

"이 사건 심판청구를 기각한다."

금 수수 등에 관여한 사실이 있는지 여부를 살필 것 없이 탄핵사유에 해당하지 않는다.

- 정계은퇴 공언

- 피청구인이 2003. 12. 14. 청와대 정당대표 회동에서 피청구인 측의 불법정치자금 규모가 한나라당의 10분의 1을 넘으면 정계를 은퇴할 것이라고 발언한 사실이 인정된다.

- 그러나 이는 정치상황에 대하여 정치적 신의를 걸고 한 발언으로서 법적인 의무나 책임을 발생시키는 것이라고 보기 어렵고, 그러한 발언을 지킬 것인지의 여부는 정치인으로서 정치적, 도의적으로 판단하고 책임질 문제일 뿐이므로 직무집행에 있어서의 헌법 또는 법률위반 행위에 해당할 여지는 없다.

5

불성실한 직책수행과 경솔한 국정운영으로 인한 정국의 혼란 및 경제파탄 ⇒ 탄핵 소추사유가 될 수 없음

- 이 부분 소추사유는, 취임 후 지금까지 피청구인은 국민경제와 국정을 파탄시켜 국민들에게 극심한 고통과 불행을 안겨주었으며 그 원인은 대통령의 거듭된 말 실수, 이라크 파병선언 후 이라크 반전 입장 표명, 위헌적인 재신임 국민투표 제안, 정계은퇴 공언 등 진지성과 일관성을 찾을 수 없는 불성실한 직무수행과 경솔한 국정운영, 모든 노력을 총선에 쏟아 붓는 불법 사전선거운동 등의

부당행위에 있다는 것이다. 따라서 피청구인은 국민의 행복추구권과 국가에 의한 기본권 보장의무를 규정한 헌법 제10조와 헌법 제69조에 명시된 '대통령으로서의 직책의 성실한 수행의무'를 위반하였다는 것이다.

- 헌법 제65조 제1항은 탄핵사유를 '헌법이나 법률에 위배한 때'로 제한하고 있고, 헌법재판소의 탄핵심판절차는 법적인 관점에서 단지 탄핵사유의 존부만을 판단하는 것이므로, 정치적 무능력이나 정책결정상의 잘못 등 직책수행의 성실성 여부는 그 자체로서 소추사유가 될 수 없어, 탄핵심판절차의 판단대상이 되지 아니한다.

② 피청구인이 직무집행에 있어서 헌법이나 법률을 위반했는지 여부

앞서 보았듯이, 헌법재판소가 인정한 대통령의 법위반 사실은 크게 기자회견에서 특정 정당을 지지하는 발언을 함으로써 선거에서의 '공무원의 중립의무'를 위반한 사실과, 중앙선거관리위원회의 선거법 위반결정에 대하여 유감을 표명하고 현행 선거법을 폄하하는 발언을 하고 재신임 국민투표를 제안함으로써 법치국가이념 및 헌법 제72조에 반하여 '대통령의 헌법수호의무'를 위반한 사실로 나누어 볼 수 있다.

이 두 가지 법률위반 사실에 대해 헌법재판소는 그것이 대통령을 파면할 사유인지 여부를 판단하였는데, 결론은 파면 사유에 해당하지 않는다는 것이다. 이러한 결론의 근거는 다음과 같다.

"이 사건 심판청구를 기각한다."

- 대통령의 경우 더 이상 헌법수호의 관점에서 용납될 수 없거나 국민의 신임을 배신하여 국정을 담당할 자격을 상실한 경우에 한하여, 대통령에 대한 파면결정은 정당화된다.

- 헌법재판소법 제53조 제1항의 '탄핵심판청구가 이유 있는 때'란, 모든 법위반의 경우가 아니라, 공직자의 파면을 정당화할 정도로 '중대한' 법위반의 경우를 말한다.

- '법위반이 중대한지' 또는 '파면이 정당화되는지'의 여부는 그 자체로서 인식될 수 없는 것이므로, 결국 파면결정을 할 것인지의 여부는 공직자의 '법위반 행위의 중대성'과 '파면결정으로 인한 효과' 사이의 법익형량을 통하여 결정된다.

- 대통령을 제외한 다른 공직자의 경우에는 파면결정으로 인한 효과가 일반적으로 적기 때문에 상대적으로 경미한 법위반행위에 의해서도 파면이 정당화될 가능성이 큰 반면, 대통령의 경우에는 파면결정의 효과가 지대하기 때문에 파면결정을 하기 위해서는 이를 압도할 수 있는 중대한 법위반이 존재해야 한다.

- 결국, 대통령의 직을 유지하는 것이 더 이상 헌법수호의 관점에서 용납될 수 없거나 대통령이 국민의 신임을 배신하여 국정을 담당할 자격을 상실한 경우에 한하여, 대통령에 대한 파면결정은 정당화되는 것이다.

■ 이 사건에서는 파면을 정당화할 정도로 '중대한' 법위반이 인정되지 않는다.

• (기자회견에서 특정 정당을 지지하는 발언) 이와 같은 위반행위가 국가조직을 이용하여 관권개입을 시도하는 등 적극적, 능동적, 계획적으로 이루어진 것이 아니라, 기자회견의 자리에서 기자들의 질문에 응하여 자신의 정치적 소신이나 정책구상을 밝히는 과정에서 답변의 형식으로 소극적, 수동적, 부수적으로 이루어진 점, 정치활동과 정당활동을 할 수 있는 대통령에게 헌법적으로 허용되는 '정치적 의견표명'과 허용되지 않는 '선거에서의 중립의무 위반행위' 사이의 경계가 불분명하며, 종래 '어떠한 경우에 선거에서 대통령에게 허용되는 정치적 활동의 한계를 넘은 것인지'에 관한 명확한 법적 해명이 이루어지지 않은 점 등을 감안한다면, 자유민주적 기본질서를 구성하는 '의회제'나 '선거제도'에 대한 적극적인 위반행위에 해당한다고 할 수 없으며, 이에 따라 공직선거법 위반행위가 헌법질서에 미치는 부정적 영향은 크다고 볼 수 없다.

• (현행 선거법을 '관권선거시대의 유물'로 폄하하는 취지의 발언) 이는 현행법에 대한 적극적인 위반행위에 해당하는 것이 아니라, 중앙선거관리위원회의 결정에 대하여 소극적, 수동적으로 반응하는 과정에서 발생한 법위반행위이다. 물론, 이러한 발언이 결과적으로 현행법에 대한 경시의 표현이라는 점에서 헌법을 수호해야 할 의무에 위반했다는 비난을 면할 길이 없으나, 위의 발언이 행

"이 사건 심판청구를 기각한다."

해진 구체적인 상황을 전반적으로 고려하여 볼 때, 자유민주적 기본질서에 역행하고자 하는 적극적인 의사를 가지고 있다거나 법치국가원리를 근본적으로 문제 삼는 중대한 위반행위라 할 수 없다.

- (여소야대 정국에서 재신임 국민투표 제안) 대통령이 단지 위헌적인 재신임 국민투표의 제안만을 하였을 뿐, 이를 강행하려는 시도를 하지 않았고, 한편으로는 헌법 제72조의 '국가안위에 관한 중요 정책'에 재신임의 문제가 포함되는지 등 그 해석과 관련하여 학계에서도 논란이 있다는 점을 감안한다면, 민주주의원리를 구성하는 헌법상 기본원칙에 대한 적극적인 위반행위라 할 수 없고, 이에 따라 헌법질서에 미치는 부정적인 영향이 중대하다고 볼 수 없다.

이와 같은 이유로, 헌법재판소는 대통령의 일부 발언 또는 행위가 헌법이나 법률을 위반하기는 하였지만, 대통령을 파면할 정도의 중대한 법 위반은 아니라고 판단하여 국회의 탄핵심판청구를 기각하였다.

맺음말

노무현 대통령 탄핵 사건은 헌정사 초유의 사건으로, 우리가 한 번도 가보지 않은 길이었다. 어느 누구도 과정과 결과를 장담하지 못했기 때문에 소추한 쪽과 방어하는 쪽 모두 치열한 공방을 벌였고, 헌법재판소 역시 큰 부담을 안고 절차 진행과 결론에 임하였다.

법률적으로 탄핵 사건은 기각으로 종결되었다. 그리고 정치적으로는 탄핵을 추진한 야당들은 여론의 역풍을 맞고, 국민의 뜻에 반하는 탄핵 결의를 한 것을 반성한다고 말했지만, 탄핵정국 와중에 실시된 국회의원 총선거에서 패배를 면할 수 없었다. 탄핵 소추가 우리 사회에 가져온 엄청난 충격과 폭발력, 이후 이어진 일련의 정치적 상황 전개를 지켜보면서, 당시 사람들은 우리나라에서 다시는 탄핵 사건이 발생할 일은 없을 것이라고 말을 했었다.

책을 만든 사람들

임승순	• 사법시험 19회, 전 서울행정법원 부장판사 • 법무법인(유) 화우 변호사(조세)
박상훈	• 사법시험 26회, 전 서울행정법원 부장판사 • 법무법인(유) 화우 변호사(노동 · 법제 · 헌법소송)
이희창	• 사법시험 37회 • 법무법인(유) 화우 변호사(송무 · 경영권 분쟁)
김재춘	• 사법시험 38회 • 법무법인(유) 화우 변호사(의료 · 보건 · 환경)
김철호	• 사법시험 38회 • 법무법인(유) 화우 변호사(공정거래)
신계열	• 사법시험 39회 • 법무법인(유) 화우 변호사(부동산 · 건설)
정재웅	• 사법시험 41회 • 법무법인(유) 화우 변호사(조세 · 행정)
박찬근	• 사법시험 43회 • 법무법인(유) 화우 변호사(행정 · 노동)
정진기	• 군법무관 17회, 전 공군군수사령부 법무실장 • 법무법인(유) 화우 변호사(방위산업 · 정부조달)
이유진	• 사법시험 47회 • 법무법인(유) 화우 변호사(노동 · 행정 · 법제)
박수현	• 사법시험 48회 • 법무법인(유) 화우 변호사(부동산 · 건설)
이정우	• 사법시험 49회 • 법무법인(유) 화우 변호사(인사 · 노동)
김동원	• 사법시험 49회, 전 법무법인(유) 화우 변호사(행정 · 헌법소송) • 김동원 법률사무소 변호사
석동우	• 사법시험 54회 • 법무법인(유) 화우 변호사(송무 · 형사)

로펌변호사가 들려주는 세상 속 헌법이야기

초판발행   2019년 1월 10일

지은이   법무법인(유) 화우
엮은이   임승순·공성국·박상훈·김재춘·신계열
펴낸이   안종만

편 집   전채린
기획/마케팅   조성호
표지디자인   권효진
제 작   우인도·고철민

펴낸곳   (주) 박영사
                서울특별시 종로구 새문안로3길 36, 1601
                등록 1959. 3. 11. 제300-1959-1호(倫)
전 화   02)733-6771
f a x   02)736-4818
e-mail   pys@pybook.co.kr
homepage   www.pybook.co.kr
ISBN   979-11-303-3273-4 03360

정 가   19,000원